Eleonore Dehnerdt

Katharina von Siena

ELEONORE DEHNERDT

Katharina von Siena

EINE ROMANBIOGRAFIE

benno

Originaltexte und Visionen sind durch kursiv gesetzten Text gekennzeichnet.

Im Brunnen Verlag ist dieses Buch unter dem Titel „Katharina von Siena. Das Mädchen von Fontebranda" erschienen.

Bibliografische Information der Deutschen Nationalbibliothek
Die Deutsche Nationalbibliothek verzeichnet diese Publikation in der Deutschen Nationalbibliografie; detaillierte bibliografische Daten sind im Internet unter http://dnb.d-nb.de abrufbar.

ISBN 978-3-7462-4444-0

Umschlaggestaltung: Birq Desgin, Leipzig
Titelbild: © Uwe Grötzner/Fotolia (Porträt), © Marco Saracco/Fotolia (Landschaft)
Gesamtherstellung: Kontext, Lemsel (A)

„Es ist besser, mich ohne Mantel
zu finden als ohne Liebe“,
sagte Katharina ruhig,
als sie vor Gericht stand.
Eines ihrer Vergehen war es gewesen,
einem frierenden Bettler ihre Kutte zu geben
und im Hemd heimzugehen.

Die wichtigsten Personen

Familie Benincasa

Katharina Benincasa – unsere Heldin (24. Kind ihrer Eltern)
Lappa di Puccio di Piagenti, Katharinas Mutter
Jacobo Benincasa, Katharinas Vater
Benincasa Benincasa, Katharinas ältester Bruder, mit *Nico Luccia*, seiner Frau
Bartolomeo Benincasa, ein weiterer Bruder, mit *Lisa*, seiner Frau
Bonaventura Benincasa, Katharinas ältere Schwester
Johanna Benincasa, Katharinas Zwillingsschwester (stirbt bei der Geburt)
Johanna Benincasa, Katharinas jüngere Schwester (25. Kind), die denselben Namen erhält

Katharinas Beichtväter

Tommaso Dalla Fonte, Verwandter und Seelenfreund Katharinas, Dominikaner
Bartolomeo di Domenico, Prior, Dominikaner, Leiter verschiedener Ordenshäuser, begleitet Katharina auf vielen Reisen
Raimund Dellevigne da Capua, Dominikaner, Ordensmeister, enger Vertrauter Katharinas und Verfasser ihrer Biografie

Die „famiglia“

Alessa dei Saracini, adelige Witwe, Sekretärin und Begleiterin auf fast allen Reisen

Francesca (*Cecca*) di Clemente Gori, ständige Begleiterin und Schreiberin

Neri di Landoccio Pagliaresi, hatte in Siena politische Ämter inne, Dichter und Hauptsekretär Katharinas

Stefano di Corrado Maconi, Adliger aus Siena, Katharinas liebster Freund, später Prior im Kartäuserorden, Verbreiter und Übersetzer von Katharinas Schriften und Biografie

Die Päpste

Innozenz VI., Etienne Aubert (1352-1362)

Urban V., Guillaume de Grimoard (1362-1370)

Gregor XI., Pierre Roger de Beaufort (1370-1378)

Urban VI., Bartolomeo Prignano (1378-1389)

Klemens VII., Robert von Genf, 1378 zu Beginn des abendländischen Schismas als erster Gegenpapst gewählt

Waren Sie schon einmal in der Toskana?

Dann werden Sie mich verstehen, wenn ich sage: Alles dringt in der lieblichen und zugleich ausdrucksstarken Natur tiefer ein. Das sanfte Licht macht die Seele weich. Der blaue Himmel und die reißenden Sturzbäche bei Regenfällen spiegeln sich auch in den Menschen. Sie sind hingebungsvoll und ungebändigt. Nirgendwo sah ich auf Festen so schöne Menschen. In ihren Adern muss Milch und Blut fließen, dachte ich, denn so leicht sie zu begeistern sind, wallt auch ihr Zorn auf.
Stolze Anwesen liegen über die Hügel verstreut. Ihre Eingangswege sind symmetrisch mit dunklen, fast haushohen Zypressen bewachsen. Pinien und Eichen werfen lichte Schatten; Jasminhecken legen sich gleich einem duftenden Gürtel um die Grundstücke.
Da stehen auf steinigen, kargen Steilhängen krüppelige Rebstöcke mit ihren köstlichen Trauben. Die silbernen Baumkronen der Olivenbäume lassen die Hügel wie blumige Seidentücher schimmern. Die Wege scheinen einzig dazu gemacht, die Schätze der Natur zu bergen: Oliven, Wein, Zitrusfrüchte, Datteln, Johannisbrot, Feigen … Im nördlichen Zipfel der Toskana werden sogar ganze Berge „geerntet". Die Detonationen klingen weit, und die Bäche schimmern milchig weiß, wenn sich die Sägen durch die Marmorblöcke fressen.

Wer Siena besucht, verweilt gerne auf der Piazza del Campo, einem großen gepflasterten Halbkreis. Unwillkürlich atmet man hier die Luft des Mittelalters.

Ich saß mit vielen anderen auch auf dem sonnenbeschienenen Platz. Während Kinder den Tauben hinterherliefen und junge Leute in der Sonne lagen, überlegte ich mir, wie lange wohl das Blut in den Steinritzen klebte, nachdem eine Hinrichtung stattgefunden hatte. Und ob es hoffentlich genug regnete, wenn gleich Hunderte auf dem hübschen Backsteinpflaster zu Tode kamen. Denn dieser beliebte Platz war einmal eine grausame Hinrichtungsstätte, gleich vor dem Rathaus gelegen.
Die einzigartige Stadt wurde von der Unesco zum Weltkulturerbe ernannt, weil sie gerade zur Zeit ihrer Blüte in eine Art Stillstand verfiel. Zu Beginn des 14. Jahrhunderts war Siena so groß wie Paris und ebenso bedeutend und machthungrig wie Florenz. Es war eine „freie Stadt", die von reichen Adligen regiert wurde. Nie kehrte Friede ein, denn rivalisierende Ghibellinen und Guelfen (Kaiser- und Papstanhänger) wollten ihre Macht festigen und versuchten, sich die freien Städte einzuverleiben. In Siena wurde das große Rathaus gebaut, in dem „Die Neun" (Adlige) regierten.
Zu Beginn des 14. Jahrhunderts strotzte die Stadt vor Selbstbewusstsein und Reichtum. Künstler wurden in Siena ansässig, schufen Fresken und Gemälde. Zahlreiche Architekten waren mit der Planung großer Bauwerke beauftragt – eine Herausforderung an ihr Können, denn die Gebäude mussten sich in der hügeligen Stadt auch verwirklichen lassen. So wurde das größte Krankenhaus Europas auf einem Berg erbaut. Gegenüber begann man mit dem Bau eines Doms aus weißem und grünem Marmor, der den berühmten Kathedralen Frankreichs nicht nachstehen sollte.
Am Fuße des Abhangs verläuft die Via di Fontebranda. Die Straße wurde nach dem Wasser benannt, von dem die Be-

völkerung lebte. Glasklar sprudelt es aus mehreren Quellen, die sich in einem großen überbauten Becken sammeln. Durch drei große Eingangsbogen, die mit lachenden Löwenköpfen verziert wurden, fällt das Sonnenlicht. So kann man bis auf den Grund des mannshohen Beckens sehen. Im Gewölbe darüber spiegeln sich die Lichter, und das Auge findet die Stollen in der Rückwand, die wohl zur Kirche San Domenico und den unterirdischen Quellen führen. Über den Beckenrand fließt das Trinkwasser in steinerne Rinnen. Es rauscht aus dem Brunnenhaus zu den Waschhäusern, von einem Wasserplatz zum nächsten. Erst außerhalb der Stadtmauer wird das Wasser sich selbst überlassen.
In den Gassen oberhalb der Quelle lebten und arbeiteten die Färber. In der „Via dei Tintori“, die heute „Via Santa Caterina“ heißt, lebte der angesehene Färbermeister Jacobo Benincasa, Katharinas Vater. Ihre Mutter Lappa war die Tochter des Dichters Nuccio di Piagenti.

Das Mädchen aus Fontebranda

1347-1354

Es war Palmsonntag. Lappa tat, was Christus auch an dem Tag getan hatte: Sie suchte sich einen Esel. Doch nicht, um durch eine jubelnde Menschenmenge zu reiten, sondern um einen starken Freund zu haben, an den sie sich lehnen konnte, wenn sie den Hügel hochstieg und dann wieder hinuntergehen musste bis zum Palazzo. Obwohl ihr dicker Bauch sie und das Langohr störte, waren sie es doch gewohnt, alles miteinander auszuhalten.

Lappa lehnte sich mit der Seite an das Tier, um Kraft zu sparen und genug Luft für den Aufstieg zu haben. Sie würden es schon schaffen bis vor das Rathaus zu kommen, wo „die Neun" einige Regierungsfeinde steinigen wollten, damit das Osterfest in Frieden gefeiert werden konnte. Es fanden sich immer Gründe für Hinrichtungen. Am besten ließ sich die Macht der Regierenden vor Feiertagen demonstrieren. Und wer ihnen zugetan war, unterstützte sie bei den Blutbädern. Die Beschuldigten wurden schon gestern vor dem Rathaus angekettet. „Aufwiegler, Aufwiegler!", schrien die Leute und hetzten ihre Hunde auf sie. Selbst die Kinder bespuckten die Gefangenen. Aber was hieß da Aufwiegler? Einer von ihnen war erst zwölf und ebenfalls Bürger des Stadtteils Fontebranda. Lappa kannte den Jungen. Mit seiner Mutter traf sie sich täglich beim Brunnen; sie teilten nicht nur alle Neuigkeiten, sondern unterstützten sich gegenseitig, wo immer sie konnten.

Die Fremden hatten die Hilfsbereitschaft des Jungen ausgenutzt. Sie hatten sich bei ihm scheinheilig nach den berühmten Kriegspferden erkundigt, hatten Tierliebe geheuchelt – und doch nur deren Tod im Sinn gehabt, um ihre Feinde zu schwächen. So hatte der Junge die harmlos scheinenden Reisenden gutgläubig zu den Pferden geführt. Als früh am nächsten Morgen die besten Schlachtrösser mit durchschnittener Kehle gefunden wurden, schlief er nichts ahnend mit seinen fünf jüngeren Brüdern im Bett. Doch er war ja zusammen mit den Fremden gesehen worden, und so zerrten ihn die Beamten halb nackt aus dem Haus. Er habe die Fremden angestiftet, warf man ihm vor, er sei mit Schuld am Tod der besten Gäule.
Lappa wollte nun seiner armen Mutter beistehen. Nicht indem sie tatenlos herumsaß. Oh nein, sie würde sich rächen an den gemeinen Lügnern! Sie hatte dazu den Esel vor das Fontebrandator geführt und aus dem Flussbett Steine gesammelt. So musste der Esel nicht nur sie, sondern auch die schweren Satteltaschen hochbringen.
„Gebe Gott, dass alle genug Steine gefunden haben", murmelte sie. „Gebe Gott, dass die Fremden noch lange leben, damit die großen und spitzen Steine ihr Ziel nicht verfehlen. Gebe Gott, dass wir unsere Wut an ihnen auslassen können, ehe sie nichts mehr spüren!" Lappa war aufgebracht, wenn sie an die gemeinen Fremden dachte, und doch auch zutiefst bekümmert: „Der Junge, der arme Junge! Gott steh ihm bei!", betete sie. Und während sie die Anhöhe hochkletterte, sprach sie dreimal das Vaterunser für den Armen. Andere, das wusste sie, hatten auch Steine gesammelt, um dieses Kind zu Tode zu bringen. Die Frauen würden schreien und die Männer seiner Familie würden sich gut merken, wer diese Bluttat ausführte. Es war einzig eine Frage der

Zeit, wann sie sich wiederum rächten. Lappas Mann Jacobo war mit den andern schon früh aus dem Haus gegangen. Heimlich wollten sie den Jungen danach begraben. Ach, die Frauen durften nicht einmal wissen, wo. Aber die Zeiten würden sich wieder ändern, und dann konnten sie seine Gebeine bestatten.

Ehe Lappa zum Palazzo hinunterging, wollte sie noch im Dom frische Blumen an den Altar legen und die Madonna um eine leichte Geburt bitten. Bei allen anderen Schwangerschaften hatte sie in der Augustinuskirche, die nur ein paar Schritte von ihrem Haus lag, gebetet. Danach hatte es meist noch einige Tage gedauert, bis sie voller Stolz ein Kind zeigen konnte.

Die goldene Madonna über dem Altar des Doms sah auf die Rosen und Jasminzweige, die Lappa am Fuße des Altars ablegte. Vor allem jedoch sah sie die reife Frucht unter ihrem blauen Gewand. So erklärte es sich Lappa, denn noch ehe sie die schwere Kirchentür wieder schließen konnte, fühlte sie die eiserne Faust, die unbarmherzig das Innere ihres Leibes herausreißen wollte.

Sie schrie. Schrie so laut sie konnte, und das sollte nicht enden, bis alles vorüber war. Der erschreckte Esel stimmte in die Verzweiflung mit ein, und bald kamen aus dem Krankenhaus die Helferinnen. „In unseren Räumen liegt alles für eine Niederkunft bereit. Beruhige dich, Lappa, wir helfen dir zu einem gesunden Kind“, bot sich eine Hebamme an. „Beruhige dich, Lappa“, schnappte die Geplagte zurück. „Du hast gut reden. Die Satteltaschen sind voll Steine und kein Kind Benincasas wird wie ein heimatloses Kind im Spital zur Welt kommen!“

„Wollt ihr lieber vor dem Dom oder in den Gassen Sienas niederkommen und dabei von Hunden umlagert sein?“,

rief die Hebamme zornig; denn Lappa jammerte, als ob sie jeden Augenblick ihr Leben aushauchen müsste.
„Mein Kind wird nicht im Spital zur Welt kommen!“, zischte sie: „In meinem Haus soll das Kind zur Welt kommen, wie ich es will. Es wird nicht gleich in viel zu enge Tücher gezwängt wie im Spital. Wie es der Brauch der Färber gebietet, wird das Kind wie die Wolle gefärbt. In meinem Blut wird es gebadet und mit frischem Wasser abgewaschen! Die heilige Madonna und mein Blut werden das Kind schützen.“
„Die heilige Madonna schützt jedes Kind, egal wo es zur Welt kommt“, beharrte die fromme Frau. Doch Lappa bestand darauf, neben ihrem Esel nach Hause zu gehen, denn das Kind sollte wie alle andern gleich nach der Geburt in ihrem Blut und dem frischen Wasser der Fontebranda gebadet werden.
So machte sich die kleine Truppe auf den Weg ins Wollfärberhaus. Lappas Geschrei und das Gebrüll des Esels tönten durch die Gassen und verbreiteten die Nachricht, dass die geschätzte Lappa Benincasa nun ihr vierundzwanzigstes Kind bekam.
Lappa wusste selbst nicht, wie lange es gedauert hatte, denn ihr war alle Zeit unwichtig. Sie teilte ihre Zeit einzig in Stunden des Schmerzes und in Tage des Glücks.
Schon auf dem Weg zu ihrem Haus rieten die Hebammen: „Lappa, ruh’ dich zwischen den Wehen aus. Atme dreimal ganz tief ein und aus.“ Doch Lappa brauchte ihre Luft um die Frauen weiter zu beschimpfen.
„Ihr habt gut reden!“, ereiferte sie sich: „Ihr lauft neben mir her, als ob schon Ostern wäre. Als ob ihr nach der Fastenzeit zu einem Festtagsschmaus gehen würdet.“ Sie hielt sich daran, dass sie ihre Schmerzen am besten besiegte, wenn

alle daran Anteil hatten. Selbst als das rettende Bett erreicht war, schrie sie, als ob sie vor einem Henker stünde.
„Es ist bald vorbei, gute Lappa", tröstete eine mitfühlende Hebamme und streichelte über ihre Wange.
„Ich merke ja selbst am besten, wann es vorbei ist", entgegnete Lappa unwirsch ihrer Helferin. Es war vorüber, als sie zweimal gepresst hatte, danach hielten ihr zwei Frauen die Arme zurück, damit sie nicht die Hebamme schlagen konnte, die ihre Fäuste in Lappas Bauch drückte, um die Nachgeburt zu erleichtern. Lappa sah, dass zwei kleine Kinder auf dem Tisch lagen.
In einer Schüssel wurde ihre Nachgeburt ausgewaschen. In das Blut wurden die Kinder gehoben und gewaschen. Danach wurde so lange kaltes, klares Wasser aus der Quelle gegossen, bis das Wasser durchsichtig und die Kinder sauber waren. Lappa sah es wie durch einen Schleier. Ihre Augen brannten noch vom Schweiß und den Tränen. Aber sie wusste, gleich würde sie alles wieder klar sehen: Ihre Kinder und die lieben Frauen, denen sie ein Leben lang dankbar sein würde. Nur noch wenige Augenblicke, dann verschwand der Nebel, der zwischen Schmerz und Glück lag.
Kalt waren die Mädchen, als sie in die Arme der Mutter gelegt wurden. Eines hatte beim Waschen gebrüllt und genoss nun still die Wärme der Mutter. Doch das andere Kind wimmerte leise weiter. Das war kein gutes Zeichen. Als die Frauen gingen, sagten sie dem Pater von nebenan, er solle sich beeilen und alles zur Taufe vorbereiten.
Die Kinder wurden getauft und hießen Johanna und Katharina. Während Johanna nur bis zur Taufe leben wollte und sich danach mit blauen Händchen und dunklen Lippen verabschiedete, schlief Katharina den ganzen Tag und atmete friedlich. Lappa betrachtete ihre kleinen Töchter. Johanna schlief

nun schon im Himmel. Wie gut, dass der Pater ihr noch das heilige Sakrament geben konnte. Ich habe noch Glück gehabt, dachte sie. Katharina sah gesund aus und vielleicht hatte ihre tote Schwester all ihre Kräfte auf sie übertragen.

Zur Mittagszeit kamen alle wieder: der Vater, Geschwister, Tanten, Mägde, Gesinde. Katharina war mit ihrer Geburt bereits sechsfache Tante, denn ihre älteren Geschwister waren schon verheiratet. Wie viele wohnten zur Zeit im Hause Benincasas? Wäre die kleine Katharina schon fähig gewesen zu zählen, wäre sie auf zweiunddreißig gekommen.

Niemand ließ es sich nehmen, das Kind auf seine Art zu begrüßen. Der Vater segnete seine Tochter und trug sie zum Hausbrunnen. Er tauchte seine Finger in den vollen Eimer und zeichnete auf ihre Stirn das Kreuzzeichen. Danach küsste er sie auf den Mund, als ob er ihr das Leben noch einmal einhauchen müsste. Die kleinen Geschwister wollten ihre Füße sehen und wickelten das Mädchen aus den Tüchern. Sie wollten sie trocken legen, obwohl es gar nicht nötig war. Ein Onkel warf vor Freude das Kind immer wieder in die Luft, als ob es ein Vöglein wäre, das fliegen lernen müsste. Die Mägde machten es wie die heiligen drei Könige: Sie brachten Haarspangen, frisches Olivenöl und rieben gleich ihr Gesicht mit Mandelmilch ein. Katharinas Schwager befand, dass er mit seinem stoppeligen Kinn über den Kopf des Kindes streichen sollte, so würden nicht nur ihre schwarzen langen Haare gebürstet, sondern das ganze Kind gekräftigt.

„Gebt mir mein Kind zurück“, forderte Lappa nach einiger Zeit. „Sie ist doch noch viel zu klein. Heute wird sie nicht länger herumgetragen.“ Wenn Lappa etwas sagte, widersprach niemand. „Ihr könnt mit euren Puppen spielen“,

bekräftigte sie ihren Befehl. „Husch, husch“, sagte sie und verscheuchte mit ihren Händen die Kinder, wie sie sonst die Tauben verjagte.
Es war schon spät am Tag, und es wurde Zeit, Katharina das erste Mal an die Brust zu legen. So viele Kinder sie auch hatte, alle wurden gleich nach der Geburt zu einer Amme ins Dorf gegeben und erst mit ihrem dritten Lebensjahr wiedergebracht. Die Kinder durften dann zwei Jahre lang wie wilde Katzen durch die Gassen Sienas streunen oder gleich Eidechsen stundenlang in der Sonne träumen. So machten es alle wohlhabenden Bürger in Siena und einige wenige Färber. Doch dieses Kind wollte sie selber nähren. Eine einfache Frau hatte ihr gesagt, es sei das Beste, dem Kind selbst die Brust zu geben, denn solange die Milch fließe, sei der Leib verschlossen.
Lappa machte es sich mit ihrer Jüngsten auf dem weich gepolsterten Sofa bequem. Sie befreite ihre Brüste und wusste nicht recht, welche von beiden sie wählen sollte. Sie entschied sich die Seite zu nehmen, an der ihr Herz schlug. Das Kind begann gleich zu saugen, dass es laut gluckste und die Milch sogar über das Kinn lief und den Hals hinunter rann. „Es ist, als ob sie mit mir spricht“, dachte Lappa und lauschte auf ihre Brüste und das Kind, während ihr vor Rührung die Tränen in die Augen stiegen.
Jacobo fand seine Frau gut zwei Stunden später immer noch auf dem Sofa liegend vor. Sie bewachte das schlafende Kind, dessen Köpfchen an ihrem Hals lag. Lappas dunkle Augen leuchteten voller Gold und Silber. Wie liebte er diesen Blick! Er konnte seinem Vater dankbar sein, der ihn seinerzeit gezwungen hatte, sich unter den Mädchen umzusehen, damit er die Richtige wählen solle. „Ich will kein Mädchen, ich will die Mönchskutte“, hatte er ihm zuvor immer erklärt.
„Du kannst dir die Kutte nehmen, wenn du dir die Mäd-

chen angeschaut hast!", beharrte dieser. Und er solle besonders darauf achten, wie sie lachten. Er musste sich auf Vaters Befehl weibliches Kichern und Übermut, Freundlichkeit und Zynismus, aufreizendes Spiel und die stolze Eleganz halb Sienas zu Gemüte führen. Und dann sah er Lappa. In ihr wohnte das Leben und sein Glück.
Er wusste, dass seine Frau nicht mehr lange so ruhig liegen konnte. Bald würde ihre Stimme wieder scherzend und drohend durchs Haus klingen und überall würde sie mit anpacken.
Er wollte zur Augustinuskirche hinübergehen, denn es war noch Taufgeld zu bezahlen, und das nahmen die Pater zu jeder Zeit an. Er würde auch für seine verstorbene Tochter beten, damit ihr der Himmel nicht verschlossen bliebe. Er zahlte gerne für alles, was er zu beten hatte, wie es üblich war. Hauptsache, die Geistlichen versicherten ihm, Gott habe seine Gebete gehört.
Zuvor kniete er sich vor seine Frau, nahm ihre Hände in die seinen und bedeckte sie mit Küssen. „Grazie, mille grazie. Come stai?"
„Molto bene, grazie; benissimo, grazie."
So wunderbar der Augenblick für beide war, Jacobo wurde bald befangen. Er war so erzogen, dass sich alle Vertrautheit zwischen Mann und Frau nur geziemte, wenn es völlig dunkel war. Seine Frau pflegte darüber nur zu lachen, deshalb sagte er es nicht mehr, sondern entzog sich einfach. Lappa hatte extra dicke Vorhänge für ihre Schlafstube nähen lassen, denn sie liebte es, wenn ihr Mann sich ein Herz nahm und ihren Kopf in seinen Händen hielt. Mit seiner Nase pflegte er ihr Gesicht zu streicheln und sie wurde dann zu einer ganzen Herde schönster Wollschafe, die über Wiesen und Steine zur Tränke sprangen.

„Sehr schön ist unsere kleine Tochter", sagte Jacobo.
„Ich werde ihr Wiegenlieder singen, damit auch ihre Seele schön wird", versprach Lappa. Sie sah zu Johanna hinüber, die in einem weichen, hellblauen Tuch aufgebahrt lag. „Lass uns diese Nacht um Johanna Lichter stellen. Morgen werden wir sie zu ihren Brüdern und Schwestern legen."
„Sie wäre auch ein schönes Kind geworden", tröstete sie Jacobo. „Ja, sie sieht jetzt aus, als ob sie nur schläft."
Jacobo wunderte sich über seine Frau. Wenn ihr sonst ein Kind gestorben war, hatte sie tagelang geklagt und nichts gegessen. „Vielleicht werden wir wieder ein Mädchen haben und es nach ihr nennen können", erklärte sie.
„Wenn Gott es will, wird es so sein." Jacobo sagte dies voller Vertrauen auf seinen Vater im Himmel. Sechs Kinder hatten sie schon verloren und konnten doch zum Trost den Neugeborenen deren Namen geben.

Ein Jahr lang ließ die Familie es sich richtig gut gehen. Katharina konnte schon im Haus die Treppen hochklettern und rückwärts hinunterrutschen, als die Pest nach Siena kam und die ganze Toskana in ein einziges Siechenhaus verwandelte. In der Erinnerung der Menschen wurden gerade die letzten Tage vor dem Beginn des Grauens und dem Niedergang des Wohlstands wach gehalten. Sie träumten die süßen Augenblicke nach, erzählten sich von ihren großartigen Taten und den grausamen politischen Kämpfen innerhalb der eigenen Stadt. So war Lappa in den Tagen noch vor die Tore der Stadt und weit über die Berge gegangen. Sie suchte Hirten auf und sprach freundlich mit ihnen. Dabei hatte sie jedoch nur Augen für die Wolle der Schafe. Wie hell war die Wolle? Welche Herden waren schmutzig oder hatten zu viel Dornen und Gestrüpp im Fell?

„Wie war das vergangene Jahr, Signore?“, fragte sie. „Wie geht es der Mutter, wie der werten Gemahlin?“ Lappa erinnerte sich an alle Namen der Kinder, lobte selbst magere Schäfchen und lachte über rotzverschmierte Kinder. „Unsere Heilige Jungfrau schütze euch“, sagte sie zum Abschied. Sie würde auch für alle beten am Abend. Vor allem aber würde sie Jacobo erklären, von wo er die Wolle beziehen sollte. Sie wollte mit ihren Händen nicht in Schafsdreck und Dornen greifen, wenn sie die Schur für die Färbung vorbereitete.

Lappa hatte den ganzen Tag Zeit, um sich so unauffällig wie möglich in die Geschäftswelt der Männer einzumischen. Als sie gemächlich heimwanderte, gönnte sie ihren Adleraugen noch das Vergnügen, all die fertigen und halb fertigen Prunkbauten der Reichen, Ritter und Adligen zu betrachten. Diese winkten von den Hügeln oder übertrumpften wenigstens die Nachbarbauten.

Der Schwindel erregende Ziegelturm, der in Siena neben dem Rathaus neu gebaut wurde, war schon von weitem zu erkennen. Wie die untergehende Sonne leuchtete er über ihrer Stadt. Da er auf dem Palazzo und damit in der Senke der Stadt errichtet wurde, überragte der Turm jedoch nur knapp den Dom. An dem Marmorwunderbau arbeiteten die Menschen wie Ameisen. In ihm wurden nun die größten Schätze aufbewahrt. Nicht nur die Alten konnten nicht genug bekommen, sich immer und immer wieder die Staatsfahne von Florenz anzuschauen, die dreckig und blutverkrustet an riesigen Fahnenstangen neben dem Kruzifix hing. „Denen haben wir es ein für alle Mal gegeben“, konnten die Alten noch prahlen. „Das Wasser der Arbia war rot vom Blut der Florentiner. Zehntausend von ihnen schlachteten wir im Kampf, und noch mehr führten wir gefangen nach Siena. Wenn sie nicht am Kummer starben, dann an der Arbeit, die wir ihnen auftrugen“, amüsierten sie sich. Und zum leibhaftigen Zeichen ihres Sieges – noch mehr allerdings zur Demütigung der Florentiner – hing deren erbeutete Fahne nun im Dom. Dreck und Kot auf dem zerfransten Stoff waren für die Betrachter die eigentliche Genugtuung, denn das florentinische Staatswappen war nach dem Sieg an einem Eselsschwanz durch die Straßen der Stadt geschleift worden.

Lappa ging ohne Hast durch das Tor „Porte Pispini“ nach Siena hinein. Seit der neue Torturm dort gebaut worden war, fand sie immer wieder einen Grund, gerade diesen Eingang zu wählen. Sie ging am neuen Brunnen vorbei und besuchte wieder die achteckige Marmorkanzel im Dom. Meister Niccolo aus Pisa hatte sie noch reichhaltiger und liebevoller verziert als die Kanzel seiner Heimatstadt. Vor Duccios Madonnenbild blieb sie stehen und war wie immer gerührt von dessen himmlischer Anmut. Erst jetzt, da es ihr vergönnt war, das Gemälde ohne Volksmenge, Priester und Adlige in Ruhe zu betrachten, wurde sie regelrecht erschüttert von der Heiligkeit der Madonna. Sie kniete nieder und verließ später rückwärts schreitend und sich verneigend den Dom.

Während sie den Weg nach Hause einschlug, erspähte sie einen Teil der kürzlich eingeweihten Hallenkirche des heiligen Franziskus. Als sie zur Färbergasse kam, stand sie erst auf gleicher Höhe des neuen Glockenturmes von San Domenico und ging dann den steilen Weg abwärts. Je tiefer sie kam, umso stechender war der Gestank, der von den großen, heißen Bottichen ausging, in denen die Wolle gefärbt wurde. Sie seufzte, denn immer war es ihre Sorge gewesen, dass eines der Kinder in die Brühe fallen könnte. Aber Gott hatte alle ihre Kinder davor bewahrt. Erst jetzt, wo die ersten Söhne alt genug waren, zeigten deren Arme die ersten Narben. Es war bei aller Vorsicht das Los der Färber, dass Arme oder Teile der Schenkel so oft verbrüht wurden, dass diese an knitteriges Pergamentpapier erinnerten. Die Haut musste ständig eingeölt werden, damit sie nicht immer neu aufriss.

Bonaventura kam ihr entgegengesprungen. „Mama, Mama, der neue Esel ist da!"

„Welcher neue Esel, mein Kind?", fragte Lappa verdutzt.

„Deiner!"

„Meiner?" Es war kein neuer Esel, den Lappa anstelle ihres alten Tieres bekommen hatte. Dieses alte, störrische Tier, das seit Jahren keine Fohlen mehr bekam, hatte in der Frühe ein neues Langohr zur Welt gebracht. Niemand hatte zuvor etwas von ihrem Zustand bemerkt. Große und Kleine waren nun um das Wunder versammelt. Als sich Lappa den beiden näherte, streckte ihr die Eselin Kopf und Hals entgegen und wieherte kräftig.

„Sie ist ganz stolz", erklärte Bonaventura.

„Also so was, so was!" Lappa konnte es kaum fassen. Das Jungtier sah gesund und viel versprechend aus. Da es sich Lappa zu Eigen gemacht hatte, ihrer Jüngsten alles zu zeigen, fragte sie nach Katharina. „Wo steckt sie?", erkundigte sie sich bei Bonaventura, denn diese hatte sich bereit erklärt, den Tag über für sie zu sorgen. Das Mädchen wurde bleich und sagte nichts. Erst als sie von ihrer Mutter geschüttelt wurde, erwachte sie aus ihrer Starre.

„Wir haben im Hof gemeinsam die Tauben gefüttert. Ich bin nur kurz zum Eselstall gelaufen, weil dort der kleine Esel rief und ich nicht wusste, was das war. Es war nach dem Mittagessen, ich wollte Katharina ins Bett bringen, mich ge-

meinsam mit ihr hinlegen. Aber dann bin ich nur zu Papa gerannt und hab alles vergessen!"
Der schönste Esel wurde unwichtig und auch das Versäumnis der älteren Tochter, die doch selber noch ein Kind war. Alle bangten nun um Katharina. Lappa begann vorsorglich laut zu weinen. Jacobo bestimmte, wer wo zu suchen hatte.
„Ich bin schuld", sagte er.
„Nein, ich hätte nicht gehen dürfen", erwiderte seine Frau.
„Ich habe sie vergessen!", dachte Bonaventura, als sie an die Stelle zurückkehrte wo sie ihre kleine, geliebte Schwester allein ließ. Sie suchte Katharina und fand doch nur das leere Schüsselchen, aus dem sie die Körner geworfen hatten. „Sie hat das erste Mal ein einzelnes Körnchen raussuchen können. Sonst nahm sie immer eine ganze Faust voll", erzählte Bonaventura ihrer Schwägerin. „Nur beim Werfen musste ich helfen, aber sie hat es kapiert, dass sie das Körnlein auch hinlegen kann und dann ein Vögelchen kommt."
Lisa hörte den Kummer aus ihrer Stimme und tröstete sie: „Du bist die beste Schwester, die Katharina haben kann, aber noch zu klein, um sie zu hüten. Ich hätte darauf achten müssen! Ich hätte auf euch beide achten müssen!"
Nur wer selbst einmal das eigene Kind gesucht hat, kann ermessen, wie lang eine halbe Stunde sein kann. Wie viel Gefahren und Unglück unausgesprochen zur schlimmsten Wahrheit werden können.
Lisa hatte Bonaventura nicht allein gelassen. Gemeinsam sollten sie auch im Hof und in den Ställen suchen. „Vielleicht ist sie einer Katze hinterhergekrochen?", überlegte Lisa. „Dann schauen wir überall, wo die Katzen ihre Wege haben!" Bonaventura sah sich um, dann legte sie sich flach auf den Bauch und rutschte unter die Büsche. Da versteckten sich die Katzen oft. Sie rutschte weiter und kümmerte sich

nicht um Dornen und verfaulte Mandarinen und Oliven, die ihre Kleider besudelten und die Haut zerkratzten. Ach, sollte man sie dann doch wenigstens deshalb totschlagen! Das wäre besser als Katharina nie zu finden. Bonaventura kroch den Abhang hoch und suchte in südlicher Richtung.
„Siehst du was?“, rief Lisa.
„Ich sehe nichts, aber ich habe auch noch nicht genug gesucht“, rief Bonaventura zurück. Sie schob sich weiter über die Steine und hörte, wie ab und zu ein Schneckengehäuse unter ihr zerbrach. Gerade als sie dachte, dass sie sich nun in den Ästen verfangen habe, vor Staub und Tränen halb blind, da tat sich unter ihrem Kopf die Erde auf. Bonaventura glaubte in die Tiefe zu stürzen und schrie laut. Doch sie begriff schnell, was geschehen war. Sie war in ihrem Eifer bis zum Rand der Stadtmauer gekrochen. Erschrocken blickte sie in die Tiefe. Obwohl sie nichts sah, weinte sie laut und schlug ihren Kopf gegen die Mauer.
„Was ist los? Rede, Mädchen! Sag endlich was!“, flehte Lisa, die nicht wissen konnte, was sich hinter dem Gejammer verbarg.
„Nichts, nichts, gar nichts“, gestand Bonaventura. Und doch stürzte vor ihren Augen ihre kleine Schwester immer wieder in die Tiefe.
„Los, komm zurück!“, kommandierte Lisa. „Unsere Arbeit ist noch nicht beendet!“ Nach einiger Zeit klopfte Lisa der Armen den Staub aus den Kleidern, holte von der Wäscheleine ein noch feuchtes Tuch und rieb ihr damit das Gesicht ab. „Wir zwei finden sie!“ Ja, Lisa war inzwischen wütend geworden.
Während Lappa es bis zum Brunnen geschafft hatte und nun an seinem Rand klagte, als sei das Kind ertrunken, stand der älteste Sohn Benincasa über den heißen Kessel

gebeugt und rührte mit langen Stangen darin, als ob sich nur dort und nirgends anders das Kind auffinden ließe.
„Vielleicht hat sie jemand mitgenommen, der mit ihr spielen will. Oder sie schläft irgendwo“, überlegte Lisa halblaut. Bonaventura erschrak bei dem Wort „mitgenommen“, doch Lisa hatte einen Plan: „Vater fragt schon alle Nachbarn, ob sie Katharina gesehen haben. Und wir zwei, wir überlegen jetzt, wo sie schlafen könnte. Sie ist sicher herumgekrabbelt und dann müde geworden.“
Bonaventura war so erstaunt über Lisas Einfall, dass sie sofort zustimmte. „Übrigens ekelt es sie vor den Gerüchen aus den Färberbottichen, und sie wäre gar nicht zum Brunnenrand hochgekommen“, bemerkte nun die Jüngere selbst. „Sie sucht sich immer die schönsten Plätzchen aus“, ergänzte sie noch. „Und die suchen wir jetzt auch!“ Sie schauten sich um. Sahen, wie die Tauben selbst über Lappas Wehgeschrei leicht hinwegsegelten und dann gurrend und turtelnd auf den Scheunenbalken herumspazierten. Gleichzeitig entdeckten die beiden die Holzleiter, die dort hinaufführte. Lisa ging zuerst über die Leiter zum Dachboden. Ob Katharina hier hochgeklettert war? Ob sie das geschafft hätte?
Sie mussten ihre Augen erst an das Licht und die Schatten im Schuppen gewöhnen. Nur die Arbeiter kamen hier hoch, um neue vorgebleichte Wolle zu holen, die dort warm und trocken lagerte, bis sie verarbeitet wurde. Sie sahen sich um. Die Tauben hatten sich wieder beruhigt, und der Vorhang aus aufgefädelten Dornen bewegte sich sacht hin und her. Er trennte die Wolle von den Tauben, die sonst gewiss darin gebrütet und mit ihren Exkrementen die Schur unbrauchbar gemacht hätten. Lisa teilte den Dornenvorhang und spähte in das Halbdunkel. Über ihrem Kopf hing die Wolle

in filzigen Fetzen von den Balken. Und dort ... hing auch ein Kinderbein herab!
Sie stürzte zur Leiter, die an den Balken gelehnt war und stolperte in die Höhe. Sie, die gesagt hatte: „Katharina schläft gewiss an einer schönen Stelle", konnte kaum fassen, dass es tatsächlich so war. Wie in einem hohen wollenen Storchennest schlief das kleine Kind und ließ gleich einer Katze ihr schlafendes Bein über den Rand hängen. Lisa wollte mit Bonaventura sprechen. Oder laut rufen, damit alle die frohe Kunde erfuhren. Aber ihr Hals war wie zugeschnürt, und sie konnte einzig ihren Kopf auf das wiedergefundene Kind legen, Katharina an sich drücken und langsam rückwärts die beiden Treppen hinuntersteigen. Wortlos übergab sie am Brunnen die Kleine ihrer Mutter. Selbst Lappa fand keine Worte. Sie weinte nur still weiter.
Bonaventura hatte sich zu Lisa gestellt, und diese legte wie immer ihren Arm um das Mädchen. Ihr Kopf fand gerade unter ihrer Achsel Platz, die Wange lehnte sie an ihre weiche Brust. Lisa hatte noch keine Kinder, und so war sie für die Kinder ihrer Schwiegermutter stets wie eine Mutter. Lisa war fest davon überzeugt: Sobald sie eine gute Mutter sein könnte, würde die Madonna ihre ständige Bitte um eigene Kinder erhören.
Nach und nach kamen alle andern auf den Hof. Jeder nahm Katharina auf den Arm und konnte es nicht fassen, dass sie so munter und unversehrt war wie immer. Doch die allgemeine Aufregung verunsicherte sie, und mit ihrem ausgestreckten Zeigefinger untersuchte sie die nassen Wangen.
„Ich denke, es ist Zeit, dass wir nun alle Lappas neuen Esel bewundern", munterte Jacobo seine Familie auf. Katharina streckte ihm beide Arme entgegen und forderte wie immer ihren Lieblingsplatz ein: oben auf den Schultern ihres Va-

ters, wo sie stundenlang sitzen konnte, ohne dass es je langweilig würde. Sie hielt sich in seinen Haaren fest, während sie zum Esel gingen.
Der Stall wurde für Katharina zu einem ihrer Lieblingsplätze. Sie entdeckte, dass es dort alles gab, was aufregend war: Esel und zwei Pferde, Katzen, Futter für die Tiere. Noch wichtiger war es, dass immer Leute da waren, die mit ihr scherzten. Sie liebte es, in weichen Wollbergen zu schlafen, und wenn Besuch kam, an den parfümierten Handgelenken und Dekolletees der Damen zu schnuppern.
„Die Heilige Madonna hat nun gesehen, dass ich eine wunderbare Mutter sein würde", dachte Lisa. Und in der Nacht begann das erste Kind in ihr zu wachsen. Auch Lappa wurde wieder schwanger. Der Trost über Katharinas verstorbener Zwillingsschwester war ihr also gewiss.
„Ich werde nicht mehr so verrückt sein wie bei meiner Jüngsten und dem Kind selbst die Brust geben und es das Laufen lehren", sagte Lappa zu Lisa. „Ich werde mir wie bei den andern Kindern nach der Geburt die Brust einschnüren und den Säugling weggeben, bis er ein kleiner Mensch ist."
Lisa hatte für sich eine andere Entscheidung getroffen. Nie würde sie ihr eigenes Kind in fremde Hände geben.

Während in Lappas und Lisas Leib Kinder heranreiften, Katharina das Laufen lernte und Bonaventura ihren siebten Geburtstag feierte, waren ganz Siena und weite Landstriche darüber hinaus voller Entsetzen. Welch unheimliche Zauberei war es, die innerhalb von drei Tagen die Menschen ohne Ansehen des Alters und des Standes in stinkende, faulende Leichen verwandelte? Vom Hafen Genuas hatte sich der Dämon ausgebreitet und sollte in den nächsten Jahrzehnten die Hälfte der Bevölkerung Europas verschlingen.

In Siena starben bei der ersten Pestwelle gleich zwei Drittel der Bewohner. Nicht um Geld und Gut wollte jemand die Kranken aufnehmen. Die Eltern warfen ihre Kinder aus dem Haus und die Kinder verjagten die Alten, wenn sich die ersten Beulen zeigten. In den wenigen Stunden, die den Elenden noch blieben, kümmerte sich niemand um sie. Vergeblich hofften sie, dass jemand sie gesund pflegte oder wenigstens ihre aufgedunsenen Leiber später in die Erde legen würde. Viele Gesunde flohen aus der verpesteten Stadt und fanden doch in keiner anderen Zutritt. Die meisten Familien hielten ihre Türen verriegelt; niemand durfte die Anwesen betreten.

Familie Benincasa verwandelte ihr Heim geradezu in eine Festung. Jacobo hatte mit seinen zwei ältesten Söhnen Benincasa und Bartolomeo die große Einfahrt einfach zugemauert. Wer eingelassen werden wollte, musste an der Schnur über der Tür ziehen. Im oberen Stockwerk wurde dann ein Fenster geöffnet, und man konnte nachschauen, wer zu ihnen wollte. Lappa schnitt jedes Mal vom oberen Fenster aus die Schnur ab, so dass sie in den Dreck der Straße fiel. Sie hatte genug Wolle und konnte stets ein neues Band befestigen.

Die meisten Bürger konnten sich nicht so abschotten, da sie keinen eigenen Brunnen besaßen. Wie froh war nun Jacobo, dass er noch vor seiner Hochzeit den Brunnen geschlagen hatte, mit dem er seine zukünftige Frau erfreuen und mehr noch sein wildes Verlangen nach ihr im Zaum halten konnte. Die Familie konnte sicher sein, dass niemand den Brunnen vergiftete, denn er wurde von einer unterirdischen Quelle der Branda gespeist, noch bevor sie in das große Brunnenhaus sprudelte. Die Frau Benincasas, Nico Luccia, wohnte schon seit vielen Jahren mit im Haus. Ihre Sorge galt ihrer

kleinen Verwandtschaft, die sie in ärmlichen Verhältnissen zurückgelassen hatte. Wie könnten diese sich schützen?
„Niemand begräbt die Toten und behandelt die Kranken", klagten die Leute. Und später wurde es auch so niedergeschrieben. Vielleicht weil diejenigen, die doch halfen, nicht darüber sprachen? So wie Jacobo und sein Sohn Bartolomeo, die Abend für Abend ihren Frauen sagten, sie müssten nach dem Rechten sehen und Futter für die Tiere mitbringen. Sie brachten auch wirklich jeden Abend einige Bündel frisch gemähtes Gras mit. Dass sie jedoch immer auch zum Fontebranda-Brunnen gingen, dort die Toten einsammelten und Brot verteilten, das erfuhren ihre Frauen nie. Vater und Sohn sprachen selbst nur das Nötigste. Wortlos hatten sie den alten Holzkarren zum Leichenfahrzeug umgestaltet. Die Kranken selbst halfen den beiden, die Toten aufzuladen, und sahen dann, wie sie mit ihnen durch das Stadttor fuhren. Die meisten kannte Jacobo, aber er sprach nicht darüber. Nur der Heiligen Madonna sagte er ihre Namen und bat um die Aufnahme ihrer Seelen. Dass er Angst hatte, man würde ihn nicht mehr in die Stadt hineinlassen, vertraute er niemandem an. Auch Bartolomeo sprach nicht, denn was er zu seinem Vater nicht sagte, musste er auch seiner Frau nicht erzählen, die mit schwellendem Bauch immer schöner und begehrenswerter wurde. Lisa hätte ihm nie verziehen, dass er das Leben aller im Haus gefährdete.
„Egal ob die Toten in Seide oder Lumpen gekleidet waren, sie sind plötzlich alle, alle nur arme Kreaturen", grübelte er. Und die tägliche Übung wusch alle stolzen Wünsche nach Ehre und Macht aus seinem Hirn.
Der Holzkarren wurde immer noch Abend für Abend voll, als kurz vor dem Mittagsmahl jemand an der Tür um Einlass bat. Lappa hinderte jeden aus ihrer Familie daran, mit

solchen Besuchern zu reden. „Was willst du denn, du dreckiger Knirps?“, keifte sie zur Straße hinunter, als sie den dürren, kahl rasierten Jungen entdeckte, der sich schon an die Tür gelehnt hatte, als ob sie für ihn aufginge. „Zu meiner Tante, ich möchte zu meiner Tante“, jammerte das Bürschlein. „Ich kenne deine Tante so wenig wie dich. Scher dich zur Hölle!“ Lappa warf das Fenster zu.

„So frage ihn doch wenigstens, wie er heißt“, bettelte Bonaventura, die die Kinderstimme vernommen hatte.

„Wir sind schon zu viele Esser in der schlechten Zeit. Und damit basta!“ Lappa hatte noch nicht ausgesprochen, als der Junge erneut klingelte. Sie riss das Fenster auf, doch ehe sie sprechen konnte, rief der Junge so laut er konnte: „Nico Luccia! Nico Luccia!“ Nico Luccia, die mit in der Stube saß, wäre fast ihr eigenes Kind aus den Armen gefallen, als sie so verzweifelt ihren Namen rufen hörte. Lappa ließ sie jedoch nicht ans Fenster treten. „Du rufst nach meiner Schwiegertochter? Du rufst nach der Frau meines Sohnes? Willst du ihr und ihrem Kind die Pest bringen?“

„Nein“, heulte der Junge. „Nein!“

„Dann scher dich weg!“

„Mutter, liebe Mutter, gib ihm wenigstens etwas zu essen, frag, wie er heißt …“ Nico Luccia hielt Lappas Füße umklammert und küsste ihre Schuhe. Lappa hasste diese Geste und musste deshalb den Jungen wieder zurückrufen und ihn fragen. Seine Mutter und sein Vater, ein Bruder von Nico Luccia, sie seien beide tot, erklärte der Junge. Aber sie hätten ihm gesagt, er solle zu seiner Tante nach Siena ins Haus Benincasa gehen, dort würde er ein neues Zuhause finden.

Während Nico Luccia ihrer Trauer freien Lauf ließ, handelte Lappa mit dem Kind, das sich Tommaso nannte, einen

Plan aus. Solange es nicht sicher sei, ob auch er schon die Teufel im Leib hätte, solle er zehn Tage allein im oberen Stall wohnen. Sie würde ihm das Essen hochwerfen. Wenn er Beulen bekäme, müsste er sich auf den Holzbalken legen, der über die Straße ragte, so dass er dann von selbst hinunterfiele, wenn er stürbe.
Zehn Tage lang warf Lappa Essen in den oberen Stall. Dann kam der Junge herunter. Er stand eine Weile einsam im Hof, während ihm alle andern gegenüberstanden. Nach einer Weile trat Lappa vor, schaute ihn erst prüfend an, hob sein Hemd, schaute hinter die Ohren und in seinen Hals. Dann kam Nico Luccia, krempelte seine Hosenbeine hoch und strich sie wieder glatt. Sie fuhr ihm mit der Hand durch die Stoppelhaare, damit sie seine Kopfhaut betrachten konnte. Dann endlich schloss sie ihn in die Arme.
Tommaso war drei Jahre älter als Bonaventura. „Wenn ich meinem Vater nicht geschworen hätte, Pater zu werden, hätte ich nur dich geheiratet", gestand er wenige Tage später seiner Nichte. Obwohl Bonaventura noch ein Kind war und sie nie daran gedacht hatte, einen armen Waisen zu heiraten, machten sie die Worte sehr stolz. Es stimmte also, was die Leute sagten. Nicht nur ihr Name war schön – sie selbst war es auch!

So plötzlich wie der Todeshauch über die Stadt gekommen war, so unmerklich verschwand der Dämon nach einem Jahr wieder. Es war den Menschen unmöglich, klar zu denken. Warum hatten gerade sie überlebt? Und wozu? „Das Ende kommt bald, für alle!", verkündeten die Geistlichen. „Ja, es lohnt sich nicht mehr zu bauen und zu regieren", befanden die Adligen. Was war ihnen denn geblieben an Macht, Ansehen und Reichtum? „Lasst uns die letzten Tage

genießen und feiern! Lasst uns tun, wonach uns gelüstet, denn das Ende kommt."
Und so wurde gegessen und getrunken, geprasst und gehurt. Die Reichen ließen sich zusätzlich Mäntel schneidern, deren Ärmel am Boden schleiften. Sie übertrumpften sich gegenseitig mit unflätigen Reden. Die Damen kokettierten um die Gunst, die Schönste zu sein, bleichten sich die Haare und zeigten ihre Rundungen ungeniert. Niemand sah den kichernden Frauen die Prügel an, die sie regelmäßig zu Hause einstecken mussten. Die Geistlichen nutzten die losen Zeiten, um selbst ihrem Vergnügen nachzugehen, und verschafften sich aus dem Erbe der Toten neuen Besitz und Ländereien. Viele trieben es in allem so wild wie die Bürger und gewährten sich schon im Voraus die Absolution. Doch auch diese Zeiten fanden ein Ende.
Jacobo hatte alle Zeiten hindurch seine Arbeit getan und blieb seiner Frau zugetan. Was sollte er mit anderem Weibervolk, wenn er doch nur eine liebte und damit beschäftigt war, seinem Ältesten das Geschäft zu übergeben? Jacobo hielt nichts von den großartigen Reden der Männer. Er bangte darum, dass genügend Brot auf den Tisch kam.
Die Bürger hatten kaum Rechte und litten unter der Ausbeutung der regierenden Adligen. Das „magere Volk" meldete sich wieder zu Wort. Es wollte das „fette Volk" nicht länger als Regierende akzeptieren. Eine neue, vertrauenswürdige Signorie (vergleichbar einem Bürgermeister oder einer gewählten Regierungsgruppe) musste gewählt werden, um dem Abholzen der Wälder Einhalt zu gebieten und die neue Hungersnot einzudämmen. Statt dessen plünderten die Armen alles, was nicht verschlossen war, auch vor Mord und Totschlag schreckten sie nicht zurück.
Doch wie sollte es Frieden geben, wenn alle nur im Streiten

und Kämpfen ihre Zukunft sahen? Da waren zwei gleich starke Familien in der Stadt, die nur damit beschäftigt waren, sich gegenseitig zu befehden. Mal waren die Salimbeni, dann wieder die Tolomei vorne. Doch keine der Familien vermochte die Regierung an sich zu reißen und der Stadt damit Festigkeit zu geben.
In diesen Wirren gebar Lisa ihren ersten Sohn, und drei Tage später ließen Lappa und Jacobo ihr letztes Kind auf den Namen Johanna taufen. Johanna wurde am gleichen Tag zu einer Amme bei Weinbauern gebracht.

Tommaso war ein rechter Sohn der Familie geworden. Jacobo hätte ihn gerne in seiner Familie gesehen, denn er war fleißig und umgänglich. Doch Tommaso trat, wie er seinem Vater versprochen hatte, in den Orden ein. Da er in der Basilika San Domenico diente, die unweit des Hauses lag, war er täglich bei Familie Benincasa und half, wo immer er konnte. Die Frauen riefen nach ihm aus dem Hinterhof, denn sie spannten die gefärbten Tücher zwischen den Gartenwegen zum Trocknen auf, und dazu mussten die Wäschestücke erst an allen Enden in Form gezerrt und geglättet werden. Dabei war es vonnöten, dass auch ab und zu ein Mann mit Hand anlegte. Auf Holzrahmen trockneten die Wäschestücke dann im Halbschatten.
Lisa, die in den zwei Jahren nach ihrer Hochzeit viel geweint hatte, weil sie fürchtete, keine Kinder zu bekommen, war nun so fruchtbar wie ihre Schwiegermutter. Sie sorgte dafür, dass Bartolomeo gleich seinem Vater jedes Jahr ein neues Kind in den Armen hielt. „Es ist deine Liebe und Treue, die mich so reich macht“, sagte Bartolomeo zu Lisa.
Wenn Lisa mit Bonaventura zusammen war, erzählte sie ihr von sich. „Es ist ein Glück, dass ich deinen Bruder heiraten

konnte. Er hat das gute Herz deines Vaters." Sie nahm Bonaventura in den Arm und wiegte sie wie ein kleines Kind: „Ich wünsche dir auch einen solchen Mann. Ich weiß, wovon ich rede, denn meine Mutter brauchte ihren Puder einzig, um die blauen Flecken zu überdecken und mein Vater lag mehr bei anderen Frauen als bei ihr. Ach, er lag nicht einmal bei ihnen. Ihm war jeder Winkel und selbst der helle Tag recht. Er war wie ein Ziegenbock." Lisa war über ihre eigenen Worte erschrocken. Aber dann fuhr sie mutig fort: „Würden die Tränen gesammelt, die Frauen wegen ihrer Männer weinen, könnte man daraus gleich einem Brunnen Wasser schöpfen. Glaube mir, Bonaventura."

Lisa seufzte, denn sie sah mit eigenen Augen, wie schön Bonaventura werden würde. Noch war sie ein Kind. Doch ihre Haut war heller als die der anderen Mädchen. Sie schauderte, wenn sie daran dachte, welche Wahl Lappa bei der Verheiratung ihrer Töchter bevorzugen würde. Noch hatte das Kind zwei Jahre Zeit, dann ginge es ihr wie einem einjährigen Fohlen. Wie ist das Fell, die Statur? Das Fell würde glänzen und alles prächtig sein. Dann ginge es nur um den Preis. Je höher er war, umso größer war der Stolz einer Familie.

Die Benincasas waren für Lisa zur eigenen Familie geworden. Lappa war ihre Mutter, Jacobo ihr Vater. Den beiden hatte sie ihren Mann Bartolomeo zu verdanken, der ihr so lieb war wie ihr eigenes Leben. Als ihre erste Schwester in der neuen Familie hatte sie Bonaventura gewählt und wie ihr eigenes Kind Katharina ins Herz geschlossen. Es war ihr besser ergangen als Nico Luccia, die immer Heimweh nach ihrer Familie hatte, obwohl niemand von ihnen mehr lebte. Tommaso war der Einzige, der ihr geblieben war.

„Tommaso, nimm mich bitte mit!“ Katharina hatte ihren Vetter wohl gesehen und Bonaventura angefleht, sie möge ihr die Haare unter ein Tuch stopfen, nachdem sie sich die Hände und das Gesicht gewaschen hätte. „Was willst du denn? Tommaso hat keine Zeit, um mit dir zu spielen!“, antworteten die Erwachsenen an seiner statt. Doch der sagte: „Gebt mir das Kind ruhig mit, es stört mich nicht.“
Und so griff Katharina nach der Kordel, die Tommaso um seinen Leib geschlungen hatte, und ging neben ihm her wie ein Knappe, der mit seinem Herrn in eine Schlacht zieht. Mit der Kordel in der Faust besuchte sie an dem Tag zwei Kirchen und besah sich die halb fertigen Bilder an den Wänden. Tommaso beantwortete gelassen ihre vielen Fragen, obwohl auch für ihn viele Geschichten neu waren. Sie ließ die Kordel auch nicht los, als Tommaso mit anderen zum Palazzo ging und sie einen Gehängten abnahmen. Seine Augen standen fast so weit vor wie die Nase und sie waren so rot wie die Zunge, die ihm weit aus dem Mund hing. Die Dominikaner scherten sich nicht darum, warum ein Armer so zu Ende kam. Sie begruben jeden, der noch am dritten Tag nicht weggeschafft wurde. Andere trauten sich nicht. Es war zwar eine gute Tat, aber man ergriff dabei automatisch die Partei des Toten … und natürlich wollte niemand einen Verdacht auf sich lenken.
Katharina hielt sich still an der Kordel und verkniff es sich, die Fliegen fortzuscheuchen. Sie fand es ungehörig, dass so kleine Biester einen Menschen aufessen wollten. Wenn ein Löwe einen Menschen fressen würde – das hätte sie verstanden. Sie begriff auch besser, dass jemand tot war, wenn der Kopf abgehauen wurde. „En caput!“, rief der Henker dann laut und zeigte den Kopf herum. „En caput!“, rief die Menge zurück. Meist wurden die Toten gleich weggebracht

und die Fliegen konnten das Blut von den Steinen trinken. Katharina mochte die Fliegen nicht. Bei den Pferderennen saßen sie im Kot und in den entzündeten Augen der Tiere. Sie trottete neben Tommaso her und musste über die Fliegen nachdenken. Dabei fiel ihr eine dringende Frage ein: Auf den Bildern in den Kirchen war der Gekreuzigte gemalt. Aus seinen Wunden spritzte Blut. Aber sie hatte noch nie eine Fliege darauf sitzen gesehen.

„Auf dem Gekreuzigten sitzt keine Fliege", sagte sie unvermittelt zu Tommaso.

„Wie meinst du das?"

„Nirgends habe ich eine Fliege auf dem Blut des Gekreuzigten gesehen", bekräftigte das Kind nur.

„Du meinst auf den Gemälden. Meinst du die Bilder von Jesus?", hakte Tommaso nach. Katharina nickte. „Das sind doch Bilder, Katharina. Von Bildern werden Fliegen nicht satt!" Tommaso konnte nicht fassen, was Kinder in ihren Köpfen so alles denken. Aber er wollte dem Mädchen von Gottes Liebe erzählen und meinte: „Als Christus starb, hätten ihn auch tausend Fliegen nicht davon abhalten können. Er tat es doch, damit wir nicht mehr für unsere Schuld büßen müssen. Wenn wir unsere Schuld bereuen, muss niemand mehr dafür büßen. Jesus wollte auch für die Sünder, dass sie wie im Paradies leben können. Und da werden alle Tränen abgewischt werden."

„Dann darf keine einzige Fliege mehr an einem Menschen saugen?"

„Ja, so oder so ähnlich", stotterte Tommaso.

Als Katharina wenige Tage später wieder vor dem Bildnis des Gekreuzigten stand und das Blut betrachtete, das aus den angenagelten Füßen lief, sah sie wie in dem Strom alle Fliegen und jedes Leid weggespült wurden. Sein Blut floss auch über angstverzerrte Gesichter und machte sie froh und heiter. Sie seufzte und konnte sich nicht daran satt sehen. Deshalb also geißelten sich so viele Dominikaner und schlugen sich selbst auf offener Straße, dass das Blut an ihnen herablief! Sie wollten damit wie Christus alles Schlimme abspülen.

Katharina durfte schon allein im Stadtteil Fontebranda herumlaufen und so pflückte sie noch drei kleine Sträuße. Einen Veilchenstrauß für Bonaventura, einen Pomeranzenstrauß für Lisa, und an der Stadtmauer sammelte sie Alpenveilchen für ihre Mutter. Um das Handgelenk hatte sie immer Wollfäden gewickelt. Blaue, grüne, rote und seit dem letzten Färbvorgang hatte ihr großer Bruder auch ein gelbes Band dazugewickelt. Die Bänder um die Sträuße zu binden war mühsam, da ihr bei einer Schleife nur jeder fünfte Versuch gelang.

Katharina überreichte den Dreien ihre Schätze und freute sich selbst mehr als alle zusammen. „Katharina, du machst uns immer so fröhlich! Du siehst ein kleines Veilchen, wo wir nie zuvor sahen, dass da etwas wächst!“, bedankte sich Lisa.

„Ja, das Kind ist eine große Freude“, bestätigte Lappa.

Bonaventura war ohnehin froh, denn sie hatte es sich angewöhnt, Katharina immer ihr Herz auszuschütten. Die kleine Schwester zeigte ihr Mitgefühl und war die beste Zuhörerin, die sie hätte finden können.

„Ja, sie macht uns alle froh“, bekräftigte Jacobo. „Wir hätten sie Euphrosina (die Frohsinnige) nennen sollen.“

„Wirklich, das wäre passend!“, lachte Lappa und erzählte: „Als wir beim Wäschewaschen waren, begannen sich die Kinder zu zanken, und wir Frauen waren selbst darüber

zornig geworden, bis eine plötzlich auf den Apfelbaum am Hang zeigte. Wisst ihr, was da war?"
„Nun, was schon?", drängte Jacobo.
„Unsere Euphrosina saß da im Geäst, mitten zwischen den Blüten. Sie hörte nicht das Geschrei, sondern machte uns später nur vor, wie die Bienen summen."
Jacobo, der seine Frau so ausgelassen fand, brachte gleich noch seine Bitte vor. „Lappa", begann er ohne Umschweife, „wir sollten am Abend mehr auf die Straße legen." Lappa hatte sofort verstanden, was ihr Mann meinte. Es war Brauch, dass die Händler auf dem Markt am Abend ihre verderbliche Ware auf den Boden warfen, damit sich die Armen bedienen konnten. Die Fischhändler und Bäcker wurden streng kontrolliert und hatten die Ware auf die Straßen zu bringen, damit sie nicht am nächsten Tag angeboten werden konnte. Darauf warteten die Bedürftigen schon vom frühen Morgen an und hofften auf schlechte Geschäfte der Fischhändler. Was die Bedürftigen nicht verzehren konnten, fraßen die Schweine, die nachts durch die Gassen getrieben wurden. Doch seit der Pest gab es kaum noch Reste. Immer mehr Bettler, ja ganze Familien zogen beim Anbruch der Dunkelheit herum und suchten nach Essbarem.
„Ich meine ja nur, ab und zu könnten wir auch ein wenig Wolle oder ein schlecht gefärbtes Tuch liegen lassen", wiederholte Jacobo seinen Wunsch.
Lappa war beleidigt: „Nie ließ ich das kleinste Stück Wolle verderben, selbst für misslich gefärbte Tücher feilsche ich um einen guten Preis!" Ja, es stimmte, für Lappa war nichts unbrauchbar gewesen, und es ging ihnen selbst schon lange nicht mehr gut. Aber sie und alle andern hatten verstanden, was Jacobo bestimmt hatte, und so fanden die Armen

immer wieder auch ein wenig Wolle oder Stoffreste vor Benincasas Haus.
Katharina hatte auch begriffen, worum es ging, und so sammelte sie schon bei Tag in den Winkeln die Wolle ein, die der Wind fortgetragen hatte. Sie hatte eine geheime Stelle am Hauseingang, wo sie ihre kleinen Funde aufbewahrte. Jeden Morgen, wenn sie nachsah, war die Nische leer. Sie stellte sich vor, dass eine arme Frau die Wolle sammelte, um für ihr erstes Kind eine Decke zu weben.
Die Armen fanden immer öfter nichts in den Straßen und hatten sich darauf verlegt, unter den Balkonen und Loggien der Reichen zu sitzen und darauf zu warten, dass Knochen, Gemüseabfälle oder übrig gebliebene Soßen heruntergeworfen wurden. Wer feiern konnte, tat es öffentlich und prasste auf den Balkonen oder ließ wenigstens die Fenster offen, damit jeder von seinem Wohlstand und persönlichem Ergehen erfuhr. Dort oben ließen sich gut Schinken, Granatäpfel und Basilikum verspeisen. Andere schlugen sich später um deren Kerne und Stängel.

Katharinas jüngste Schwester Johanna blieb fünf Jahre lang bei der Amme. Als sie wieder in die Familie kam, wusste sie nicht einmal, wie ihre leiblichen Geschwister hießen. Katharina nahm sich ihrer an, lehrte sie die neuen Namen und zusätzlich alles, was sie über Heilige wusste.
Wie gut, dass Johanna gekommen war, denn Bonaventura heiratete und zog zu ihrem Mann, der im Süden Sienas wohnte. Am Tag ihrer Hochzeit war sie so makellos wie die Schnitzereien an der Kanzel des Doms. Die Haare waren hellblond gefärbt, und ihre Wangen leuchteten vor Aufregung wie Pfirsiche. Da Lappa sie zuvor mehrmals täglich mit Lavendel- und Jasminöl eingerieben hatte, roch sie an

ihrem Ehrentag wie ein Sommergarten. Bonaventura war durch ihre Heirat zu einer Fremden aus einem Märchenland geworden. Von nun an war sie immer in Seide, Samt und Brokat gekleidet. Selbst die einfachen Tücher waren mit Perlen und Silberfäden bestickt.

Dann kam der Tag, an dem für die siebenjährige Katharina alles anders wurde: Sie hatte mit ihrem älteren Bruder Stefano einen Besuch bei Bonaventura gemacht; nun waren sie auf dem Heimweg. Da es schon spät am Nachmittag war, drängten sich in den Gassen Menschen und Tiere. Die beiden stiegen nicht die steile Färbergasse hinunter, sondern wählten die leicht abfallende Valle Piatta (heute: Via del Costone). Als ihnen eine Herde Ziegen entgegenkam, warteten sie, und Stefano klopfte den vorbeilaufenden Tieren auf die Hinterteile. Als das Gemecker vorüber war, schlenderte er weiter. Er war schon fast an der Fontebrandaquelle angekommen, da vermisste er Katharina. Er spähte die Gasse hoch und entdeckte seine Schwester auf halbem Wege. Sie stand da und starrte in die Luft zur San Domenica hinüber. Sie kam und kam nicht, stand nur da wie ein Standbild. Stefano wurde es zu dumm. Er ging den Weg zurück und schüttelte Katharina. Doch die sah in den Himmel. *Denn da schwebte über der Basilika im blauen Himmel ein großes Zelt, das weit aufgeschlagen war. Das Innere des Zeltes war mit königlicher Pracht ausgestattet. Auf einem Thron saß Christus. Der Gekreuzigte saß auf einem kaiserlichen Stuhl und hatte die Gewänder eines Priesters an. Er war mit der Tiara gekrönt. Das war die Krone des Kaisers und des Papstes. Dabei standen auch drei Apostel. Aber nicht nur Katharina sah die drei. Christus selbst blickte sie an und lächelte. Ja, er grüßte sie, hob seine Hand und winkte ihr zu. Katharina flog im Glück wie ein Vogel in der Sonne.*

Sie war wie angewurzelt und begann sich zu wehren, als ihr Bruder an ihr rüttelte. „Katharina, nun komm endlich! Die Sonne geht jeden Abend unter, aber wir sind heute zu spät dran, und das gibt Ärger!"
„Ich hab ja gar nicht die Sonne angeschaut. Sieh doch selbst ..." Katharina streckte ihren Arm aus und deutete über die Basilika. Sie war enttäuscht: „Aber nun ist es weg! Einfach weg!" Sie begann zu weinen und wollte keinen Schritt weitergehen.
„Was ist weg?", fragte Stefano verständnislos.
„Das Schönste, was ich je sah, ist verschwunden, nur weil du mich geschüttelt hast! Christus selbst hat mich angelächelt." Sie setzte sich auf die steinerne Straße und schluchzte.
Keiner wollte ihre Geschichte glauben. „Dummes Zeug!", sagte die Mutter. „Sie soll nicht mehr in der Sonne durch die Gegend laufen", ergänzte der Vater. „Ich glaube, ich habe ihr zu viel erzählt, als sie klein war", gab Tommaso kleinlaut zu.
Was jedoch jeder sehen konnte, war der Kummer, den Katharina tagelang hatte. Lisa nahm sie oft in den Arm. Manchmal hob sie das ganze Kind hoch und drehte es im Kreis, bis es wieder lachte. Richtig glücklich war Katharina jedoch erst wieder, als sie sich fest vorgenommen hatte, Jungfrau zu bleiben, und es in einem lauten Gebet vor der Madonna aussprach. Der Christus, der sie angelächelt und ihr zugewunken hatte wie einer lieben Freundin, dem wollte sie einzig treu sein. Sie behielt ihr Gelübde für sich. Nur beiläufig fragte sie Tommaso, wie denn ein Mädchen ins Kloster kommen könne?
Er freute sich über die neue Anmut Katharinas und erzählte ihr von Euphrosina: „Es war einmal ein Mädchen, das hieß

von Geburt an, wie wir dich im Spaß nennen: Euphrosina." Tommaso machte eine Pause und kniff Katharina in den Arm.

„Weiter, mach endlich weiter", bettelte Katharina.

„Also, Euphrosina lebte in Alexandrien. Euphrosina wollte alles, bloß nicht heiraten."

„Wirklich? Sie wollte auch ... ich meine, sie wollte niemand auf der Welt heiraten?", fragte Katharina ungeduldig dazwischen.

„Nun, es gibt viele Frauen, die nicht heiraten wollen", sagte Tommaso fachmännisch. Katharina tat es Leid, dass sie Tommaso unterbrochen hatte. „Und Euphrosina, was tat Euphrosina?", fragte sie Tommaso leise.

Der flüsterte zurück: „Zuerst lief sie von zu Hause weg. Ganz weit. So weit, dass niemand sie mehr erkennen konnte."

„So weit?", staunte Katharina.

„Dann schnitt sie sich die Haare ab und verkleidete sich als Mann."

„Woher hatte sie die Kleider? Hatte sie die vom Vater einfach mitgenommen?"

Tommaso geriet wieder durcheinander. „Also, jetzt hör doch mal einfach nur zu!", ermahnte er sie. „Sie hat sich nicht nur als Mann verkleidet, sondern als Mönch!", trumpfte er nach. „Und dann wanderte sie schnurstracks ins nächste Männerkloster, weil es für Frauen noch gar keine Klöster gab. Dort blieb sie dreißig Jahre lang. Sie lebte, betete und arbeitete wie jeder andere Mönch auch. So wie ich ungefähr", strahlte Tommaso.

Katharina staunte. Weder tags noch nachts konnte sie jene Euphrosina vergessen. Und dann stand ihr Entschluss fest: Sie würde wie die Einsiedler in die Berge gehen, sich eine Höhle suchen und dort leben und beten.

Am nächsten Morgen aß sie mit allen ihre Suppe. Als die andern bei der Arbeit waren, nahm sie sich Brot, Gabel, Messer und Löffel, dazu den ältesten Teller und einen unansehnlichen Becher, packte alles in einen Beutel und lief freundlich grüßend zum Stadttor hinaus. Es war ihr alles recht, sollte es regnen oder die Sonne brennen. Noch nie ging sie so sicher, obwohl sie nicht wusste wohin. „Ich brauche nicht weit zu gehen", dachte sie. „Hauptsache, ich finde eine kleine trockene Höhle."
Es war noch nicht viel Zeit verstrichen, da sah sie oberhalb eines Hangs einen schiefen Olivenbaum. Zwischen den Wurzeln des Baumes war ein dunkles Loch. Als sie es genauer untersuchte, fand sie, dass sie darin stehen und liegen konnte. Das war eine gute Höhle. Ja, da hinein konnte sie trockenes Gras legen, sie konnte sich auch davor in den Schatten setzen. Innen war sie vor Regen sicher und draußen konnte sie weit über die Berge schauen. Das war ein guter Platz. Gott würde sie beschützen. Da war sie sicher. Aber dann kamen andere Gedanken: Wie würde Mutter sich sorgen! Und der Vater und die Brüder ... Die würden sie tagelang suchen müssen – und dabei hatten sie doch so viel zu tun und konnten sich keine neuen Arbeiter leisten. Und ihre Schwester Bonaventura! Wer würde sie besuchen? Sie wusste wohl, dass sie oft mit roten Augen auf sie wartete. Ihr fiel ein, dass Lisa ihr einmal erzählt hatte, wie schlimm es gewesen war, als sie als Kind vermisst wurde. „So etwas will ich nicht noch einmal durchmachen", hatte sie zu Katharina gesagt.
Also nahm Katharina ihren Beutel wieder auf und ging nach Hause. Dort hatte noch niemand bemerkt, dass sie überhaupt weg gewesen war.

Warum Katharina sich die Haare abschneidet und die Pocken wünscht

1354-1363

Wer achtete in jener Zeit auf die Kinder? Wer erklärte ihnen all die großen und kleinen Dinge? Katharina hatte mit jedem Tag mehr Fragen, und doch fanden sich immer seltener Menschen, die dem Kind eine Antwort geben mochten.

„Warum weinst du so viel, Bonaventura?“ Doch statt einer Antwort wurde sie in den Arm genommen und Katharina spürte die Not, die Bonaventura hatte und das zusätzliche Siegel der Verschwiegenheit, das sie sich auferlegt hatte.

„Das verstehst du noch nicht“, sagte Bonaventura nur leise. Aber was in der Welt hätte Katharina denn nicht verstanden? Sie hätte ihr doch alles geglaubt. Von andern erfuhr sie, dass Bonaventura am liebsten sterben wollte, weil ihr Mann so grob zu ihr war, dass sie sich fühlte wie ein weggeworfener Fisch auf dem Marktplatz. Und das sollte sie nicht verstehen können?

„Nur wer die Augen zumacht, versteht etwas nicht!“, beklagte sie sich bei Tommaso. „Die Madonna versteht doch auch alles, was wir sagen, weil sie darüber mit Christus spricht.“

„Mama“, bettelte sie einige Tage später, „sag Bonaventura, dass sie der Madonna alles sagen kann und dass die Madonna hilft!“

Lappa sah ihre kleine Tochter an und meinte: „Bonaventura muss lernen, sich in alles zu fügen. Sie ist kein Kind mehr.“

„Ich dachte, nur Kinder müssen sich fügen", gab Katharina leise zurück. Doch Lappa lachte nur laut.
Wenn Bonaventura wüsste, dass sie der Madonna alles sagen kann und dass sie einzig Gottes Willen kennen müsste, ob es dann besser würde, grübelte Katharina. Und dann sagte sie dies ihrer Schwester frei heraus. Doch Bonaventura entgegnete ihr: „Euphrosina, verschone mich bitte mit deiner Heiligkeit! Ich bin ja doch zufrieden. Sieh, ich habe einen reichen Mann, und dem Kind, das in mir wächst, wird es an nichts fehlen. Ich mache mir nur Sorgen, weil die jetzige Regierung, der nur reiche Kaufmannsfamilien angehören, schwach ist und zerstritten. Die Sieneser haben hinter dem Rücken „der Neun" Kaiser Karl IV. um Hilfe angerufen. Wer weiß, was nun werden wird? Die Aristokraten und das Volk wollen den Kaiser unterstützen. Und ich weiß nicht, wohin ich gehöre."
„Du bist eine von uns", lag es Katharina auf den Lippen. Aber sie verkniff es sich und meinte: „Die Madonna hört jeden und sie hilft dir auch, selbst wenn du nicht weißt, wohin du gehörst!"
Bonaventura lachte über ihre kleine Schwester. Sie lachte aber so, dass sie dabei weinte und sagte: „So bete für mich mit, wenn du betest. Ich habe dazu keine Zeit." Die kleine Schwester ließ jedoch nicht locker und forderte Bonaventura auf: „Überlege dir, wenn du dich puderst, wofür ich beten soll. Rätselraten gehört nämlich nicht zur Beschäftigung der Jungfrau."
„Ich denke, sie weiß alles!", erwiderte Bonaventura spitz.
„Aber sie löst für niemand, der etwas selber wissen kann, die Rätsel", antwortete Katharina sanft. Und wie zu sich selbst fuhr sie fort: „Wer nicht selbst in sich schaut, will auch keine Antwort haben."

„Die Neun“ missbrauchten immer mehr ihre Macht. Hatte die Regierung zu Beginn ihrer Amtszeit noch an das Volk und die Bildung gedacht, so war es ihnen später unwichtig geworden. Nach der Pestwelle nutzten sie die Zeit für eigene Interessen und beuteten das Volk aus. Die Ritter, die doch immer so mutig die Stadt verteidigt hatten, bekamen kaum noch Mitspracherecht und wurden schlecht für ihre stolzen Dienste entlohnt. Der alte Hass der ghibellinischen Aristokratie flammte wieder auf, denn Ghibellinen waren von der Regierung ebenfalls ausgeschlossen. Die Aristokraten hatten sich mit dem Volk verbündet und baten Kaiser Karl IV., ihnen zu Hilfe zu eilen. Und der Kaiser kam.

Man schrieb das Jahr 1355, als Karl IV. mit einem großen Heer in Rüstungen und auf glänzenden Rössern in Siena Einzug hielt. Die Pracht war unermesslich und die Schwerter glänzten so streitlustig, dass alle Mitglieder der Signorie flohen. Der Kaiser war als Schiedsrichter erschienen. Katharina sah ihn, wie er mitsamt seinem Pferd auf den Stufen des Palastes stand. Das Volk riss die alten Wappen der „Neun“ an den Kirchen herunter. Später sah Katharina von einer hohen Mauer aus, dass in der Stadt alle Häuser der ehemals Regierenden brannten. Die älteren Kinder deuteten auf die Häuser und flüsterten die Namen. So brannten sich die Namen in den Kopf der achtjährigen Katharina ein. Und noch auf der Mauer sitzend, vermissten sie einige ihrer Spielgefährten, die mit ihren Eltern geflohen waren.
„Lasst uns für unsere Freunde beten, dass sie genug zu essen haben und uns nicht vergessen!“, befahl Katharina plötzlich der kleinen Schar von Kindern. Und ehe diese aufmucken konnte, hatte sie sich auf der Mauer in den Staub gekniet und die Hände gefaltet, so wie sie es auf den Gemälden ge-

sehen hatte: „Gnädige Madonna, sei bei Giovanni, bei Gabriele, bei Andrea und bei Caterina, komme ihnen schnell zur Hilfe und vergib ihnen alles, was sie falsch gemacht haben. Wasche mit dem Blut deines Sohnes alles Verdorbene weg und bring sie wieder hierher." Ob sie wollten oder nicht, Katharina trug den Kindern auf, für jedes täglich ein Vaterunser zu beten. Und niemand wagte es, sich zu widersetzen – war Katharina doch die Einzige, die den Kindern sagte, was sie tun könnten.

Das Volk und die Ritterschaft waren es nun, die sich in der neuen Regierung, der Dodici, für dreizehn Jahre zusammentun konnten. Zum ersten Mal hatten die „kleinen Leute" Anteil an den politischen Entscheidungen. Katharinas ältester Bruder wurde auch in die Regierung gewählt. Lappa war selig, ihr Erstgeborener brachte ihre Familie und das Gewerbe zu großen Ehren. Sie wies ihre Schwiegertochter an, die schönsten Töpfe und Decken auszusuchen und mit in das neue Heim zu nehmen. Alle gewählten Regierungsmitglieder wohnten mit ihren Familien im Rathaus. Mit Frau und Kindern, mit Sack und Pack, war nun Benincasa in die neuen Gemächer gezogen. Sie hatten dort einen eigenen Pfarrer, und der Rathausglöckner war gleichzeitig Arzt und Frisör. Somit war der älteste Bruder Katharinas nun nicht mehr in der Färberei zugegen, wie es die Familie geplant hatte. Benincasa durfte den Palazzo publico nur an hohen Feiertagen verlassen. Einzig die Kinder durften weiterhin über den Hinterhof ein- und ausgehen. Für die Wachposten waren die kleinen bekannten Gesichter wie Luft.

Auch Katharina kannte alle Schlupflöcher und konnte von der Rückseite des Rathauses zwischen Pferden und Bediensteten hindurch in den Hof gelangen. Sie spielte dort mit den Kindern und trug Neuigkeiten nach Hause. Doch immer weniger interessierten sie die Ritter und ihre stolzen Pferde, die auch im Gebäude wohnten. Sie hatte nämlich die Gemälde entdeckt, die im Rathaus zu sehen waren und zu denen auch das Volk an ausgewählten Tagen Zutritt hatte.

„Die Neun", die zuvor regierten, hatten einen Saal geschaffen, in dem die guten und schlechten Tugenden abgebildet wurden. Der Saal war über und über mit Fresken bedeckt. Sie sollten dem Volk zeigen, dass die Kaufleute den guten Tugenden nachstrebten. Damit setzten sie sich ein unvergängliches Denkmal. Was der Maler Ambrogio Lorenzetti in zwei Jahren geschaffen hatte, studierte Katharina nun stundenlang. Alles Gute und Schlechte, was es auf der Welt gab, war in Episoden dargestellt, wie es in einem Dorf passieren konnte und sie es selbst in der Stadt schon gesehen hatte.

Die Tugenden wurden von schönen Frauengestalten repräsentiert. Sie hatten, wie immer auf Gemälden, blonde Haare. Aber statt eines Heiligenscheins wie die Madonnen trugen sie Kronen auf ihren anmutigen Köpfen, und die glänzten in echtem Gold wie Sonnenstrahlen. Sie saßen zur Rechten und Linken eines weisen Königs, dessen Gewand die Farben des Banners von Siena hatte. Bei den guten Tugenden wuchsen geordnete Häuser und Türme vor den Hügeln Sienas in die Höhe, die Menschen waren gesund und hilfsbereit. Da waren Bauern, Jäger und Händler bei der Arbeit, Frauen und Mädchen bevölkerten die Straßen.

Die schlechte Regierung hingegen wurde als Tyrannei dargestellt. An der Seite stand Herodes, die Grausamkeit, der Betrug, die Wut, die Uneinigkeit und die Falschheit. Katharina kannte die dunklen Gestalten, die mit Hörnern, Schwänzen und Schlangen bestückt waren und die Heiligen quälten. Und wenn es nicht die Teufel waren, so waren es Menschen, die ihnen die Haut bei lebendigem Leibe abzogen, um zu erreichen, dass die Heiligen ihrem Glauben abschworen. Dann wären endlich alle diese unbequemen Heiligen und ihren fordernden Gott los geworden. Niemand würde sie mehr ermahnen, dass sie barmherzig sein sollten. Die Heiligen aber blieben trotz der Marter standfest. Sie taten Wunder an Menschen und Tieren und lächelten noch im Tode.

„Ihr habt euch nicht anstecken lassen vom Bösen“, flüsterte Katharina ihnen zu. Sie hatte inzwischen begonnen, mit den Heiligen zu reden, sagte sogar Vater und Mutter zu ihnen. Und diese freuten sich über ihre neue Tochter. Es roch nach Frühling, nach Veilchen und Rosen, wenn die Bilder lebendig wurden. Katharina verneigte sich immer wieder vor ihnen und wünschte sich nichts mehr, als auch einmal solch ein Mensch zu sein.

„Ach, wenn ich doch schon so alt wäre wie du!“, seufzte Johanna.

„In einem Jahr wirst du doch auch zwölf“, tröstete sie Katharina und fügte aufrichtig hinzu: „Glaub mir, Johanna, viel lieber würde ich mit dir tauschen! Ich weiß nicht, wie ich leben kann, wenn ich nur noch hier im Haus bleiben muss und alle wollen, dass ich einen reichen Mann heirate … Könnte ich doch deine Mädchenkleider anziehen! Könnte ich doch wie üblich über den Markt, in die Kirchen und ins Rathaus springen und könnten mich die Menschen so wenig bemerken wie eine streunende Katze oder einen angebundenen Esel!“

„Ich werde dir alles erzählen, was ich sehe“, tröstete Johanna ihre Schwester, die so anders war als sie selbst.

Am nächsten Tag fand Katharina um ihren Teller einen

Kranz aus gelben und roten Rosen, und vom Schlafgemach bis zum Brunnen, an dem sie das Wasser für die morgendliche Wäsche holte, waren Jasminzweige gestreut.
„Lisa, Lisa das warst du!“, freute sich Katharina. Und Lisa hob Katharina in die Höhe, trotz ihres dicken Bauches und dem Umstand, dass das Mädchen inzwischen so groß war wie sie selbst. „Ich begrüße dich nun als Frau unter Frauen. Möge unsere Freundschaft dadurch noch tiefer sein, als wir uns schon in Liebe verbunden sind.“
„Nichts kann meine Liebe zu dir schmälern. Ich werde gerne an deiner Seite sein und dir helfen“, erwiderte Katharina. „Du kannst dich auf mich verlassen!“, bekräftigte sie noch einmal. Und wie es ihre unnachahmliche Art war, krempelte sie ihren Ärmel hoch und zeigte ihre Muskeln, wie es sonst nur die Männer taten um Eindruck zu schinden.
„Komm, wir gehen gemeinsam zum Morgenmahl“, lachte Lisa, hakte Katharina unter und sang fröhlich: „Heute ist dein Tag! Du bist kein Kind mehr. Du bist bald eine Frau! Signora, Signora, Signora!“
Der Tag begann so ausgelassen, dass es Katharina gefiel. Ihr Vater lachte und sie sah, dass auch ihre Mutter glücklich war. Aber dann, kurz bevor das Mahl beendet war, trat Lappa von hinten an ihren Stuhl. „Nun ist auch meine liebe Kleine kein Kind mehr!“ Sie sah in die Runde und alle bestätigten ihre Aussage. Katharina war erleichtert und dankbar über die Zustimmung der ganzen Familie.
„Ich habe keine Zweifel, dass unsere Euphrosina eine wunderbare Frau und Mutter sein wird.“ Wieder sah Lappa in die Runde und alle nickten.
Katharina hörte nicht weiter, was ihre Mutter sprach. Eine kalte Hand hatte auf ihre Brust gegriffen und lag dort wie der Tod. Eine Frau … eine Mutter … eine Frau … eine

Mutter … Katharina hörte die Worte ihrer Mutter. Wie ein Todesurteil klangen sie in ihrem Körper nach. Sie wollte tapfer sein, denn sie war nun zwölf Jahre alt. Sie sah auf ihren Teller, auf dem Breispuren und Krümel vom abgebrochenen Brot lagen. Doch der Teller, die Rosen, alles verschwamm zu einem großen See. Es waren Seerosen und sie schaukelten in einem salzigen, großen Meer. Dann drang ein lautes Brausen in ihre Ohren; als ob ein Sturm tobte, immer wilder und lauter. Das Tosen übertönte die Stimme der Mutter und jemand rief. Ja, da schrie jemand ihren Namen. „Katharina!“ Gegen den Wind brüllte jemand an und war ganz verzweifelt: „Katharina!“
Einzig Lisa bemerkte, dass während Lappas ausgezeichneter Rede unter dem gesenkten Kopf ihrer Tochter eine Träne nach der andern in den Teller fiel. Danach weinte sie selber, weil ihr das Kind ans Herz rührte. „Wenn Katharina ein Vogel wäre, so wurden ihr jetzt mit den guten Wünschen der Mutter die Flügel ausgerissen“, dachte sie.

„Katharina!“ Katharina lauschte der Stimme nach, die sie erstmals an ihrem zwölften Geburtstag gehört hatte und danach immer wieder. Es war schon ein Jahr seither vergangen. Sie erwachte mitten in der Nacht und sah um sich, aber da schlief nur ihre Schwester. Sie hörte das Rufen auch am helllichten Tag und fand doch niemand, der sie sprechen wollte.
„Vielleicht sind es die Heiligen?“, fragte sie sich, und sie fragte auch Tommaso danach. Aber der sagte, damit sei nicht zu spaßen, und sie solle auf die Mutter hören. Katharina tat beides: Sie gehorchte der Mutter, und wenn sie die Stimme hörte, pflegte sie zu sagen: „Hier bin ich. Hier bin ich doch!“

„Du bist schon sehr seltsam“, sagte Johanna aufrichtig. Du unterhältst dich manchmal mit Leuten, die gar nicht da sind. Und noch viel seltsamer ist, dass du das letzte Jahr nicht genutzt hast, um dich schön zu machen und auszuruhen.“
„Johanna, ich werde morgen mit dir feiern, wenn du zwölf wirst. Ich wünsche dir alles Glück der Welt.“
„Wie ich mich freue!“ Johanna bekam einen richtigen Freudenanfall. Die Schwestern fassten sich an den Händen, streckten die Arme lang und die Füße dicht zusammen. Dann wirbelten sie im Kreis, dass der Staub flog. Sie drehten sich, bis sie schwitzten und ihnen schwindelig war.
„Heute Abend werfe ich mein Kleid feierlich weg. Eine Magd kann sich darüber freuen, denn Bonaventura hat mit mir ein Kleid ausgesucht, und das werde ich tragen.“ Johanna war mit der Aussicht, nun taillierte Kleider tragen zu dürfen, ein anderer Mensch geworden. Es war, als ob sie ihre ganze Kindheit lang nur darauf gewartet hätte, endlich eine Frau zu werden. Und nun begann für sie das richtige Leben.
Katharina fand die Gelegenheit günstig, nun ihren Wunsch bei der jüngeren Schwester loszuwerden: „Johanna, du könntest mir eine Freude machen“, begann sie.
„Und das wäre?“
„Nun, du brauchst dein Kleid nicht mehr, das du trägst. Aber mir würde es gefallen.“
„Was, du willst den Kinderfetzen?“, fragte Johanna entsetzt.
„Ich möchte einen Tausch mit dir machen“, erklärte Katharina. „Gib mir dein rostfarbenes Kleid, denn es gefällt mir gut. Und ich gebe dir mein neues blaues Kleid dafür.“
„Du bist wohl krank im Kopf, Katharina! Es ist dein einziges gutes Kleid!“
„Ich kann darin kaum atmen, und wenn ich gehe, trete ich beim Treppensteigen auf den Saum.“

Der Handel wurde besiegelt. Und beide waren richtig glücklich und zufrieden. Doch dieses Glück war wieder einmal Anlass zu einem von Lappas Wutausbrüchen. Am Nachmittag sah sie ihre zwei jüngsten Töchter an sich vorbeispazieren.

„Katharina hat endlich ihr neues Kleid an“, freute sie sich. Aber dann bemerkte sie den Betrug: die falschen Töchter in falschen Kleidern! Sie lief schreiend hinter den beiden her, erwischte Johanna und brüllte: „Was machst du in Katharinas Kleid! Du wirst es beschmutzen und zerreißen! Kannst du denn nicht bis morgen warten? Kannst du nicht warten, bis deine Mutter dir ein Kleid gibt? Du bist habgierig und ungezähmt!“ Weiter kam Lappa nicht, denn Katharina hatte ihre Mutter am Arm gefasst und sagte ruhig: „Mutter, versündige dich nicht. Johanna trifft keine Schuld. Ich habe ihr das Kleid aus freien Stücken geschenkt. Ich bin zufriedener, wenn ich ein einfaches Gewand habe. Noch lieber würde ich mich in einen Sack hüllen, wie es die Wüstenväter taten.“

„Du dich in einen Sack hüllen!“ Lappa war außer sich vor Wut. Ihre Tochter brachte zunehmend Schande über die Familie. „Ich stecke dich in einen Sack und binde ihn zu!“, schrie sie. „Im Brunnen sollte man dich dafür ertränken, was du deiner Mutter antust!“

Katharina erfasste eine große Heiterkeit: „Dann wäre mein Herzenswunsch leicht und schnell erfüllt, ich könnte wie die Propheten sterben, weil ich Gottes Willen tue.“

„Was heißt hier Gottes Willen tun! Bist du verrückt geworden! Du kennst ja nicht einmal den Willen deiner Mutter!“

„Meine Mutter ist die heilige Madonna. Verzeih mir, wenn es dich kränkt, und sage mir, wie ich dich wieder froh sehen kann.“

„Zieh das blaue Kleid an. Sofort!“ Katharina fiel vor Lappa auf den Boden.
„Nein, nein“, sagte sie. Dann stand sie auf, sah ihrer Mutter in die Augen und sagte klar und deutlich: „Schlage mich und verspotte mich wie einen Verräter auf dem Palazzo. Aber ich ziehe kein Kleid an, in dem ich meinen Busen feilhalten muss wie die Datteln auf dem Markt. Ich habe meinen Bräutigam bereits gewählt. Wenn ich das Kleid verschenken kann, so ist es doch zu Christi Ehre. Mutter, ich kenne kein größeres Glück! Das ist, was mir gefällt. Und der Himmel würde sich über uns öffnen.“
Lappa schlug erst mit der rechten, dann mit der linken Hand so heftig zu, dass Katharina taumelte und fiel. Johanna half ihr hoch. „Komm, wir tauschen die Kleider wieder“, sagte sie.
„Wozu sollten wir tauschen?“, fragte Katharina und rieb über ihr rechtes Ohr, weil es darin summte. „Schau, Mutter ist schon weg. Die Schlacht haben wir schon gewonnen. Damit sie sich nicht noch mal aufregt, werde ich heute die Färber unterstützen und nicht zum Essen kommen.“
Katharinas Ohr summte weiter bis zum Mittag. Aber es klangen in ihm leise, süße Lieder. Und sie wünschte sich, dass ihre Wangen nie aufhören würden zu brennen. In ihrem Ohr sollte es am besten immer rauschen, weil es sie daran erinnerte, dass sie auf dem Weg war, ihren Herzenswunsch zu leben. Pfirsichhaut und Mandelblüte, Farbenspiel und Lobgesang: Sie war ihr blaues Kleid los! Endlich hing der eitle Fetzen nicht mehr auf dem Haken in ihrem Zimmer!
Sie verließ als Letzte den Hof, räumte noch hier und dort etwas zusammen und ging schnurstracks in ihr Zimmer. Wie sie es liebte! Es war zwar der kleinste Raum im Haus,

aber seit einigen Wochen gehörte er nur ihr allein. Sie kniete in ihren schmutzigen Kleidern unter dem Fenster nieder und betete, lachte und weinte. Wenn sie meinte, alles gesagt und bedacht zu haben, begann sie doch wieder von vorne, weil sie es noch besser beten wollte.

Lappa hörte sehr wohl, dass Katharina oft nächtelang in ihrer Kammer Selbstgespräche führte. „Das muss ein Ende haben", dachte sie. Und zu Jacobo sagte sie: „Ich muss Katharina auf andere Gedanken bringen! Ich rede mit Bonaventura."

Sieben Tage und sieben Nächte sollte Katharina bei ihrer Schwester bleiben dürfen. Katharina freute sich darauf, endlich aus dem Haus zu kommen und ihre Schwester zu sehen. Sie hatte schön gefärbte Wolle für sie ausgesucht und die Eltern gaben noch mehr dazu. Katharina hatte aus Jasmin- und Olivenzweigen eine lange Schnur gebunden. Da hinein knotete sie kleine Kreuze aus Veilchen und steckte Rosen dazu. Dies wollte sie Bonaventura über die Tür hängen, wenn sie dort ankam.

Am Abend zuvor war sie nervös. „Ob ich Bonaventura enttäusche, weil ich so einfach gekleidet bin? Ob ich sie wieder zum Lachen bringen kann, damit sie ihre Sorgen vergisst? Ob ich endlich wieder in die Stadt darf, wenn sie mich begleitet?"

Katharina kniete eine weitere Nacht auf dem Steinfußboden. Sie betete so lange, bis sie keine Fragen mehr hatte, sondern einzig wusste, wie süß es war, die Hand der Heiligen Madonna auf sich zu spüren. *Ihre Liebe floss als Milch über Katharinas Kopf, Schultern, Hände, Bauch und Schenkel. Die Milch umhüllte auch ihre Füße und der Raum begann zu leuchten.* Da wusste Katharina, dass die Madonna selbst mit ihr ging.

Wie konnte ihr so etwas passieren? Katharina konnte es nicht fassen. Die mit Steinsplittern bestückte Peitsche sauste auf ihren Rücken nieder. Sie war in ihrer geliebten Kammer. Alle Kleider hatte sie abgelegt. Sie schlug sich, wo immer sie sich treffen konnte. Das Blut begann langsam die helle Haut zu benetzen, aber sie peinigte sich weiter, holte mit aller Kraft aus und schrie jedesmal vor Schreck und Schmerz über die eigenen Peitschenhiebe.
„Ich werde euch lehren, auf wen ihr zu hören habt", sprach sie zu ihren Ohren. „Du sollst spüren, wie schwach und unwichtig du bist", herrschte sie ihren Körper an. Später, viel später, hatte sie alle Kraft verbraucht. Sie brach zusammen und flüsterte: „Vergib mir, vergib mir. Nie mehr will ich dich vergessen."
Doch die größere Pein war, dass sie sich noch einmal an alles erinnern wollte, was letzte Woche geschehen war: Sie wollte ihre Schwester nicht kränken, die sich wegen ihrer Kleider geschämt hatte. Sie hatte Bonaventuras Kleider getragen und nahm sogar zwei Kleider an, obwohl sie nicht wusste, wer ihr diese Kleider geschenkt hatte. Sie hatte sich die Haare gebleicht und mit teurem Goldstaub gepudert. So war sie nach Hause gekommen. Bonaventura hatte ihre Haare so hoch geflochten und gedreht, dass sich auf der Straße alle nach ihr umschauten und sich die Leute fragten, wer denn die junge Frau mit dem feinen Kleid sei. Und dann, dann sah sie die Freude ihrer Mutter. So lange hatte sie auf einen solchen Blick von ihr gewartet! Alle atmeten auf, als fielen ihnen schwere Lasten von den Schultern. Johanna sprach es offen aus: „Du warst nie eine Schönheit, aber so kannst du jedem den Kopf verdrehen." Alle lachten wieder. Alle waren so fröhlich wie nach der Olivenernte.
Aber dann sah sie zu Lisa. Lisa war nicht auf sie zugestürmt.

Still saß sie abseits und gab ihrem jüngsten Sohn die Brust. Und nun bemerkte sie die leise Trauer, die auf dem Gesicht ihrer Schwägerin lag. Dann veränderte sich plötzlich die Luft: *Es war nicht ihre Schwägerin! Es war die heilige Madonna selbst, die Christus an der Brust hielt!* Katharina rieb sich die Augen, blickte um sich und dann wieder zu Lisa hin.
„Schön, dass du wieder da bist, ich habe dich vermisst", sagte diese nun freundlich.
Katharina wusste, wen Lisa vermisst hatte. Und das war nicht die aufgeputzte Signora, die vor ihr stand. Ihr wurde bewusst, dass sie ihre wahre Mutter, die Mutter Jesu, verraten hatte. Verraten um der Gunst Bonaventuras, Lappas und ihrer eigenen Eitelkeit willen. Sie ging hinaus und sammelte spitze Steinstücke, die sie in eine Peitsche knotete.
Jetzt erst vernahm Katharina die Stimme Lappas an ihrer Tür. Sie flehte und fluchte ohne Unterlass und trat gegen das Holz. Doch Katharina war schlau gewesen. Sie hatte schon lange einen Steinkeil, den sie zusätzlich unter die Tür schieben konnte, so dass niemand herein konnte. Irgendwann hörte Lappa auf zu betteln und zu fluchen und begann stattdessen zu weinen.
„Geh, geh in deine Kammer", rief Katharina durch die Tür. „Leg dich zu deinem Mann."
„Sie gibt mir Befehle. Sie sagt ihrer eigenen Mutter, was sie zu tun hat!", klagte Lappa später.
Als Katharina merkte, dass ihre Mutter gegangen war, nahm sie das rostfarbene Kleid vom Haken und schlich aus dem Haus. Sie schaute um sich, ob auch tatsächlich niemand auf der Straße war und huschte an der Häuserseite hinunter zur Fontebrandaquelle. Mitsamt dem Kleid sprang sie in das obere kalte Becken. Sie schnappte nach Luft, weil sich im Februar das Wasser wie in Stücke gehauene Eiszapfen anfühlte.

Aber dieses Bad würde ihre Verfehlung abwaschen. Ja, ein neuer Mensch sollte aus ihr werden. Sie rieb mit dem Stoff ihren Körper sauber. Als sie merkte, dass einige Wunden weiterbluteten, zog sie das Kleid aus, wusch es und trat, so nass und kalt das Tuch auch war, den kurzen Heimweg an.
In ihrem Zimmer angekommen, legte sie sich auf ihr Bett, zog die Decke bis zum Kinn und sprach in die Dunkelheit: „Hilf mir, hilf mir."
Anstatt nach der Strapaze lange und tief zu schlafen, hatte sie einen Traum: *Sie ging durch die Stadt. Um sie herum gingen viele schöne Frauen. Es war ein großes Treiben auf den Plätzen. Zwei Dirnen hatten Katharina entdeckt und wollten mit ihr gehen. Katharina lief schneller und schneller. Doch die Frauen machten sich einen Spaß daraus und griffen nach ihrem Kleid. Sie hielten sie an ihren Röcken fest und so begann Katharina zu schreien. „Mit diesem Kleid bist du unsichtbar. Mit diesem Kleid kannst du ungehindert durch alle hindurch gehen." Katharina sah sich um und sah Dominikus, der ihr ein weißes Gewand hinhielt. Katharina versuchte sich von den Frauen loszumachen, es gelang ihr auch, und sie rannte zu Dominikus. Doch ehe sie ihn erreichte,* wachte sie auf, und war nichts weiter als ein verzweifeltes Mädchen in ihrem Bett. Sie hatte das weiße Kleid erkannt, das ihr der Heilige im Traum so schön vor die Nase gehalten hatte. Es war das Gewand der Mantelaten.
In dem Orden der Dominikaner bedurfte es keines Keuschheitsgelübdes. Die Frauen, die sich in dem freien Orden zusammengefunden hatten, waren meist Witwen und alte Frauen, die für den Rest ihres Lebens enthaltsam leben wollten und gute Werke taten.
Es vergingen noch wenige Wochen, und wieder wurde es Zeit, für Bonaventura die Hebamme zu holen. Katharina bettelte darum, bei ihrer Schwester wohnen zu dürfen, bis

sie sich erholt habe. Doch Lappa wollte nicht noch einmal erleben, was sie nach dem ersten Besuch mitgemacht hatte. Sie schickte Johanna los. Doch anders als nach den beiden ersten Kindern hörte Bonaventura nicht auf zu bluten und ihre Haut war dunkelrot vom Fieber. Vier Tage später war sie tot. Katharina konnte es nicht fassen. Ihre schöne Schwester, die so gerne lebte, lag nun tot in der Basilika aufgebahrt. „Tommaso", sagte sie, „was ist wichtiger: eine kurze Lebensspanne oder die ganze Ewigkeit?"

„Worauf willst du hinaus?", fragte er zurück.

„Bonaventura lebte für jeden Tag, aber sie dachte nie an die Ewigkeit."

„Nun, jedes Leben ist kurz gegen die Ewigkeit."

„Und doch ist unser Leben ein Teil der Ewigkeit. Warum sollte ich nicht jetzt schon so leben?" Tommaso wusste keine Antwort und Katharina wollte auch keine haben, denn sie wusste, was sie ihren Eltern mitteilen würde. Sie würde jetzt schon das Leben der Heiligen wählen, und sie sollten sie nicht in das irdische Leben zwingen.

„Das würde dir so passen", sagte Lappa. „Soll ich an einem Tag zwei Töchter verlieren?"

„Euch sitzt der Schreck und die Trauer in den Knochen. Das wird sich wieder legen", tröstete Jacobo die beiden. Doch damit hatte er weit gefehlt.

„Du wirst gleich nach dem Morgenessen hier in der Stube bleiben. Tommaso wird kommen. Du wirst ihn als Beichtvater haben. Dein Vater hat es bereits mit ihm besprochen." Lappa war die durchwachte Nacht ebenso anzusehen wie Katharina, die bleich über ihrer Suppe saß und das Brot wieder weglegte.

„Tommaso kommt mich besuchen?" Das war die beste Nachricht, die sie seit Wochen gehört hatte. „Danke, Mutter!", rief sie begeistert aus. „Das ist lieb von dir!" Lappa

konnte es nicht begreifen. War ihre Tochter so starrsinnig, dass sie nicht verstehen wollte, warum sie und Jacobo schon am frühen Morgen Tommaso aufgesucht hatten? Er sollte ihre Tochter zur Vernunft bringen. Von ihm sollte sie lernen zu beichten, was sie ihrer Familie antat! Von ihm erhofften sie sich Besserung.
Katharina sprang wie ein kleines Kälbchen in der Stube hin und her. „Wenn ich mich nun mal so freue, wenn ich nun mal so glücklich bin!", sagte sie lachend und entschuldigend zu ihrer Familie.
Lisa teilte ihre Freude. Für sie war Katharina stets vertraut und liebenswert geblieben. „Ich wünsche dir alles Gute und grüße ihn von mir", sagte Lisa, bevor sie wie alle andern zu gehen hatte. Tommaso war nun nicht mehr ein Familienmitglied, sondern in Amt und Würde, und wenn sie ihm begegnete, machte sie das Kreuzzeichen und verneigte sich. Katharina war aber nicht danach zumute. Als Tommaso kam, fiel sie ihm um den Hals, küsste ihn und ließ sich selbst umarmen. „Meine kleine Euphrosina, wie ich mich freue dich wiederzusehen", lachte Tommaso.
„Und wie ich mich erst freue!" Katharina zog ihn an der Kordel, und beide erinnerten sich an früher, als das Band noch Katharinas Haltegriff auf unzähligen Ausflügen war.
„Wir wollen uns nun hinsetzen, denn ich muss im Auftrag deiner Eltern mit dir reden." Katharina stellte zwei Stühle einander gegenüber und setzte sich. Ehe Tommaso zu reden begann, küsste sie seine Hände. Am liebsten hätte sie ihr ganzes Gesicht hineingelegt und geweint. „Nimm mich mit in die Basilika San Domenico", hätte sie am liebsten gesagt. „So wie früher, als ich manchmal unter deiner Kutte mitkommen durfte und niemand die kleinen Füße bemerkte, die auch noch unter den Gewändern mittrippel-

ten.“ Aber sie schwieg und wartete ruhig, was er zu sagen hatte. „Du hast die unglücklichsten Eltern aus ganz Siena“, begann er. „Deine Mutter hat schon viel Unglück ertragen, weil es eben so gekommen ist. Doch du machst ihr absichtlich Kummer. Fünfzehn Jahre bist du und weigerst dich, deiner Bestimmung nachzukommen, wie es für jede Frau schicklich ist.“

„Tommaso, du sagst, was dir meine Mutter auftrug. Und du sprichst die Wahrheit und recht“, erwiderte Katharina. „Aber du kennst mich. Du weißt, dass ich mich nicht anders verhalten darf. Was für eine Frau schicklich ist, ist für mich eine Verfehlung, weil ich nicht berufen bin, Kinder zu tragen, sondern jedem zu helfen wie einem Kind. Ich sehe es an Bonaventura und Johanna. Die ersten und letzten Gedanken eines Tages gelten ihrer Schönheit und den Dingen des Lebens. Meine Gedanken sollen damit nicht belastet werden. Ich atme, weil die Liebe Gottes in mir wohnt und ich allen Menschen davon berichten will. Du, du, Tommaso musst das doch verstehen! Tommaso, willst du mir etwa ausreden, was Gott mir eingab?“

„Wie gut kennst du mich eigentlich?“, fragte er zurück. „Ich weiß nicht, ob ich dich kenne“, gab Katharina kleinlaut zu. „Aber eines weiß ich sicher: Gott hat dich gerufen. Er kann dir nichts anderes sagen als mir.“

„Katharina, möchtest du denn immer noch so leben wie einst Euphrosina?“

„Aber ja, natürlich“, gab Katharina zurück.

„Dann gibt es nur einen Weg.“

Katharina traute ihren Ohren kaum. Es gab einen Weg?

„Wenn du dir die Haare abschneidest, so erlangt dein Wunsch Rechtskraft. Die monastische Jungfrauenweihe hat noch Gültigkeit.“

Er machte eine Pause. „Willst du?"
Katharina griff mit beiden Händen auf ihren Kopf und gleich purzelten die Haarkringel über Hals und Schultern. Tommaso schluckte. Er wusste nicht, dass die Haare seiner Freundin bis über die Hüften fielen.
„Nicht ich werde dir die Haare schneiden. Das musst du selber tun." Er hatte bereits eine Schere besorgt. Katharina kannte sie. Es war die scharfe Schere ihres Vaters. Tommaso war zuvor bei ihm gewesen und hatte sie unbemerkt unter seiner Kutte verschwinden lassen. „Ich schaue derweil zum Fenster hinaus", sagte er leichthin. „Und hier ist noch ein Tuch." Tommaso hatte an alles gedacht. An eine Schere, an ein Tuch, daran, dass sie allein sein würden und in der Stube ein Spiegel hing.
Tommaso hielt seine Stirn gegen die Fensterscheibe gepresst und erzählte wie beiläufig, was er in den Gassen sah. Er wusste zuvor nicht, dass eine Schere, die Haare schneidet, so schreckliche Geräusche von sich gibt. Katharina hatte sich mit einigen kräftigen Schnitten von ihren Haaren getrennt. Nun machte sie sich an die Feinarbeit. Büschel um Büschel nahm sie auf und schnitt sie nahe der Kopfhaut ab. Als sie fertig war, sah sie fürchterlich aus. Wie gut, dass Tommaso das Tuch mitgebracht hatte. Sie wickelte ihren Kopf gründlich darin ein.
„Nicht schauen!" Sie hob die langen Haare auf, nahm eine Schnur und band sie damit zusammen. Die kurzen Haare fegte sie zusammen und warf sie in den Kamin. Tommaso öffnete das Fenster, ohne sich umzusehen. Als Katharina fertig war, rief sie: „Umdrehn!"
Sie konnte nicht anders, sie musste lachen, als sie Tommasos dummes Gesicht sah. Sie reichte ihm die Schere und ihre langen Haare, die sie in einen Stoffbeutel gestopft hat-

te. „Die geben einen guten Preis", ermunterte sie Tommaso. „Ja, ja." Tommaso war immer noch verwirrt, dabei hatte er doch alles so gut geplant.

„Und jetzt nimm mir meine Beichte ab. Deswegen hat man dich doch kommen lassen, oder?" Katharina kniete nieder: „Ich habe meine Mutter beleidigt und enttäusche meine ganze Familie. Ich bin vorlaut und verhalte mich oft unschicklich …"

Tommaso traute seinen Ohren kaum, was Katharina alles zu beichten hatte. Er wartete geduldig, bis sie mit „Vergib mir und hilf mir" endete, dann sprach er ihr die Absolution zu, wie er es gelernt hatte.

Als Katharina aufstand, nahm er sie in die Arme: „Du bist eine Braut Christi. Du bist kein Kind mehr – und doch bist du meine liebe kleine Schwester." Jetzt, jetzt durfte Katharina weinen. Nur ein klein wenig, denn sie wusste, dass ihr das Schlimmste in den nächsten Tagen noch bevorstand.

Vier Tage lang konnte Katharina unauffällig in der Familie mit dabei sein. Sie glaubte schon, alle hätten es still akzeptiert, dass sie nun ein Tuch um den Kopf geschlungen hatte, wie es die alten Weiber taten, damit sie gut gekämmt schienen, ohne die Haare bürsten zu müssen.

„Warum trägst du das Tuch die ganze Zeit", fragte sie Lisa, als sie gemeinsam am Brunnen waren.

„Es gehört zu mir", antwortete Katharina. „Du weißt ja, wer keine Krone und keinen Heiligenschein hat, sollte sich bemühen wenigstens fleißig zu wirken."

Lisa lachte: „Du führst etwas im Schilde, ich fühle es, Katharina. Mir entkommst du nicht!" Und sie fügte hinzu: „Wenn du mich brauchst, ich werde für dich tun, was ich kann."

„Ach, Lisa ich möchte dir doch nicht Ärger bereiten!"

„Ärger?", fragte Lisa zurück. „Du lehrst mich die Liebe wie

kein Mensch zuvor! Wer saß die letzten Tage am Bett meiner kranken Tochter? Wer betet die ganze Nacht für seine Geschwister? Wer weint, wenn am Tisch böse Worte fallen, und ist trotzdem so fröhlich wie eine Schwalbe?"
„Ich?", fragte Katharina erstaunt.
„Ja, du!"
Lappa hatte die letzten Worte mit angehört. „Ja, eine Schwalbe", dachte sie bitter. Dieses Kind isst kaum noch. Sie meint wohl, damit könnte sie mir entgehen. Im Garten ging sie Katharina nach. „Was soll der Fetzen auf deinem Kopf?"
„Es ist gut für mich und dich, das Tuch zu tragen", antwortete Katharina leichthin.
„Nimm dieses Ding von deinem Kopf!"
„Mutter, glaub mir, es ist besser …"
Ehe Katharina enden konnte, hatte Lappa sie gepackt. „Ich sage es kein zweites Mal", drohte sie. Sie waren nicht allein. Immer wenn Lappa laut wurde, drehten sich die Hälse in ihre Richtung. Dann band Katharina langsam das Tuch auf und nahm es ab. Lappa wurde bleich und griff sich ans Herz. Lisa sah, wie Katharina sich zugerichtet hatte, aber so schnell verstand niemand, warum.
„Es ist so, wie es sein soll", sagte Katharina ruhig. Und dann fügte sie noch trotzig hinzu: „Es ist so, wie du mich zwingst zu sein, Mutter." Da verstanden es auch die andern.
„Das lehrte dich Tommaso!", schrie Lappa. „Er lehrte dich eine Braut Christi zu sein! Das wird er büßen." Zu Katharina gewandt sagte sie: „Sollen die Gesetze sein, wie sie wollen. Deine Haare werden wieder wachsen. Sie werden wachsen, ob du willst oder nicht, und ich werde dabei zusehen. Das Tuch bleibt unten!"
Lappa beschloss, Katharina ihr Zimmer zu nehmen. Sie entließ eine Magd und gab Katharina deren Platz. Ab so-

fort durfte sie nicht mehr allein sein, damit sie nicht mehr beten konnte.

Ein Jahr lang arbeitete Katharina wie eine rechtlose Magd.
„Warum bist du immer noch so fröhlich?“, fragte Lisa eines Tages.
„Gleich in der Nacht, als meine Mutter mich als Tochter verstoßen hatte, hörte ich eine Stimme, die sagte: Wenn du in deinen Eltern Christus und in der Familie meine Jünger siehst, wird es dir leicht fallen zu dienen. Und außerdem“, fügte Katharina hinzu, „habe ich entdeckt, dass in mir eine Kammer ist. Da bin ich allein und kann mit Gott reden so viel ich will. Ja, es ist sogar ein großer Raum in mir, denn ich kann darin die Stimmen der Heiligen hören.“
„Deinen Glauben hätte ich gern“, seufzte Lisa.
„Du brauchst meinen Glauben nicht, denn du bist schon ein Kind Gottes.“

Niemand hatte damit gerechnet, dass Johanna die Nächste sein würde, die in San Domenico aufgebahrt liegen würde. Sie war mit anderen Mädchen zum Pferderennen gegangen, doch ehe das Fest begonnen hatte, war in der Gasse vor dem Palazzo unter einigen Gäulen die Panik ausgebrochen, weil ein wilder Hund die Tiere in die Beine biss. Ein Gaul hatte Johanna an die Wand gedrückt, dass ihr nicht einmal mehr die Luft zum Schreien blieb. Sie hörte es in ihrer Brust krachen. Als das Pferd in die andere Richtung lief, rutschte sie von der Wand wie ein nasses Wäschestück.
„Sie hat noch gehustet“, erzählten die Mädchen erschüttert. Aber eben nur noch Blut. Dann wurde sie von einem Ritter quer über zwei Pferde gelegt, und der brachte sie in die Färbergasse.

„Wenn er Johanna lebendig in Freiersarmen gebracht hätte, wäre Johannas Traum in Erfüllung gegangen“, weinte Lisa.
„Sie reitet nun in Freiersarmen in den Himmel. Glaube mir, Lisa, ich höre sie lachen! Während wir ihren zerschundenen Körper beweinen, haben sie die Engel schon wieder zusammengeflickt. Sie feiert heute, während wir weinen, ihre Hochzeit.“
„Katharina, ich glaube immer mehr das, was du sagst, auch wenn es noch so verrückt klingt.“
Lappa und Katharina hielten die Totenwache. Katharina ging immer wieder zu ihrer verzweifelten Mutter, die sich endlich auch von ihr trösten ließ. „Meine liebe, arme Mutter“, sagte sie. „Johanna kann nichts dafür. Wie gerne wäre sie jetzt noch bei uns und gewiss hätte sie übers Jahr einen stattlichen Mann gehabt. Aber auch so, wie es kam, ist sie nun glücklicher als wir, denn sie ist in Gottes ewiger Liebe eingehüllt.“
Lappa wehrte sich nicht gegen die Worte ihrer Sorgentochter. Während die Kerzen abbrannten und sich die Stunde näherte, in der Johanna in die Gruft gelegt werden sollte, waren sich die beiden Frauen so nah wie nie zuvor. Als der Stein vor das Grab gewälzt wurde, waren beide ruhig, denn jede hatte für sich einen Entschluss gefasst. Katharina wollte noch härter arbeiten und drei Tage lang nicht schlafen, um für die Sünden ihrer Schwester zu büßen; Lappa hatte sich entschlossen, Katharina wieder in die Familie aufzunehmen. Sie sollte nicht mehr wie eine Magd arbeiten müssen. Schon nächste Woche würde sie mit ihrer starrsinnigen Tochter ins Bad nach Vignone fahren. Katharina sollte sich dort in den Thermalquellen erholen. Ganz nebenbei war dort auch der beste Heiratsmarkt für Töchter aus gutem Hause.

So reiste Katharina mit ihrer Mutter – wie die reichen Herren und Prälaten – nach Vignone. Schon vor dem Ziel sammelten sich die Reisenden mit ihren Gepäckwagen und Pagen. Die Damen prunkten auf den Kutschen mit ihren Frisuren; in großen Körben waren die kleineren Kinder untergebracht, damit sie nicht von den Wagen fielen. Alle mussten, ehe sie in die Anlagen eingelassen wurden, ihre Waffen ablegen. Dann hieß es: Muße haben, baden, plaudern und nach einer guten Partie Ausschau halten. So hielt es Lappa. Katharina wollte ihre Mutter nicht beschämen und folgte ihr wie ein artiges Hündchen; doch sie hörte und sah nichts. Sie war zwar mitten im Gewühl, und doch lebte sie in ihrer stillen inneren Kammer. Das war ein größeres Glück als die Geschmeide, die Lustbarkeit und das hohle Geschwätz.
Lappa wähnte sich schon ihrem Ziel nah, da machten sie die andern auf eine Eigenart ihrer Tochter aufmerksam: Wenn sich Katharina unbeobachtet fühlte, schwamm sie mitten in den Strahl der heißen Quelle. Warum verbrühte sich das Mädchen freiwillig? Lappa war entsetzt. Sie hatte geglaubt, Katharinas Haut sei von der Sonne gerötet, aber es waren Verbrennungen, die sie sich selbst zufügte.
„Warum tust du so etwas?“, stellte Lappa sie zur Rede.
„Was könnte ich hier denn sonst tun? Die Menschen sind so sehr mit sich selbst beschäftigt. Sie meinen tatsächlich, das wäre der Himmel auf Erden. Schau doch, wie sie sich belügen. Sie lachen freundlich und planen Böses. Ich nutze die Zeit, um für meine Seele etwas Gutes zu tun und um für die Sünden der andern zu leiden. Ich glaube, meine Gebete werden erhört.“
Es war für Lappa nicht zu fassen. Diese ihre Tochter empfand nicht wie alle anderen. Sie suchte ihr Glück nicht im

Zeitvertreib. Alles war für sie langweilig, aber wenn es um das Seelenheil eines Menschen ging, war ihr keine Mühe zu groß, dann brannte sie wie eine Fackel.

Als sie wieder daheim in Siena waren, bat Katharina ihre Eltern noch einmal aufrichtig, sich bei den Mantelaten für sie einzusetzen.
„Nein", sagte Lappa, „nein."
Katharina ging daraufhin selbst zu den Mantelaten. Sie bat die Frauen, ein Wort für sie einzulegen und sie aufzunehmen, doch die lachten nur. „Wir haben keine einzige junge Frau, weil die ja doch mit dem nächsten Freier weglaufen würde."
Katharina weinte bitterlich und wusste nicht, wie sie es nach der Niederlage zu Hause aushalten sollte. „Liebe ich dich nicht genug, dass du mir nicht hilfst?", betete sie. Doch sie konnte nie lange klagen. Sie wusste: Christus liebt sie genug. Das genügt. Und sie betete leise in ihrem Herzen und sang laut. Alle wunderten sich.
Ihre Rettung hatte sich ein hässliches Gewand gewählt: Innerhalb weniger Stunden war Katharina übersät mit eitrigen Pocken. Die Krankheit wollte nicht weichen, im Gegenteil: Die Wunden ließen Narben zurück, und das Fieber hatte ihr das Fleisch von den Wangen gefressen.
„Schickt mir die Leiterin der Mantelaten. Schickt sie hierher, jetzt werden sie mich sicher aufnehmen!", bat sie ihre Mutter. Lappa weigerte sich. „Dann, Mutter, wirst du mich weder in der Schürze einer Magd, noch in einem Hochzeitskleid, noch in einer weißen Kutte sehen!"
Das traf! Lappa hatte genug Kinder zu Grabe getragen. Wenn Katharina mit ihrem Tod drohte, so wäre am Ende auch noch sie als Mutter daran schuld. Sie sprach mit Jaco-

bo und Lisa. Jacobo fand es richtig, die Mantelaten um eine Aufnahme zu bitten, und er erklärte Lappa: „Als Katharina einmal betete, sah ich eine Taube über ihrem Kopf. Seitdem denke ich, dass Gott sie auserwählt hat.“

„Ich habe mir schon lange gewünscht, sie könnte ihrem Herzen folgen“, fügte Lisa leise hinzu.

So kam es, dass fünf Frauen der Mantelaten kamen und Katharina prüften. Sie stellten fest, dass sie fromm und freundlich genug war, um den Anforderungen zu genügen – und so hässlich, dass sie schon aus Mitleid aufgenommen wurde.

„Vielleicht haben wir bald den besten Schwiegersohn, den wir uns wünschen konnten“, tröstete Jacobo seine Frau.

Lappa lächelte tapfer.

In einer winzigen Kammer, den Steinfußboden als Bett, erkämpft sie den Geliebten

1363-1367

Am Tag ihrer Einkleidung war Katharina gesund, und sie strahlte wie ein Stern. Zusammen mit ihrer Familie verließ sie die Basilika San Domenico. Ausgelassen küsste sie ihre Mutter, den Vater, Tommaso – und wer immer ihr noch über den Weg lief.

„Benimm dich, sonst kriegst du Ärger", warnte Tommaso sie.

„Mir ist jeder Ärger und jede Strafe willkommen, die ich aus solchen Gründen einstecke!", rief Katharina leichthin. Dann raffte sie ihr neues Kleid und lief allen andern voraus zur Fontebrandaquelle. Dort setzte sie sich auf den breiten Brunnenrand und erfrischte ihre heiße Stirn. Sie tauchte beide Arme in das schimmernde Wasser und hob sie hoch in den blauen Himmel. So rannen kleine Bächlein von ihren Händen über die Arme bis in die Achselhöhlen und kühlten ihren Körper.

Das Gewand war weiß wie die Wolle junger Schafe. Katharina strich mit den Händen immer wieder darüber. Die Kinder umstanden sie neugierig, und die Färber schüttelten die Köpfe. Seltsam, wie sich Katharina als neue Mantelatin benahm! Aber Katharina rief fröhlich: „Seht, hier steht eine Braut in ihrem Hochzeitskleid." Und sie erklärte den Kindern, wie unendlich groß Gottes Liebe sei und dass er jedes einzelne täglich besuche und nach ihnen schaue. Sie

antwortete auf ihre vielen Fragen, wie es Tommaso einst getan hatte.
Dann sah sie Lisa und die andern den Berg herunterkommen und winkte ihnen zu. Doch anstatt mit ihnen nach Hause zu gehen, bat sie um zwei Wassereimer, füllte sie, hängte sie über eine Stange, die sonst über einen Esel gelegt wurde. Doch als Esel diente ihr eigener Rücken. Erst unsicher, doch dann aufrecht mit einem Gesicht wie die Sonne ging sie zum Stadttor hinaus und gut zwei Kilometer über die Hügel zum Haus der Leprakranken. Dort schüttete sie das Wasser in die Krüge vor dem Haus und grüßte freundlich. „Ich werde nun öfters kommen!“, lachte sie.
„Bleib, wo der Pfeffer wächst!“, keifte eine alte Frau und ergänzte: „Das tust du doch nur dir selbst zugute, du eingebildete Wachtel; damit deine Seele nicht in der Hölle schmort.“
Katharina ging auf sie zu. Trauer und Wut waren deutlich in ihrem Gesicht zu lesen. „Sag das nicht noch mal und verspotte nicht den, der mich schickt!“
„Siehst du, wie weit deine Güte reicht? Keine zwei Wassereimer, und schon ist die Luft raus!“ Die alte, stinkende Frau kreischte so höhnisch und selbstzufrieden wie der Gehörnte selbst.
„Sie hat Recht“, dachte Katharina. „Zwei Eimer weit reicht meine Zuneigung und dann wird sie weggeblasen von den kleingläubigen Worten einer verbitterten Todkranken. Jesus hatte damals den Vater gebeten, ihnen zu vergeben, weil sie nicht wussten, was sie taten – und das, als sie ihn ans Kreuz schlugen! Gegen mich hat nicht einmal jemand die Hand erhoben“, grübelte sie, „und doch hätte ich die Alte am liebsten geschlagen … Ich muss noch viel mehr sterben. Ja, ich muss mehr sterben, um Gott in mir tragen zu können.“

Vielleicht war die folgende Woche, nach gebräuchlichem Ermessen, die glücklichste in ihrem Leben als erwachsene Frau. Sie wurde von ihren Mitschwestern in deren Häuser eingeladen. Sie durfte ins Spital und konnte Kranke pflegen. Sie freute sich die ganze Nacht schon auf den neuen Tag, der morgens um vier Uhr mit dem Stundengebet begann.

Und dann war da Cecca. Alle kannten sie, die vor der Einkleidung nur mit „Verehrte Signora Francesca di Clemente Gori" angesprochen wurde. Cecca war gemeinsam mit Katharina eingekleidet worden. Als sich die beiden in der Abseite auszogen und die neuen Kutten überwarfen, meinte Katharina vor Glück in Ohnmacht zu fallen. Doch Cecca hatte die Gelegenheit genutzt, um „Huhuhhuuu..." Gespenst zu spielen.

„Prego, prego, verzeih mir Schwester", bat sie gleich danach, noch rot im Gesicht vor unterdrücktem Lachen: „Bitte bete für mich, dass ich nicht über etwas lachen muss oder stolpere", und sie sprang in der Gegend herum, um zu verdeutlichen, dass sie wahrlich jeden Augenblick in der Gefahr schwebte, auf das viel zu lange Kleid zu treten und „bautz" auf der Nase zu liegen.

Unterschiedlicher wie zwei Frauen nicht sein konnten, liebten sie sich doch vom ersten Augenblick an. Cecca war zehn Jahre älter, hatte drei Söhne und eine Tochter, die schon durch die Gassen lief. Katharina war in der Woche täglich bei ihr. Und sie staunte über Cecca. „Alles ist gut. Bene, bene ...", pflegte sie auf alles zu antworten. Ob sie zu viel für das Gemüse zu zahlen hatte oder ihre Kinder tröstete. „Bene, bene ..." Und sie erzählte Katharina ihre Geschichte, die jeder kannte und doch nicht nachvollziehen konnte. Als vor drei Jahren ihr Mann starb, hatte sie sich bei der

Leichenwache zu seinen Füßen hingekniet und gebetet, sie wolle auch sterben, denn ihr Mann war kein Mann, der ohne eine ordnende, fröhliche Hand auskam. Doch dann – „Katharina, ich schwöre es dir!“ – hörte sie ihn überlegen lachen. Ja, er lachte deutlich in ihrem Herzen. „Grade, als ich so sicher war, dass er mich brauchte. Und da begriff ich, dass ich ja einfältig war mit meinen Gedanken. Ich wusste, er war nun an einem Ort, wo er geborgen und zufrieden war. Er war schon im Himmel. Ich brauchte nicht mit ihm zu gehen. Und doch, Katharina, glaube mir, ich wollte bei ihm sein. So … so …“, sie stotterte, „so als wäre ich sein, auch wenn ich ihn nicht mehr, na ja, du weißt schon … empfangen kann.“
Sie freute sich, als sie Katharina von dieser großen, einfachen Liebe erzählen konnte. Von einer Liebe, die durch seinen Tod noch tiefer wurde – und wie wunderbar solche Gedanken sind, wenn man dadurch sogar zu Gott findet und schon auf Erden an den Himmel glauben kann. So entschloss sie sich, keinen anderen Mann zu heiraten, denn es war alles gut wie es war.
„Bene … Damit ich nun in seinem Himmel auch zu Hause bin, verkaufte ich unseren ganzen Besitz und spendete ihn den Dominikanern. Deshalb wohne ich jetzt hinten im Garten, in dem winzigen Häuschen unseres ehemaligen Anwesens. Meine Söhne werden schon bei den Dominikanern unterrichtet und auch Justina wird eine Bildung bei den heiligen Schwestern in Montepulciano erhalten. Und“, sie sah fragend zu Katharina, „es ist doch gut so, oder?“
Katharina sah sich in der ordentlichen Stube um und konnte nur sagen: „Bene, bene.“ Aber weil sie Ceccas Sprache nachgeahmt hatte, griff Cecca zu einem Besen und jagte sie damit einmal ums ganze Haus.

Welch eine Woche war das! Lappa hätte nie geglaubt, dass es einmal so einfach sein würde. Katharina war glücklich. Sie arbeitete für zwei, lachte für drei und betete nachts stundenlang für alle. Nichts schien ihren Augen zu entgehen, nichts war zu groß, nichts zu klein, als dass es der jungen Mantelatin nicht auf dem Herzen gebrannt hätte. Es hätte so ein Leben lang weitergehen können.
„Sicher könnte es so weitergehen, aber ich muss noch näher zu Gott", flehte sie Tommaso an. Nicht nur der Reinfall bei der Pestkranken, deren Gezeter sie täglich verfolgte, wenn sie nach dem Stundengebet Wasser hinauftrug. Viele andere Dinge verstand sie auch nicht. „Ich mache Fehler über Fehler, aber ich weiß, Gott kann mich davon befreien. Sicher kann es so bleiben. Aber ich will nicht so bleiben, wie ich jetzt bin!" Und dann sprach sie frei heraus: „Tommaso, ich will ein Büßerhemd, und ich will mich im Schweigen üben. Ich will nicht mehr meine Kammer verlassen außer zum Stundengebet. Gott und die Heiligen sollen meine Gäste sein."
Tommaso hielt die Luft an. Diese Frau, die er über alles schätzte, die einen so großen Glauben hatte und deren einziges Streben es war, ein gottgefälliges Leben zu führen, sie wollte ein Büßerhemd? Sie, die nie ein unsinniges Wort sprach und schon jetzt durch ihre Hingabe an die Kirche sonderbar genug war, wollte sich so kasteien? „Ich will sie nicht verlieren", schoss es ihm durch den Kopf.
Katharina schien seine Gedanken zu lesen: „Du brauchst nicht zu grübeln oder zu zaudern, Tommaso." Und listig wie eine Schlange sagte sie zu ihm: „Steht nicht in der heiligen Schrift, dass wir mit dem Vater eins sein können? Und müsste es nicht deine Aufgabe sein, mich mit meiner Schuld zu sehen und meinem Wunsch nach Reinheit nachzuhelfen?"

Tommaso war entsetzt. „Was meinst du", fuhr er sie an „wie oft ich hier täglich die schlimmsten Sünden vergebe und die gleichen elenden Halunken kommen schon in der nächsten Beichte grinsend wieder und haben noch viel Schlimmeres getan! Sieben mal siebzig soll ich vergeben. Und ich spreche sie alle frei. Und du, Katharina, wie leicht sind mir deine Fehler, denn sie kommen aus deiner großen Liebe und deiner betörenden Natur."

Katharina sah ihn erstaunt an. Dann nahm sie, wie immer, wenn ihr etwas sehr wichtig war, seine Hände, küsste sie und erzählte weinend: „Ich weiß, dass Gott uns zu freien Menschen erschaffen hat. Niemand kann uns zwingen, Gutes oder Böses zu tun. Nichts und niemand hat Macht über uns. Und davon, Tommaso, bin ich weit entfernt!" Katharina war nun voll Kummer. Aber sie begnügte sich nicht mit einem Bittgespräch bei Tommaso. Sie stand auf und sah ihn an, ja sie sah plötzlich auf ihn herab – sie wirkte auf ihn wie ein riesengroßes Gemälde, das ihm direkt ins Herz sprach. Er erstarrte, denn die Stimme war scharf wie ein Messer: „Willst du sein wie meine Mutter einst zu mir war? Willst du mich auch verspotten und mich von meinem Weg abbringen? Gott hat mich gerufen. Und so du Gott vernimmst, steh du auch treu zu mir!" Katharina ging mit gesenktem Kopf hinaus in den hellen, milden Tag.

Und so sah Tommaso als Erster ihre Gestalt, wie sie später von Tausenden gesehen wurde: Klein und unscheinbar war sie und wenig interessiert an den wichtigen prachtvollen Dingen. Und doch war sie groß. Sie würde ihn bezwingen, weil es nicht anders sein konnte. Er würde es nun sein, der ihr die Hände küssen und mit geneigtem Haupt vor ihr stehen würde. Auch wenn ihr nichts daran läge und sie nur sagen würde: „Wenn ich dich nicht gehabt hätte, Tommaso,

ich hätte nicht zu Gott gefunden. Deine Kordel war mein Weg ins unsichtbare Land." Und dabei, dachte er, habe ich ihr doch nur alles so erzählt, wie man halt Geschichten erzählt! Aber sie hat dadurch die Wahrheit gesehen. Ja, sie sieht die Wahrheit und hört die Worte Gottes, wie ich die Hostien halte als Zeichen; aber nur im Zeichen, nur im Sakrament sehe ich Gott.
Tommaso ging nach oben und schaute aus seiner Kammer hinunter auf die Färbergasse und auf das Dach der Fontebrandaquelle. Wie Spielzeuge bewegten sich die Esel, Wagen und Menschen zwischen den Dächern hin und her. Und dann sah er sie, wie sie unter der Mauer auftauchte und in der Morgensonne stand. Er konnte sich gut ihr Gesicht vorstellen. Es würde aussehen wie Honig. Und so sahen es wohl auch die andern, denn im Nu war sie umringt von Kindern und Gesindel. Warum um Gottes Willen wollte sie ein Büßerhemd und schweigen? Sie war doch genug! Sie war doch genug für Gott!
Aber ehe er zu Ende denken konnte, hörte er im Innern ihre Stimme: „Gott hat den Menschen mit einem freien Willen geschaffen. Niemand soll ihn zu etwas zwingen können ..."
Er hatte nie darüber nachgedacht. Ihm war es genug, an die Vergebung zu glauben. Das Böse würde es immer geben. Aber da war sie. Und sie glaubte an die Macht Gottes, die richtig frei macht. Und er spürte plötzlich selbst das brennende Verlangen, ein ganz anderes Verständnis zu bekommen.

Die Frauen, die im Orden der Mantelaten waren, genossen eine große Freiheit. Sie waren frei zu wohnen und zu gehen, wohin sie wollten. Viele, die noch für ihre Familie zu sorgen hatten, kamen nur zum Morgengebet, um dann wieder in ihre eigenen Häuser zu gehen. Meist hatten sie andere Mantelaten bei sich aufgenommen, und es bildete sich ein Geflecht gesellschaftlicher Beziehungen. Der „Mantel" schützte sie vor üblem Geschwätz und den Nachstellungen der Männer. Da sie den Dominikanern unterstellt waren, wurden sie ständig überprüft. Sie genossen dadurch den starken Schutz einer Männergemeinschaft und mussten sich doch in jeder Hinsicht rechtfertigen. Jede Mantelatin hatte einen Beichtvater über sich. Und der hatte genau Buch zu führen und seine Vorgesetzten zu unterrichten. Wer unauffällig war, führte ein ruhiges Leben. Wer jedoch Argwohn erregte, war strengen Verhören ausgesetzt, die oft mit einem grausamen Ketzertod endeten.

Alle dachten, dass Katharina zufrieden sei und das normale Leben einer Mantelatin führen würde. Doch Katharina spürte ihre geistliche Unvollkommenheit so schmerzlich, dass sie nach Wegen suchte, um vollkommen den Willen Gottes zu erkennen und ihrem auserwählten Geliebten nahe zu sein. Weder Katharinas Eltern noch Lisa hätten gedacht, dass Katharina – allein in Absprache mit ihrem Beichtvater – sich eine Zeit auferlegte, in der sie ihr kleines Zimmer nur am frühen Morgen zum Stundengebet und zu den Gottesdiensten verließ. Vorbei war die Zeit, in der sie miteinander reden konnten, denn Katharina hatte sich das Schweigen auferlegt. Sie, die schnattern konnte wie die Enten an der Quelle, hatte ihren Mund verschlossen. Vorbei war die Zeit, in der sie mit Tommaso oder Lisa vertraute Gespräche führte. Sie spielte nicht mit den Kindern und kümmerte sich nicht um die Kranken.

Niemand wusste zu Beginn ihrer Einkehr, wie lange die Zeit dauern würde. Auch Katharina nicht. So verging Woche um Woche, ganze drei Jahre gingen ins Land. Sie, die das Sonnenlicht liebte, jeder Hummel nachschaute und stets mit

Blumensträußen am Gürtel umherging, hatte ihr kleines Fenster verhängt und hielt den Kopf gesenkt, wenn sie zur Basilika San Domenico hochstieg und wieder zurück in ihre Kammer ging. Dort brannte nachts und tags vor dem Christusbild eine Kerze, vor der sie stundenlang kniete. Sie hatte ihre Decken und die Matratze in die Gassen gelegt, damit sie von Bettlern mitgenommen wurden. Ihr Kissen hatte sie gegen einen Stein eingetauscht. Denn wozu brauchte sie ein Bett, wenn sie doch nur zwei Stunden des Nachts schlafen wollte? Wozu sollte sie auch bei Tische sitzen, wenn sie sich doch nur von rohem Gemüse und Wasser ernährte? Kein Fisch, kein Fleisch, keine Eier, weder Brot noch Käse kamen über ihre Lippen.
Doch der Ort ihrer Seligkeit wurde zum Ort der Qual. Solange sie für ihre Berufung gekämpft hatte, wurde sie in ihrem Glauben nie von Zweifeln gequält. Solange sie davon geträumt hatte, eine Braut Christi zu werden, hatte sie nie das Verlangen nach einem Mann verspürt. Gelacht hatte sie, wenn ihr jemand erzählt hatte, was sie versäume. Oder geweint, wenn Lappa sie in das Leben zwingen wolle. Aber nun, da sie Türen und Fenster geschlossen hielt, kamen sie aus allen Ecken gekrochen: die Peiniger, die Teufel, die Lüstlinge. Ihr Verstand schrie nach Gottesbeweisen und ihr junger Körper verlangte in der Einsamkeit nicht nur nach einem Mann und Kindern, nein, tausend Zungen und Hände griffen nach ihr und ihr Körper brannte vor Verlangen. Ihre Kammer füllte sich mit lustvollen Paaren. Mal war es ein Ritter, der zu ihr kam und sie zu sich aufs Pferd zog, dann fühlte sie den heißen Atem eines Mannes, der sie um die Taille fasste und an sich zog. Sie erwachte von ihren eigenen Schreien, die voller Lust waren. Der Schlaf war es, der den Träumen zur Lust Tor und Tür öffnete, und

sie erwachte schamrot und voller Verzweiflung. Aus ihrer Not rettete sie sich oft schon mitten in der Nacht, indem sie zur nah gelegenen Kirche ging und ihren heißen Kopf auf die Stufen legte und dort Trost suchte. Wo war Gott? Er hatte sie verlassen. Täglich erbrachten ihre Gedanken und Träume den Beweis, dass sie für die Kirche ungeeignet war und das, obwohl sie alles, alles tat, was in ihrer Kraft stand. Und ihre eigene Kraft besiegte sie nur, indem sie sich unendlich schwächte.

Lappas Leid war groß. Da war ihr Mädchen. Als Vierzehnjährige hatte sie unten auf der Straße den Eseln die Last abgebunden, sich selbst über die Schultern geworfen und war lachend damit die zwei steilen Stufen bis in die Küche hochgelaufen. Und nun durfte sie zusehen, wie sich ihre eigene Tochter ruinierte. Lappa war Frau und Mutter genug um zu wissen, dass Katharinas Seele und Willen nur triumphieren konnten, wenn sie sich bezwungen und damit ihre Gesundheit vernichtet hatte. Nun war Katharina siebzehn und ihre Schultern nur noch halb so breit. Sie hörte Katharina in ihrer Kammer weinen und sprechen. Ihr schien, als schliefe sie gar nicht in der Nacht. Und doch legte sie sich in der Frühe zwei Stunden auf ihr Bett. Sie wartete Nacht für Nacht bis die Glocke die Predigerbrüder zum Chorgebet rief, dann gönnte sie sich endlich Ruhe. Doch schon zwei Stunden später war es Katharina, die im Gewölbekeller mit den Mitschwestern betete.

Am schwersten fiel es Katharina, auf den Schlaf zu verzichten, und die größte Versuchung waren die vernünftigen Gedanken: Wollte sie zuvor ein radikales Leben führen, so erschien es ihr nun als die reinste Dummheit. Es wäre viel vernünftiger, zu leben wie alle, zu essen und zu schlafen wie alle, denn dann könnte sie doch auch voller Kraft Gu-

tes tun. Sie empfand das viele Beten als Zeitverschwendung und die Askese – war sie nur eine Selbstquälerei?
Doch als der Zweifel so groß war, dass sie bereits in ihrem Innern Stimmen hörte, die sagten: „Du hältst nicht durch! Du wirst es nicht schaffen, eine radikale Christin zu sein!", da wurde sie zornig und herrschte die Stimmen an: „Nicht ich halte durch. Gott hält es mit mir durch. Und nicht ich werde es schaffen, sondern er wird es vollbringen!" Und damit hatten die bösen Stimmen ein Ende. Sie würde, so schlecht sie auch immer konnte, durchhalten, denn ihre Liebe zu Gott war ihr Ziel. Und plötzlich begriff sie: Nicht mit Macht und Kraft hatte Christus die Finsternis der Welt überwunden, sondern in der Ohnmacht der Liebe am Kreuz. Und genau das vollzog sich auch an ihr. Und nun hörte sie, wie Jesus mit ihr sprach: „Meine Tochter, willst du stark werden, musst du es mir gleichtun. Mit meiner und Gottes Macht hätte ich alles ins Nichts versinken lassen können. Doch ich wollte die Menschen am Kreuz allein überwinden. Was ich als Mensch für euch auf Erden tat, ist ein Beispiel für euch. Ich rede nicht nur mit Worten, sondern auch mit meinem Leben zu euch."
Wie das Licht nach der Finsternis aufleuchtet, so kam allmählich Klarheit in sie hinein. Noch mitten in der Krise strömte der Friede in ihr Leben, und vollkommenes Glück begann aus ihr heraus zu strahlen. Sie hatte sich selbst gesehen und sich trotzdem Gott überlassen. Nun breitete sich das Reich Gottes in ihr aus. Katharina hatte sich nicht zurückgezogen, um ihre Ruhe zu haben, sondern um Gott kennen zu lernen. Selbst wenn sie sich nach dem Vorbild des Dominikus geißelte bis aufs Blut, so war sie darin mit Christus verbunden und wusste, was er auf sich genommen hatte, als er aus freien Stücken ans Kreuz ging.

Die lange Nacht in Katharinas Kammer fand ein Ende. Als sie wie so oft betete, öffnete sich der Himmel, und der Gekreuzigte selbst erschien ihr. Er kam auf sie zu, und obwohl er noch aus den Wunden blutete, war er vom Licht umhüllt, das wie pures Gold glänzte. Voller Liebe sprach er zu ihr: „Sieh, wie ich für dich gelitten habe. Du hast durchgehalten und ich freue mich über deine Hingabe und deinen großen Willen."

Katharina konnte nicht anders. Die Angst, die Bitterkeit, die Einsamkeit und alle Zweifel, die sie ertragen hatte, brachen aus ihr heraus: „Wo warst du, wo warst du, als mein Herz voll Elend war?", rief sie.

„In deinem Herzen war ich."

„Wie kann ich glauben, dass du in meinem Herzen warst – es war ja eine Jauchegrube!"

„Haben dich denn die Gedanken erfreut und warst du froh, durch die Zweifel in ein normales Leben fliehen zu können?"

Katharina weinte und sagte: „Du weißt, wie unendlich traurig ich darüber war."

„Das, Katharina, ist der Beweis, dass ich in deinem Herzen wohnte. Du hast den Kampf mit meiner Hilfe nun siegreich bestanden."

Tommaso suchte den Ordensmeister und Predigerbruder Fra Bartolomeo auf und klagte ihm, dass seine liebste Mitschwester und geistliche Mutter Katharina sich so peinige. Fra Bartolomeo war ein Mann von klarem Verstand, der die Theologie des heiligen Antonius studiert hatte.

„Sage deiner Schwester, dass nicht erwiesen ist, ob sich die Wüstenväter kasteiten. Sie wurden wohl von andern zu Tode gebracht – aber Geschichten, die über normales Fasten und Enthaltsamkeit hinausgehen, wurden ihnen meist später angedichtet. Vielen wurde damit das Leben schwer gemacht. Tommaso, frage sie doch einfach, ob sie solches Verhalten in der Bibel findet. Von Jesus und seinen Jüngern wurde so etwas ja auch nicht erzählt."

Tommaso wusste nicht, ob er damit bei Katharina durchkommen würde. Fra Bartolomeo sah seine Zweifel und erklärte weiter: „Schon vor zweihundert Jahren wurden vom Heiligen Stuhl aus Geißelungen und übertriebenes Fasten für die Frauenklöster verboten. Die Frauen neigen nämlich dazu, alles mit noch größerer Hingabe zu vollziehen, als es Männer tun."

Tommaso dankte Fra Bartolomeo für seine Offenheit. Wie immer war ihm der Predigerbruder eine große Hilfe. Sie umarmten sich zum Abschied und das war es, was Tommaso immer so erleichterte. Fröhlich ging er den langen Weg zurück in seine eigene Basilika San Domenico. Er lächelte auf dem Weg.

Fra Bartolomeo war es, der zum ersten Mal von Katharina als „Perle" sprach. „Achte auf die Perle", hatte er gesagt und ihm erklärt, dass sie nun in einem Zustand wäre wie eine Perle, wenn sie reift. „Es ist ein einfaches Sandkorn, das in eine Muschel gerät. Die Muschel wehrt sich, indem sie die Perlmuttschicht drumherum baut. So wird deine Katharina in der Einsamkeit sich als ein Körnchen Sand empfinden. Und sie hat doch schon immer davon gesprochen, von ihrer Kammer im Innern, und nun nennt sie es die Kammer der Selbsterkenntnis. Deine liebe Schwester hat Recht, wenn sie sagt, Selbsterkenntnis und Gotteserkenntnis bedingen sich gegenseitig und niemand dürfe die Kammer der Selbsterkenntnis vergessen. Glaube mir, sie nimmt Prüfungen auf sich, die wir gescheut haben. Aber das Sandkorn wird in eine Perle verwandelt werden. Ach, als leuchtender Edelstein wird sie hervorgehen! Ihr Leben, Tommaso, lebt sie in bestürzender Weise aus Liebe zu Gott. Er wird es ihr lohnen!"

Tommaso sprach mit Katharina über ihr häufiges Fasten und ihre selbst auferlegten Schmerzen und bat sie aufzuhören. Sie hörte ihm aufmerksam zu und meinte dann nur: „Gott kann zu jedem nur in solcher Weise sprechen, die er versteht. Und ich kann Gott nur finden, wenn ich ihn mit ganzem Herzen suche. Ach, Tommaso, ich mag vieles falsch machen, aber doch bin ich auf dem rechten Weg!"

„Ja, das bist du, und du wirst bekommen, was du begehrst. Auch ich bete darum."

Katharina hörte nicht auf mit dem Fasten und den Geißelungen. Die Folge war eine Nervenentzündung, die sie Zeit ihres Lebens immer wieder vollkommen lähmte. Ihr Körper war dann so starr wie Stein. Daraus erwachte sie immer unter größten Muskelschmerzen.

Jahre später schrieb sie über die Kasteiungen: *„Wer aus Buße das Fundament macht, behindert seine Vollkommenheit. Kasteiungen sind höchstens Hilfsmittel. Keiner soll deshalb über andere urteilen, die sich nicht kasteien. Einzig auf die Kraft der Liebe kommt es an. Einzig auf die Liebe und auf nichts mehr oder weniger, und die kommt allein von Gott."*

Ebenso schrieb sie auch später einer frommen Frau aus Florenz: *„Meine Liebe, ich bitte Euch und trage Euch auf, nicht zu fasten außer an den von der heiligen Kirche vorgeschriebenen Tagen, wenn Ihr könnt. Fühlt Ihr Euch aber nicht imstande zu fasten, lasst es! … An keinem dieser Tage aber trinkt nur Wasser… Die anderen Übungen aber lasst bleiben …"*

Katharina erlebte am eigenen Leib, wie der Körper ruiniert werden konnte. Zeit ihres Lebens konnte sie nie wieder normal essen, und nur mit Widerwillen überstand sie eine Mahlzeit.

Es gab für Katharina kein größeres Glück, als die Eucharistie zu empfangen, denn dann war sie den Heiligen so nah und spürte Jesu Liebe so überwältigend, dass sie oft noch Stunden später in entzücktem Zustand am Altar stand und sprach. Tommaso hörte es und die andern. Sie sprach mit jemand, doch mit wem? Es gab keinen Zweifel: Sie hörte und gab Antwort.
Tommaso war ergriffen von ihren Worten und begann als Erster aufzuschreiben, was sie betete. So schnell er konnte, schrieb er die Brocken mit, die sie nach der Eucharistie sprach: *„Ich bin die, die nicht ist, und du bist der, der ist. Die Geschöpfe verdanken ihr Sein einem grundlosen Grund: der Liebe Gottes. Du hast mir klar gemacht, dass dich die Liebe gezwungen hat, uns zu erschaffen. Die Liebe Gottes hat etwas Närrisches an sich. Es ist, als ob du ohne uns nicht leben könntest.*
Der Mensch besitzt aus sich selbst nichts. Doch du hast ihn wie eine Blume aus deinem heiligen Innern hervorgezogen. Du hast deine Augen auf seine Schönheit geworfen und hast dich trunken und verrückt in diese Liebe verliebt. Du hast ihm das Siegel der Dreifaltigkeit in die Seelenkräfte gesenkt. Es ist erstens das Gedächtnis, das sich an deine Schöpfung und Rettung durch den Sohn erinnert. Es ist zweitens der Verstand, der dich wie im Spiegel sieht, um deinen Willen zu kennen, und es ist der Wille, der lieben und verfolgen will, was der Verstand geschaut hat …“

Doch nicht nur Tommaso schrieb nieder, was sie betete. Cecca, die erst glaubte, ihre Freundin verloren zu haben, weil sie sich in Schweigen hüllte, begleitete sie ständig und schrieb auf, was sie von Katharina hörte. Sie bettete auch

Katharinas Kopf in ihren Schoß, wenn Katharina ohnmächtig wurde, und massierte ihre steifen Glieder. Sie schrieb schöner und schneller als Tommaso und war nur von Alessa einzuholen, die neu zu den Mantelaten gekommen war. Sie war eine adlige, kinderlose junge Witwe, die in Schreiben und Lesen unterrichtet worden war. Sie wartete nur darauf, Katharina bei sich aufzunehmen, dann würde sie ihr selbst das Lesen und Schreiben beibringen. Doch Katharina ging immer noch gesenkten Hauptes an allen vorbei und huschte, so schnell es ging, in ihre winzige Kammer. Diese hatte nun ihre Schrecken verloren, denn dort war sie ungestört im Gespräch mit Gott. Diese Zeit war ihr so wertvoll wie die Ehrenrunde, die ein Reiter mit seinem Pferd nach einem errungenen Sieg läuft.

Wenn Katharina am frühen Morgen aus ihrem Zimmer trat, warteten bereits einige Mitschwestern auf sie und begleiteten sie den kurzen Weg. Dabei konnte Katharina deren kleinen Tratsch und die Sorgen mithören. Sie gab Cecca und Alessa Zeichen, dass sie gehört hatte – und diese wussten dann, dass Katharina mit viel Hingabe dafür beten würde. Eines Tages hatte Alessa ihr Schreibzeug mitgenommen, denn sie sollte Buch führen über das, was Katharina betete. Das Ergebnis las sie am Nachmittag einem Kreis von Interessierten vor. Dabei waren auch Lisa und Cecca, Tommaso und eine Schar Mantelatinnen und Predigerbrüder. Manche zweifelten an der Lauterkeit Katharinas. Sie sei eingebildet und eitel, hieß es. Und sie warteten nur darauf, ihr eine Falle zu stellen. Aber da waren die, die ihr ohne ihr Wissen bereits die Treue geschworen hatten: Lisa, Cecca, Alessa, Tommaso und zwei Bürger Sienas: Stefano di Corrado Maconi, ein Adliger aus Siena mit einer ungeheuren Sehnsucht nach Frieden, den er zu Hause nicht fand, denn seine Familie war zerstritten, und Neri di Landoccio Pagliaresi, er war Dichter und hatte politische Ämter inne. Beide waren Männer, mit denen Katharina nie gesprochen hatte, und doch würden sie Katharina fast überallhin und bis zu ihrem Tod in Rom begleiten.

Alessa hatte die Gruppe zu sich geladen, und niemand wunderte sich über die offene Art, in der alle miteinander umgingen. Sie waren in ihren eigenen Häusern frei zu tun, was sie wollten, und konnten treffen, wen sie wollten. Alessa brannte darauf vorzulesen, was sie am Morgen aufgezeichnet hatte.

„Also", begann sie, „mir fehlt zwar die Hälfte, denn Katharina sprach diesmal so leise. Erst am Schluss sprach sie lauter. Ihr wisst schon, immer wenn sie sich aufregt, dann schimpft sie nicht, sondern dann bezeichnet sie ja alles mit Gerüchen. Dann stinkt die Geldgier wie verdorbene Eier, oder ein fauler Predigerbruder riecht wie ein Schaf, dem der eigene Kot in der Wolle hängt." Cecca lachte. „Das gefällt mir so an ihr, sie ist so fromm und spricht doch so, wie es jeder versteht."

„Wisst ihr", meldete sich nun Lisa zu Wort, die sonst sehr zurückhaltend war, „ich bekomme ja vieles mit, weil wir unter einem Dach leben. Aber ich wundere mich manchmal mehr über Gott als über Katharina. Neulich dachte ich, warum schreit sie denn nun auch noch in ihrem Zimmer so laut, und ich lauschte … Also, es war wirklich das erste Mal, und ich tue es auch ehrlich nicht wieder, also, ich lauschte eben an ihrer Tür." Alle schauten gespannt auf Lisa. „Also", fuhr sie nun zögernd fort, „ich konnte ja nicht fragen, was Gott zu ihr sagte, aber sie hat sich dauernd verteidigt, dass sie im Recht sei so zu brüllen, weil sie für seine Kinder bete. Und er schiene anscheinend nicht zu hören. Und sie sagte immer wieder: ‚Da ich dein Kind bin, habe ich ein Recht zu schreien, denn ich bitte dich ja nur darum, was du auch möchtest, und du scheinst taub zu sein!'"

Lisa machte eine Pause und sah zu Stefano. „Sie hat für deine Familie gebetet, Stefano, sie kennt dich nicht, aber Cecca und Lisa erzählen die Geschichten ganz Sienas in kürzester Zeit auf dem Weg zum Morgengebet."

„Mir liegt das Schweigen nicht", entschuldigte sich Cecca.

„Gott sei Dank!", rief Stefano erleichtert aus.

Tommaso bat nun Alessa, endlich vorzulesen, was sie aufgeschrieben habe. Doch sie wurde wieder unterbrochen. Fra Bartolomeo war gekommen. Wie alle Ordensmeister war er gut beleibt und kam zu spät. Sie waren es gewohnt, dass das Essen erst aufgetischt wurde, wenn sie kamen, und dass keine wichtige Unterredung ohne sie anfing.

„Wir bereden den Ärger mit ihr nachher allein", rief Tommaso ihm zu und bat ihn sich zu setzen.

„Nein, der Ärger kommt jetzt auf den Tisch, und du hast ihn aufzuschreiben", keifte die Ordensmeisterin, der Katharina ein Dorn in Auge war. Alessa sah unsicher von einem zum andern.

Tommaso sagte: „Wer nicht hier sein will, kann gehen. Niemand soll hier sitzen, um Gründe für seinen Hass zu schüren. Ihr seid alle frei zu gehen." Seine Stimme klang freundlich und bestimmt. Und so gingen mehrere nacheinander hinaus. Cecca fand die Situation erst unerträglich, weil die Ordensmeisterin als Erste ging. Doch dann war sie erleichtert, als sie in die Runde blickte. Sie sah nur Freunde, Freunde Katharinas. „Jetzt ist die Luft rein!", rutschte es ihr heraus.

Alessa milderte den Ausruf, indem sie zu Cecca sagte: „Morgen werden wir auf dem Weg zum Morgengebet über diese Situation sprechen. Ich weiß, Katharina wird der Ordensmeisterin verzeihen und um Weisheit für sich selbst bitten. Sie wird um Frieden beten. Und der wird kommen!" Dann nahm sie die Zettel in die Hand und setzte sich so, dass das Sonnenlicht auf das Geschriebene fiel. Die andern sahen auf ihre anmutige Gestalt, die in Licht getaucht war, denn sie wirkte wie ein Bote aus einer anderen Welt:

„Der ewige Vater hat die Macht, der Sohn hat die Weisheit, und der Heilige Geist ist mild und gütig. Daran hat ein Mensch Anteil. Ich betrachtete mich in dir und sah, dass ich dein Bild bin. Du gabst mir Teil an deiner Macht und im Verstand an deiner Weisheit, die dein Sohn besitzt. Und der Heilige Geist gab mir den Willen, damit ich lieben kann. Durch die Liebe wird die Seele Gottes zweites Ich. Du bist in eine solche Seele sehr verliebt und die Seele in dich. Du liebst sie aus Gnade, weil du sie schon liebtest, ehe sie war. Sie liebt dich, weil sie es dir schuldig ist."

Alessa machte eine Pause und sah in die Gesichter. Cecca hörte zu wie ein Kind. Neri, das wusste sie, würde später aus allem ein Gedicht schreiben. Stefano würde gleich, wenn er aus der Türe ging, alles ausprobieren, denn er hungerte danach, Frieden zu stiften. Fra Bartolomeo machte sich Notizen; er wollte die Worte mit anderen theologischen Aussagen vergleichen. Klug, wie er war, bereitete er sich auf einen Prozess vor, der unausweichlich kommen würde. Er hatte schon dafür gesorgt, dass Tommaso einen Beichtvater zur Seite bekam, damit er nicht die Bürde allein trüge. Alessa legte die gelesene Seite weg und nahm das zweite Blatt:

„Die wichtigste Seelenkraft des Menschen für ein gelingendes oder misslungenes Leben ist der Wille. Ohne ihn kann weder Gutes noch Böses geschehen. Wenn der Mensch nicht will, braucht er nichts Böses zu tun. Noch weniger kann der Wille gegen seine Absicht zum Guten gezwungen werden. Der Wille bleibt so kräftig, wie er mit Gottes Willen im Einklang steht. Von der Sünde geschwächt, braucht er mehr als Verstand; er braucht das Licht des Glaubens.

So stärkt das Licht den Willen und der im Glauben gestärkte Wille belebt das Tun des Menschen. Alles Böse kommt vom Mangel an Licht. Man kann nicht lieben, was man nicht kennt.
Du hast uns aus dem Nichts ins Sein gerufen, erleuchte dieses Sein, denn es ist dein! Aber der Erleuchtung steht das stinkende Kleid des Eigenwillens und der feuchte Moder der Eigenliebe entgegen; damit bedeckt der Mensch das Auge seines Verstandes. Wir machen das Gute schlecht und das Schlechte gut. So werden wir uneinsichtig und undankbar ...“

Alessa sah auf: „Weiter kam ich nicht, denn ich hatte versprochen, noch die älteren Kinder von Lisa zu unterrichten, und ich wusste, die standen schon vor meiner Tür. Aber Cecca war noch mit dabei und begleitete Katharina später nach Hause.“
„Und?“, fragte Tommaso und sah zu Cecca hinüber.
„Es war nett wie immer“, sagte sie fröhlich.
„Mensch, Cecca, kannst du auch mal ein wenig mitdenken!“, rief Neri aus.
Als alle sich darauf eingestellt hatten, wie die Tage abliefen, und Katharina fröhlich war, dass sie nun mit Christus sprechen konnte, wie sie es sich immer gewünscht hatte – da sollte sich doch wieder alles ändern. Katharina hatte in ihrem Zimmer eine Vision:
Christus kam und sagte zu ihr: „Mir zuliebe hast du alles Nichtige von dir getan ... Deshalb steht mein Entschluss fest. Ich will mit dir festlich meine Vermählung feiern. Wie ich es dir versprochen habe, will ich mich mit dir vermählen.“ Maria kam zu ihrem Sohn dazu. Ebenso war der heilige Dominikus da, und wer da so schön Harfe spielte, das konnte nur König David sein.
Maria nahm die Hand Katharinas und gab sie ihrem Sohn. Er nahm die Hand und steckte einen Ring an ihren Finger.

Katharina erwachte wie aus einem tiefen Schlaf. Als sie sich die Bilder noch einmal herbeisehnte, fiel ihr Blick auf ihre Hand. Und da war er: der Ring, der strahlte, wie kein irdischer Ring es tun konnte.
Sie saß nur eine kleine Weile, als sie seine Stimme erneut hörte: „Meine liebe Tochter, was ich dir mit liebender Sorge auftrage, das tu zuversichtlich und ohne zu zögern. Jetzt stärkt dich die Kraft des Glaubens." Das allein hätte Katharina genügt. Aber er forderte sie auf: „Geh, es ist Zeit zum Mittagessen, deine Leute setzen sich eben zu Tisch!"
„Was geht mich ihr Mittagessen an?", rief Katharina zornig. „Ich will nicht, dass sich so etwas zwischen uns drängt! Ich habe eine andere Speise gefunden, von der sie nichts wissen!" Katharina war verzweifelt. „Soll ich dich denn gleich wieder verlieren?"
Doch er beruhigte sie: „Sorge dich nicht, meine liebe Tochter. Du weißt, ich habe zwei Gebote gegeben. Ihr sollt mich und euren Nächsten lieben. Willst du denn auf einem Fuß daherhinken? Nein, du sollst auf beiden Füßen schreiten. Die Sorge um andere habe ich dir schon als Kind in dein Herz gelegt, deshalb begehrtest du den Mantel. Du musst dich nicht wundern, wenn ich dich dahin führe, wo du hinwolltest. Und nun geh, es ist höchste Zeit. Geh und komme danach wieder."

„Geh, es ist Zeit zum Mittagessen"

1367-1372

Als Katharina in die Stube kam, saßen schon alle am Mittagstisch. Niemand hatte mit ihr gerechnet. Als sie die Überraschung in den Gesichtern sah, sagte sie kleinlaut: „Er befahl mir, mich mit euch zu Tisch zu setzen."

Lappa konnte es sich nicht verkneifen zu denken: „Er ist vernünftiger als sie. Gott sei Dank!"

Im Nu waren zwei Kinder auf Katharinas Schoß geklettert. Und sie war froh darüber, denn so fiel nicht auf, dass sie kaum essen konnte. Sie löffelte den Kindern die Milchsuppe in den Mund und legte ihnen ihr Brot in die Fäuste. Bei der Mahlzeit wurde ihr bewusst, dass auch in ihrem Elternhaus das Essen bereits eingeteilt wurde.

Lappa schien ihre Gedanken zu erahnen und meinte: „Wir haben für alle genug. Wir teilen es uns nur gut ein. Es ist nicht die Zeit, sorglos mit Essen und Trinken umzugehen."

Jacobo sagte: „Katharina, es werden bald noch schwerere Zeiten kommen. Die jetzige Regierung, bei der das niedere Volk und deine Brüder beteiligt sind, geht nur noch mit Begleitschutz auf die Straßen. Es wird sich alles ändern. Ganz schnell. Und wir brauchen dich. Vielleicht kannst du vermitteln."

„Vater, ich werde nur das tun, was ich tun soll. Nicht mehr und nicht weniger."

„Das ist gut so, meine Tochter. Und nun iss noch etwas."

Drei Jahre lang hatte Katharina nur in der Beichte und im Gebet gesprochen. Und nun waren alle ihre Worte, die sie mit Menschen sprach, ganz einfach. Einfach, weil sie sich immer ganz sicher war. Ihre Augen konnten hinter die Fassaden sehen, denn alles war mit unsichtbaren Fäden verbunden, wie bei den Puppen auf dem Jahrmarkt. An den Fäden entlang konnte sie in die Seelen der Menschen blicken. Und das alles war verwoben mit dem Himmel und dem Abgründigen. Diese Zusammenhänge zu bedenken, liebte sie über alles.
Was sie an sich erlebt hatte, nahm sie auch an anderen wahr. Sie sah nun, dass alle Menschen als Ebenbild Gottes geschaffen waren. Aber die wenigsten wussten es und hatten ihre Seelen so vernachlässigt und geschunden, dass diese eher an Straßenköter erinnerten, die in dunklen Gassen ihre Eiterbeulen lecken. Ja die Seelen, die leuchten könnten wie Tautropfen im Mondlicht, waren zu ansteckenden Geschwüren geworden.
Sie konnte nicht anders: Als sie die Magd sah, die sich in den Notzeiten mit Intrigen und Hehlergeschäften durchschlug, sagte sie zu ihr: „Ich bedaure dich und bin voll Jammer, denn du arbeitest mit dem Teufel Hand in Hand, wo dir doch Gott eine unsterblich schöne Seele gegeben hat."
Die Magd war wie vom Blitz getroffen. Ein Lichtstrahl hatte in ihr den dunklen Vorhang erhellt und zerrissen. Zum ersten Mal in ihrem Leben hatte sie sich von innen gesehen. Katharinas Blick und die offenen Worte verwandelten sie im gleichen Augenblick. Sie beichtete, was sie Verkehrtes getan hatte, und erzählte es ihren Freunden und Feinden. Damit nahm sie auch allen die Chance, sie weiterhin für ihre Machenschaften zu missbrauchen. Alle staunten, wie diese einfache Frau zu einem glücklichen, frommen Men-

schen wurde – und das, obwohl sie sich nie etwas aus der Kirche gemacht hatte. Das blieb nicht verborgen, und sie war nur die erste von Hunderten, die durch Katharinas klare Sprache zu einem ganz neuen Leben fanden.

Katharina war überrascht, wie viele Menschen Hilfe und Trost brauchten. Und sie merkte, wie Gott ihr die richtigen Worte eingab. Alles war im Einklang, so dass sie gar nicht mehr trennen konnte zwischen ihrem Willen und Gottes Anliegen.

Bald schon verlief Katharinas Leben völlig anders als in den letzten drei Jahren, in denen sie völlig zurückgezogen gelebt hatte. Frühmorgens besuchte sie nun die Aussätzigen außerhalb der Stadt. Sie begnügte sich nicht damit, nur Wasser zu tragen, sie brachte ihnen auch Essen mit und reinigte ihre Wunden mit heißem Wasser, in das sie schmerzstillende Kräuter gelegt hatte. Am Abend ging sie in das große Spital, pflegte dort die Kranken und spendete ihnen Trost. Alessa begleitete sie und wurde auch so etwas wie Katharinas Sekretärin, die ihre Briefe las und beantwortete. Stefano bat Katharina, verschiedene Personen in Siena zu besuchen, denn er wusste von ihrer Gabe, Frieden zu stiften. Schließlich hatte er selbst am eigenen Leibe erlebt, dass sein Bruder sich mit ihm ausgesöhnt hatte. Auf seine Bitte hin war Katharina damals fünf Tage lang Abend für Abend zu seinem Bruder gegangen und ließ ihm ausrichten, dass sie mit ihm sprechen wolle. Auf seine Verweigerung hin erklärte sie, dass sie dann in der Kirche für ihn beten wolle. Durch ihr Verhalten war er jedoch so neugierig geworden, dass er ihr am fünften Tag nachschlich, verborgen unter dem einfachen Mantel seines Dieners. Er kniete sich neben sie und tat so, als ob er auch beten wolle. In Wirklichkeit wollte er sie nur belauschen, um anschließend seinem Bru-

der Stefano zu berichten, welch dummer, kleiner Frau er hinterherliefe. Doch dann hörte er Katharina beten.
„Meine große Liebe, Christus“, begann sie, „du weites Meer der Barmherzigkeit, du Flamme der Gerechtigkeit.“ Dann war sie still.
„War das alles?“, dachte Stefanos Bruder. Aber er irrte sich.
„Ich liebe dich mehr als mein Leben. Und du liebtest mich ohne Anfang und Ende.“
„Meine Güte“, dachte ihr Zuhörer, „so was habe ich nicht für möglich gehalten.“
„Und so wie du mich liebst, liebtest du Stefano. Seine Seele ist wie eine Lerche, die in die Sonne auffliegt.“
„Jetzt übertreibt sie eindeutig“, dachte der Mann neben ihr, und am liebsten hätte er dem Gerede ein Ende bereitet. Aber er hatte ja den Betrug eingefädelt, also musste er ihn auch durchstehen.
„Wie eine Lerche steigt Stefano zu dir empor und kann doch nie weit fliegen, weil ihn der Streit und die Missgunst am Boden halten. Er kommt nicht los von seiner Familie, die sich gegenseitig mit bösen Gefechten auszulöschen versucht. Vierzehn von dreiundzwanzig sind nur noch am Leben.“
Der Bruder neben ihr zählte nach: Sie hatte richtig gezählt. Er selbst rechnete immer anders. Da gab es zwei Seiten, und die sollten sich immer ausgleichen. Aber sie hatte einfach nur die Lebenden und die Toten zusammengezählt.
„Nimm doch mich als Nächste. An ihrer statt. Lass mich die zehnte sein, aber gewähre mir die Bitte, dass Stefanos Bruder ein neues Herz bekommt. Dass er sein Herz, das nur noch ein stinkender Wurm ist, aus seiner Brust reißt und sich von dir das aufrichtige, mutige Herz eines Mannes erbittet. Du hast schon längst für ihn gesorgt. Ein Herz voller Liebe und

Weisheit willst du ihm geben, das voll Sorge ist seinen Freunden und Feinden gegenüber. Du bist groß. Du bist gut. Du bist voll Weisheit und Macht." Katharina betete noch lange, über die Liebe Gottes sprach sie und die Not ganz Sienas. Wie nötig es sei, dass Stefanos Bruder ein Zeichen setze. Der Schlimmste müsse als Erster gerettet werden.
War es das ungewohnte Knien auf den Stufen? War es Katharinas innige Stimme, die Stefanos Bruder in den Bann gezogen hatte? Er betete mit. Er betete alles mit, weil er nicht anders konnte. Ihm wurde klar, dass er wirklich der Schlimmste im Streit war. Und weil er nicht als heulendes Waschweib in der Kirche entdeckt werden wollte, rief er sie am sechsten Tag ins Haus, als sie wieder davor stand. „Was soll ich tun?", fragte er.
Katharinas Liste war lang. „Aber als Erstes", so beendete sie ihre Aufträge, „gibst du ein Fest. Ein Fest, wie du es zuvor noch nicht getan hast, denn deine Seele hat die ewige Liebe geschmeckt, und die sollen alle kennen lernen."
Und sie ging fröhlich. Sie ging die Treppen hinunter, und als sie sich umsah, stand er noch da und sah ihr nach. Da machte sie wieder kehrt, lief auf ihn zu, umarmte ihn, küsste ihn und sagte: „Nun kannst du glücklich sein, der Glücklichste in Siena."
Es musste ein riesiges Fest gewesen sein, denn Cecca und Alessa hatten die ganze Nacht mit durchgefeiert. Die beiden waren immer noch ausgelassen, als sie vor Katharinas Haus standen, um sie zum Morgengebet abzuholen.
„Es wird doch wohl ein Ende haben mit dem Spektakel!", rief Lappa zum Fenster hinaus, denn sie hatte Angst, dass die Kinder aufwachen würden. Aber die Frauen hatten so viel guten Wein getrunken, dass es sie nur erheiterte, Lappa so unwirsch zu sehen.

„Katharina, du hättest auch deinen Spaß gehabt", sagte Cecca. „Du hast uns gefehlt beim Feiern. Schließlich hast du Stefano wieder seine Familie zurückgegeben", ergänzte Alessa.

„Ihr wisst, ich mache mir nichts aus Festen, ich bin froh, endlich allein zu sein, und danke Gott im Herzen." Katharina dachte nach und sagte dann: „Es ist so eine Freude, wisst ihr, das ist ungefähr so, wie es war, als Cecca ihrer Tochter eine kleine Katze geschenkt hatte. Wisst ihr noch, wie sie dann stundenlang mit dem Kätzchen allein nur dasaß und ihr zusah? So liebe ich es, bei Gott zu sein. Er hat mir so viel geholfen, so viel geschenkt."

Cecca lachte: „Wie gut, dass er das nicht in Form von Katzen und Hunden macht. Wie sähe es sonst hier aus!"

Die drei gingen den kurzen steilen Weg zur Gewölbekapelle hoch. Der gemeinsame Gesang umschloss alle. Sie spürten, wie sich der Himmel über ihnen öffnete. Sie waren ein Fleisch, liebten einen Gott.

„Und der will nicht nur vergeben", ereiferte sich Katharina am Nachmittag. „Er will euch verändern. Er kann euch neu machen! So wie Christus aus dem Grab stieg, könnt ihr eure Liederlichkeit in die Gräber packen und als neue Menschen in den heutigen Abend gehen!"

Ihre Zuhörer waren zu Beginn die Kranken im Hospital gewesen, aber bald versammelten sich die Menschen, wo immer sie auftauchte. Und wenn einer aufmunternde Worte brauchte oder eine helfende Hand: Katharina, die zierliche kleine Frau, war zur Stelle.

Alessa wartete geduldig. Fra Bartolomeo hatte bewirken können, dass Katharina von drei Beichtvätern begleitet werden konnte. Die Menschen brauchten nicht mehr in die

Kirche zu gehen um zu beichten, sie konnten nun an Ort und Stelle Buße tun und gingen fröhlich ihrer Wege.
Fra Bartolomeo hatte auch Briefe aus Klöstern mitgebracht. Briefe von Nonnenklöstern, die Fragen an Katharina hatten. Alessa würde sie noch heute mit Katharina lesen und beantworten müssen.
Am Abend war es dann so weit. „Versuche es erst selbst zu lesen", forderte Alessa Katharina auf. Aber es war wie immer anstrengend, wenn Katharina lesen sollte; mühsam reihte sie die Buchstaben aneinander. Und so blieb es auch diesmal dabei, dass Alessa den Brief vorlas. Katharina saß mit geschlossenen Augen da und antwortete auf den Brief so schnell, wie sie gewöhnlich sprach, sodass die Schreiber Mühe hatten, in dem Tempo mitzuschreiben.
„Ist das denn alles, was die Nonne von mir wissen will?", fragte Katharina, als Alessa den ersten Brief gelesen hatte.
„Ja", sagte Alessa. „Sie erzählt dir einfach, dass sie sich sündig fühlt, und deshalb nicht wagt die Eucharistie zu nehmen." Alessa wollte den Brief schon weglegen und meinte noch: „Also, da haben wir hier doch noch ganz andere Probleme, mit denen wir kämpfen!"
Aber Katharina wehrte ab. „Wie lieb ist mir eine solche Frau, die weiß, wie unendlich heilig Gott ist, und die diese Liebe nicht fassen kann. Alessa, diese arme Frau leidet sehr an ihren Fehlern, weil sie Gott liebt. Es ist nötig, ihr zu schreiben!" Katharina schaute zu Alessa, aber die hatte schon angefangen zu schreiben, denn sie kannte Katharinas Unberechenbarkeit, nicht zu wiederholen, was sie einmal gesagt hatte.
„Also, nun schreibe unserer lieben Schwester Folgendes: *Wenn Ihr nach einem langen Tag müde und zerschlagen in Eure Kammer geht, ist es nicht wunderbar, wie Euch Euer Bett emp-*

fängt? Wie Ihr Euch ausruhen könnt und geborgen seid? So und noch besser ist der Heilige Geist. Egal was Euch belastet, was Euch gekränkt hat. Legt Euch in die Liebe Gottes so selbstverständlich wie am Abend in Euer Bett. Genießt die Eucharistie und seine unendliche Liebe, denn er will sich verschenken und Euch umfangen."
Alessa hatte verstanden, dass dies endlich mal ein kurzer Brief war. Und sie würde sich selbst den Rat merken und nun abends, wenn sie zu Bett ging, sich in Gottes Liebe einhüllen, denn sie schlief schlecht. Immer hörte sie die Geräusche um ihr Haus, wie es in der Nacht war, als sie ihren Mann verlor. Man hatte ihn vor das Haus gelockt und dann erdolcht. Sie hatte im Bett gelegen und auf ihn gewartet. Als sie später nach ihm suchte, fand sie ihn mit durchschnittener Kehle.
„War da noch ein Brief?"
Die Stimme Katharinas ließ Alessa zusammenzucken. „Noch drei Briefe", gab sie zur Antwort.
„Dann lass uns unsere Arbeit tun, und danach will ich wissen, was dich bekümmert."
Der nächste Brief war von einem Ordensmeister geschrieben. Er ärgerte sich darüber, dass die Menschen so uneinsichtig waren und von ihren falschen Wegen nicht abließen.
„Ach", sagte Katharina, „zum einen sollte er wissen, dass Gottes Größe doch sichtbarer wird, wenn wir unterschiedliche Wege gehen. Schreib ihm: *Wir dürfen uns nicht zu Richtern über das Seelenleben unserer Mitmenschen machen … Wenn Gott uns den Fehler eines anderen deutlich vor Augen führt, dürfen wir ihm diesen Fehler nie persönlich vorhalten, sondern wir sollten ganz allgemein darüber sprechen … Falls jemand tatsächlich diesen Fehler hat, wird es ihm leichter fallen, sich zu bessern, wenn er merkt, dass man ihn auf eine taktvolle Weise versteht. Und er wird dann von sich aus das sagen, was Ihr ihm vorhalten wolltet …*"

Alessa war müde, nachdem sie die Briefe noch einmal durchgelesen und die Blätter zusammengelegt hatte. Sie hatte schon lange nicht mehr an die schlimme Zeit gedacht. Damals hatte sie noch etwas zu verlieren gehabt. Heute hatte sie nicht einmal mehr sich selbst zu verlieren.
Katharina fühlte die dunklen Gedanken Alessas. „Dass wir lieben können, Alessa, dass wir so geliebt werden, macht uns das nicht zu ganz neuen Wesen?“ Katharina hatte ihre schmale Hand auf ihren Kopf gelegt und drückte mit der anderen ihre sitzende Freundin gegen ihre Brust. Dann summte sie ein Wiegenlied, wie sie es auch für die Kinder gesungen hatte. Alessa, die es gewohnt war, jederzeit kontrolliert und anmutig zu sein, ließ ihren Tränen freien Lauf. Vielleicht war zuvor einfach nie jemand da gewesen, bei dem sie weinen konnte?
Cecca hatte es viel einfacher, sie sagte dann: „Meine armen, vaterlosen Kinder, ihr habt den besten Vater der Erde verloren!“ Und dann durfte sie weinen und klagen, obwohl die Kinder den Vater nicht mehr vermissten. Sie gaben sich alle Mühe ihre Mutter zu bestätigen und zu trösten. Jedes Mal stellte sie dann hinterher wie zur Entschuldigung klar, dass sie ja durch den Verlust zum ewigen Vater gefunden hätten und das sei ein Vorrecht. Daran wollten die Kinder sich gerne halten, denn wer wollte nicht endlich einmal bevorzugt sein?
Katharina wusste um den verborgenen Kummer, und so nahm sie an dem Abend Alessas Angebot an und wohnte für einige Zeit bei ihr. Alessa hatte ihr ein schönes Zimmer gerichtet und wollte schon einen Esel bringen lassen, um Katharinas Sachen zu befördern, als Katharina rief: „Willst du mich ersticken mit dem Plunder? Wie verkehrt ist es, die Magd in weiche Kissen zu legen! Ich bin da, um meinen

Auftrag zu erfüllen, und dabei stinkt der Müßiggang stärker als faule Eier."
Katharina wusste, wovon sie redete, denn nach wie vor versorgte sie die kranke Frau, die immer mehr ihre Helferin quälte.
„Endlich kommt die Königin der Vorstadt!", spottete sie. „Sie kommt zu spät, weil sie die Kirche und vor allen Dingen die heiligen Brüder so liebt, dass sie sich nicht von ihnen trennen will."
Katharina wurde rot. Sie hatte verstanden, was die Alte meinte, und sie kannte das Feuer, das die Kranke mit den Verdächtigungen anrichtete. Ja, sie liebte die heiligen Brüder. Sie liebte Tommaso, sie liebte den klugen Stefano, sie brannte darauf, Fra Bartolomeo zu treffen, und lief ihm meist schon entgegen, wenn er auf dem Weg war. Sie liebte es, von ihm in die Geheimnisse der Kirche eingeführt zu werden, und er war wie ihr eigenes Herz. Und Neri, wie er die Worte zu setzen verstand! Er war der erste Geschichtsschreiber der Stadt, der von der Not erzählen konnte, ohne parteiisch zu werden. Er vermittelte ihr ständig neue Kontakte, damit sie Frieden stiften konnte. Ja, sie liebte die Brüder genauso sehr, wie sie an Lisa, Alessa und Cecca hing.

Katharina war in großer Not, denn die Kranke hatte Recht. Sie kam zu spät, weil es so großartig war, mit den Männern zu planen. Die Leiterin der Mantelaten hatte sie zu sich gerufen. Vor allen andern verwarnte sie Katharina. Noch nie sei eine Frau im Schutze des Mantels hingegangen, wo sie wollte. Es führe zu weit, dass sie ihre Nase in Theologie und Politik stecke und auf offener Straße Männer umarme. Cecca war bleich, aber Alessa hatte wie immer die Würde einer Königin, als sie zu Katharinas Verteidigung sagte:

„Werte Mutter, ich würde für die Aufrichtigkeit Katharinas meine Hand ins Feuer legen. Ja, ich würde ganz und gar mit ihr ins Feuer gehen."
„Da siehst du, was du angerichtet hast!", rief die Leiterin. Katharina, die Unglückliche, musste zu Füßen der Versammelten knien. Nun wurde von ihr erwartet, dass sie allem entsagen solle. Schließlich war bekannt, dass sie aller großen Reden fähig und die große Verzichterin war.
Aber Katharina stand auf und sagte einfach: „Dennoch, liebe Mitschwestern, bin ich Mantelatin und die Magd Gottes einzig durch die Güte Gottes und werde es immer bleiben." Und sie ging einsam und traurig hinaus. Niemand hielt sie auf. Sie ging geradewegs in ihr Zimmer, das sich unter Alessas Protest in eine spartanische Zelle verwandelt hatte.

Das Haus der Aussätzigen wurde zum neuen Heim einer vielfachen Mutter aus Siena. Sie weinte dauernd, und so war die Haut unter ihren Augen so wund wie an ihren Füßen. Katharina versuchte sie zu trösten. Sie strich eine dicke Paste aus Salbei und geronnener Milch auf ihre Füße, um ihre Schmerzen zu lindern.
„Aber dein Gesicht musst du im Vertrauen zu Gott hinhalten, damit er dir Glauben schenkt und deine Tränen trocknet", sagte sie bestimmt zu der Kranken.
„Wie kann eine Mutter gesund werden, wenn sie nicht einmal die Stimmen ihrer Kinder hört? An diesem Ort kann ich nicht gesund werden!"
„Willst du denn gesund werden?"
Die Frau sah Katharina an, als ob sie nicht richtig gehört hätte. „Aber natürlich will ich gesund werden!" Und nach einer Weile fügte sie hinzu: „Bring mich weg von hier."
Katharina ging zum Brunnen und füllte erneut den Eimer

mit klarem Wasser. Den trug sie zu der Aussätzigen. „Wasch dir dein Gesicht und weine nicht mehr." Die Aussätzige tat, was Katharina angewiesen hatte. Dann nahm Katharina einen Lappen, tauchte ihn in den Eimer und entfernte damit den Brei von ihren Füßen. Zuletzt riss sie den Lappen in zwei Teile und wickelte um jedes Bein ein Stück Stoff, das sie so gut verknotete, dass die Kranke damit laufen konnte. „Und nun komm!"

Da stand die Frau auf und ging mit Katharina vom Haus der Aussätzigen fort und durch das Tor der Fontebranda. Die Menschen wichen zurück und schrien vor Angst, denn sie kannten die Frau. Katharina ermunterte sie jedoch: „Lass dich nicht erschrecken. Ich führe dich in meine Kammer, aus der du gesund wieder zu deiner Familie kehren wirst."

Katharina kümmerte sich nicht um ihre Mutter, die voller Entsetzen dem Treiben Einhalt gebieten wollte. „Reicht es nicht, dass du dich ruinierst? Musst du uns denn alle zugrunde richten, indem du eine Aussätzige anschleppst?"

Katharina besorgte sich Wolle, die sie in einen Leinensack stopfte, damit die Kranke darauf ruhen konnte. Sie brachte ihr frisches Obst und band ihr aus Thymian und Lavendel ein Kreuz, in das sie rote Rosen steckte. Lappa verbot allen, an Katharinas Tür vorbeizugehen. Sie hätte es nicht zu verbieten brauchen. Selbst die Kleinsten fühlten, welche Gefahr in der Kammer lauerte. Die Bürger Sienas machten einen großen Bogen um das Haus. Lediglich die Kinder der Aussätzigen standen unter dem Fenster und reichten ihrer Mutter Lebensmittel durch die Gitter.

„Ist es noch schlimm?", fragten sie.

„Noch ein wenig, aber es wird schon besser."

So vergingen wenige Wochen. Dann gab es keine Stelle mehr an der Frau, die Katharina hätte versorgen können.

„So geh nun nach Hause, denn du bist gesund." Und sie ging. Sie ging den ganzen Sommer lang ohne Schuhe, damit alle sehen konnten, welches Wunder geschehen war.
Nicht nur die Leiterin der Mantelaten, viele Bürger Sienas und Geistliche verwarnten Katharina wegen ihres ungehörigen Verhaltens. Einige verfluchten sie sogar auf offener Straße.
„Was soll ich denn tun?", fragte Katharina im Gebet. „Liebe ich dich, meinen Gott, im Geringsten, so verletze ich dadurch andere geliebte Menschen."
„Warum hast du Kummer?"
Katharina hätte am liebsten zurückgefragt: „Warum fragst du mich so unwissend?", aber sie wusste, dass es nicht nötig war, sich mit Gott zu streiten, und so antwortete sie gerade heraus: „Ja, ich habe Kummer, ich habe unendliche Not, und ich wünsche mir, dass du meinen Kummer nicht als kleiner ansiehst, als ich mir die Not deiner Kinder zu Herzen nehme."
„Alle Not und alle Zerrissenheit rührt nur davon, dass du noch nicht gewählt hast. Du hast dich noch nicht entschieden."
„Was sollte ich wählen? Was gibt es zu entscheiden?", fragte Katharina verdutzt. Doch es blieb still. „Ich werde warten", dachte Katharina und sagte auch laut: „Ich warte auf dich."
Mit den laut ausgesprochenen Worten zog eine unendliche Freude in ihr Gemüt. „Welch Glückliche bin ich, dass ich Grund habe zu warten."
„Du hast versprochen, mich wählen zu lassen", erinnerte Katharina Gott in den folgenden Tagen in ihren Gebeten. „Verzeih mir, wenn ich so ungeduldig bin wie Cecca und so neugierig wie Neri."
Katharina hatte entgegen allen Ermahnungen und Bitten

ihrer Freunde weder abgelassen, das Büßerhemd zu tragen, noch aß sie genügend, um ihren Körper zu ernähren. Während die andern schliefen, betete sie. „Das ist und bleibt mir wohl mein Liebstes: das Beten und die Eucharistie sind das, wovon ich lebe."

„Trotzdem hast du die Wahl und bist frei, dir deine Krone auszusuchen." Es war Jesus selbst, der hinter ihr gesprochen hatte. *Und Katharina sah den, den sie am liebsten immer leiblich neben sich gesehen hätte. „Du kannst wählen, Katharina."*

„Das hast du schon einmal gesagt, aber ich weiß nicht, worum es sich handelt."

„Schau her und entscheide dich." Jesus griff dahin, wo Katharina nichts sah, und hielt eine herrlich funkelnde Krone in der Hand. Dann griff er mit der anderen Hand ins Leere und hielt darin eine Dornenkrone. Sie musste aus frischen Dornenzweigen gebunden worden sein, denn Katharina roch das frisch abgerissene Holz. „Du bist frei zu wählen."

Katharina sah die goldene Krone. Es war die Krone eines Regenten, und Katharina hatte nie an der Ehre einer solchen Auszeichnung gezweifelt. Dann sah sie auf die Dornenkrone. Wer kam eigentlich dazu, solch niederträchtiges Gestrüpp als Krone zu bezeichnen? Aber wie konnten ihr solche Fragen in den Kopf kommen, wo sie doch nur den Kopf des Gebers ansehen musste und wusste, für welche Krone er sich entschieden hatte. Seltsam, dass Christus sie frei wählen ließ. Was wäre, wenn sie nach der Krone der Regenten greifen würde? Hätte sie dann mehr Einfluss auf die mörderische Politik Sienas? Was brächte dagegen eine Dornenkrone zustande, die aus jedem verachteten Gebüsch gebrochen werden konnte?

Doch dann musste sie lachen, sie lachte nicht darüber, dass sie zu wählen hatte, sondern darüber, dass sie überhaupt vor eine Wahl gestellt wurde. Es war doch klar, dass sie derselben Krone vertrauen würde, wie sie Jesus zugedacht war. Wenn sie in seine Fußstapfen

treten und so lieben könnte, was wollte sie mehr? Sie streckte ihren Arm aus: „Die, die will ich haben."
„Hast du es dir gut überlegt?", wurde sie noch einmal gefragt.
„Ja, ich habe es entschieden." Katharina sah, wie er sich mit der Dornenkrone über sie beugte.
Danach fühlte sie nur noch den Schmerz. Sie schrie laut, denn damit hatte sie nicht gerechnet. Alessa war davon erwacht und rannte in Katharinas Stube. Dort fand sie Katharina ohnmächtig vor. Als sie am nächsten Morgen endlich wieder halbwegs bei Sinnen war, weinte sie: „Wäre ich doch schon im Himmel, hätte er mich doch mitgenommen!"
Es dauerte einige Tage, bis Katharina die schlimmsten Kopfschmerzen überwunden hatte. Cecca war tief betroffen, Katharina war schon so dünn und kränklich, dass man meinte, durch sie hindurchsehen zu können. Nun litt sie auch noch an Kopfschmerzen, die sie nicht mehr in die Sonne sehen ließen. Sie verstand es nicht. Aber sie spürte das Geheimnis, in welches Katharina eingetaucht war. Denn sie war voller Glück, weil sie genau so mit Christus verbunden sein wollte. Cecca erneuerte ihr Versprechen, dieser Frau die Treue zu halten bis in den Tod, denn mit ihr geschahen Wunder auf Erden. Von nun an sagte sie zu Katharina „Mutter", denn sie wollte sie nicht nur stützen, sondern von ihr lernen.
Später sagte Alessa, Katharina sei von dem Zeitpunkt an immer heiter und fröhlich gewesen. Nie wieder habe sie ihre liebste „Mutter" niedergeschlagen erlebt. Auch wenn alle Umstände sich verschworen hätten, sie habe in allem den Sieg gesehen.
Katharina legte eine immer größere Sorglosigkeit an den Tag, wenn es darum ging, aus barmherzigen Gründen Regeln zu brechen. Sie brannte darauf, die Wahrheit zu sagen, ob das nun angenehm war oder nicht.

Als sie an einem klaren kalten Januarmorgen zu einem Anwesen weit außerhalb der Stadt wanderte, traf sie auf einen Bettler, in dessen Bart noch der Morgentau hing und der nicht mehr auf dem Leib trug als eine dünne Hose. Seine Hände und Füße waren blau von der Kälte der Nacht.
Katharina war überwältigt von dem Elend. Sie ließ sich von ihren Begleitern nicht abhalten: Sie küsste das Gesicht und die Hände des Schmutzigen, rieb seine Hände und Füße warm und sagte: „Geh ins Haus der Armen, dort wird dir warm. Sag ihnen, Katharina schickt dich, und ich werde ihnen dafür Lohn zukommen lassen."
Neri war unwillig über Katharinas Verhalten. „So gib ihm endlich deinen Segen, und halte uns nicht länger auf!"
„Meinen Segen braucht nicht der Bettler, sondern du, Neri. Du bist blind geworden für die Gegenwart Christi", entgegnete Katharina. „Aber keine Sorge: ich gebe ihm, was er braucht." Zum Entsetzen aller nahm Katharina ihren Umhang ab. Das Emblem der heiligen Kirche, den Mantel, der ihr dünnes Unterkleid verbarg, schlang Katharina um die kalten Schultern des Bettlers. Sie küsste ihm noch einmal die Hände.
„Nun geh, und lass dir in Siena etwas Warmes für deinen hungrigen Magen geben."
Als sie weiterzogen, wussten Cecca und Alessa nicht, was sie sagen sollten. Ihre Mutter lief vor ihnen im Hemd, auf dem nun deutlich der schwere, kantige Büßergürtel zu sehen war.
Tommaso ging zu Katharina: „Aber der Mantel ist doch das Kennzeichen unseres Ordens! Nun trägt ihn ein Unwürdiger!"
„Ach, Tommaso, wer ist überhaupt würdig, diesen Mantel zu tragen?"

„Aber du … du gehst nun im Hemd …"
Da begann Katharina fröhlich zu lachen: „Besser, wenn mir der Mantel fehlt, als die Nächstenliebe!" Wer wusste denn, dass ihr Jesus nicht nur in der Gestalt des Papstes erschienen war, sondern auch in der Gestalt eines Bettlers, dem sie am liebsten tausend Mäntel geschenkt hätte – selbst wenn ihr einziger wichtiger Mantel dabei gewesen wäre.

Katharinas neuer Beichtvater Bartolomeo di Domenico sagte zu seinen Vorgesetzten ganz offen: „Neidische glauben, dass wir Brüder die Jungfrau unterrichten, aber es findet genau das Gegenteil statt. Sie ist es, die nun das Sieneser Dominikanerkloster reformiert. Sie riecht nicht nur den Pesthauch des falschen Lebens – sie hat auch ein Mittel dagegen." War er zuvor Katharina kritisch begegnet, so unterstützte er nun die famiglia, die sich um Katharina bildete.
Neri bat Katharina unentwegt zwischen den Ständen und Parteien Frieden zu stiften. So eilte sie mit ihren Begleitern von Haus zu Haus, von Burg zu Burg. Es war entsetzlich, wie sich die Stadt auf Rache und stolze Selbstherrlichkeit verlegt hatte. Als sie zur Sieneser Signoria gebeten wurde, schrieb sie ihnen zuvor: *„Mich verlangt danach, männliche Männer zu sehen, nicht furchtsame Stadtregenten!"* Und noch am gleichen Tag diktierte sie einen anderen Brief: *„Wir leben hier unter Kriegsleuten und verzehren so viel eingefleischte Teufel, dass der Bruder Tommaso sagt, ihm tue der Magen davon weh."*
Und so war es tatsächlich. Tommaso litt an dem Streit und dem Hass, der in dieser Stadt und im ganzen Landstrich so unausrottbar war. Größer als die Vergebung war die Macht des schwarzen Buches: „Memoriale delle Offese". In diesem Buch, das im Rathaus lag, wurden getreulich alle Kränkungen aufgezeichnet, die der Republik zugefügt

wurden. *„Vergiss nicht in alle Ewigkeit die, so dir trotzen, dir die geziemende Huldigung versagen, gegen dich Pläne schmieden und Schmach über dich bringen …"* Das war der Grundton aller geworden. „Vergiss nicht, rotte aus!" Und da war die kleine Frau in ihrem weißen Kleid mit dem schwarzen Mantel, die sagte: „Ändere dich! Schau dich an mit deiner eigenen Schuld! Schau in dich und erkenne, welcher Mensch du bist. Siehst du denn auch, dass du in eine Liebesgeschichte eingewickelt bist? Lass dich von Gott lieben und von ihm allein führen! Das ist das einzig Wichtige!"
Ihre Hände waren Vögel, ihre Augen wurden zu Spiegeln, in denen sich die Menschen erkannten, und ihre Worte waren so klar und aufrichtig, dass sie nie falsch gedeutet werden konnten. Stefano sagte deshalb nach einer Versammlung zu Alessa: „Es gibt die Staatsmacht Florenz, es gibt die Macht der Regierungen und die Macht der Kirche."
„Ja und?", fragte sie nach, „das weiß ich schon lang."
Stefano ließ Alessa erst noch etwas zappeln, denn er hatte endlich wenigstens eine ihrer Schwächen entdeckt, nämlich die, dass sie unsicher, ja fast ängstlich wurde, wenn man sie im Ungewissen ließ. Aber es tat ihm gleich Leid, worüber er sich zuvor noch gefreut hatte. „Also ich wollte sagen, es gibt viele Mächte – aber eine davon heißt Katharina von Siena, unser liebstes Mütterchen."

Lappas und Jacobos größte Sorge zu der Zeit war die Zukunft ihrer Familie und des Färbergewerbes. Und wenn Lappa sich etwas in den Kopf gesetzt hatte, dann bot sie alle Energie auf, um ihren Willen zu bekommen. War ihr ältester Sohn, Benincasa, vor einigen Jahren voller Stolz ins Rathaus gezogen, so zog sich nun die Schlinge um den Hals ihres Sohnes immer enger.

„Geh, geh nach Florenz“, bat sie ihn eindringlich. „Nimm deine Frau mit und überlasst mir eure Kinder.“
Benincasa wehrte jedoch ab. „Ich habe mich immer aus Gefahren selbst retten können!“ Ja, es stimmte. Er war flink und konnte nicht nur gewandt mit dem kurzen Messer zustechen, sondern hatte noch vier weitere Messer, deren scharfe Klingen, selbst wenn er schon floh, im Wurf nie ihr Ziel verfehlten. Außerdem ließen ihn seine Brüder nicht aus den Augen.
Katharina unterstützte ihre Familie. Ihr Bruder gehörte ja der Regierung, dem „mageren Volk“ an, die das arme Volk und die Handwerkerschaft vertrat. Doch es wurde für sie immer schwerer. Viele ihrer wohlhabenden Freunde gehörten zum „fetten Volk“, die sich schlecht vertreten sahen und den Kaiser um Hilfe baten. Katharina stand als Sieneser Bürgerin auf der Seite der Ghibellinen, die papsttreuen Städte hingegen gehörten den Guelfen an. Und sie wünschte sich nichts mehr als eine sichere Bleibe für den Papst in Rom. Dazu brauchte der Papst das Wohlwollen aller Italiener.

Die Handwerker und die in Bedrängnis geratene Regierung waren 1368 gut auf einen Angriff vorbereitet. Mit Ausnahme einiger Adliger hatten alle ihre Waffen poliert. Ihr geschickter Befehlshaber wusste, dass er nie wieder so leichte Beute machen würde.
Und dann kam der deutsche Kaiser Karl IV., der 13 Jahre zuvor vom Papst endlich vom Bann befreit und rechtmäßig gekrönt worden war. Er hatte den Papst beschützt und begleitet. Genauso prächtig geschmückt war er wie damals, als Katharina noch ein Kind war und ihn samt Pferd auf den Stufen des Doms bewundert hatte.

Nun öffneten sich 1368 wieder die Tore Sienas für ihn. Einige Adlige hatten ihn gerufen, damit sich für sie wieder eine Gelegenheit bieten sollte, an die Macht zu kommen. Als der Kaiser jedoch mit seinem Gefolge in die Stadt eingeritten war, schwirrten aus jedem Fenster Pfeile, und über die Mauern fielen im nächsten Augenblick die Truppen der Handwerker in die Gassen ein. Sie waren schnell und kämpften gründlich, denn sie hatten sich vorbereitet. Im Nu waren die Straßen übersät mit Toten und Verwundeten. Teilweise konnten die Gefolgsleute des Kaisers nicht einmal das Schwert ziehen.
Das Gemetzel dauerte keine zwei Stunden. Benincasa, Bartolomeo und die jüngeren Brüder kämpften Seite an Seite. Ein wildes Siegesgefühl überkam sie, und sie schrien und lachten wie die Irren, als ob sie für ihr ganzes Leben gesiegt hätten. Benincasa spürte nicht, dass ihm aus einer Wunde am Rücken das Blut lief. Bartolomeo hatte sich einige Finger gebrochen, aber der Schmerz wollte den Taumel nicht stören. Erst am Abend, als er nach Hause kam und den Löffel nicht halten konnte, bemerkte er die Verletzung. Doch jetzt zog Bartolomeo den Soldaten die gehärteten Schwerter aus den Scheiden und probte mit aller Kraft, was sie anrichten konnten. Sie feierten gemeinsam mit den Toten ihren Sieg. Schöner als Wein floss ihr Blut. Wo waren die Gefolgsleute des Kaisers? War da noch einer? War da noch einer, der sich so köstlich zerteilen ließ wie seine Genossen? „Hört ihn, hört sein Jammern!“ Niemand weiß, wer es zuerst erzählte, aber dann strömten sie alle zum Salimbeni Palast. Dort jammerte im Keller der Kaiser mit einer Handvoll seiner Getreuen um sein Leben. Sollte er jammern, sollte er verrecken, der Hund! Sie hatten alles gut geplant. Keine Vorräte, keine neuen Truppen würden den Kaiser erreichen.

Es tat den Sienesern aufrichtig Leid, die Siegestrophäen von den Straßen zu schaffen, und so durften die erbärmlichen Körper noch einmal in Haufen aufgestapelt vor den Palästen der Adligen mehr schlecht als recht brennen. Neri, der auch das Amt des Gerichtsschreibers innehatte, gab diesem Kapitel die Überschrift: *„Der Kaiser ohne Gefolge."*
Doch altes Blut pflegt zu stinken wie tote Fische, und so verloren die Handwerker die Lust an der Sache. War es nicht derselbe Kaiser gewesen, der sie einmal unterstützt hatte? Und der zitterte nun – nicht nur, weil der Brandgeruch in dem Gemäuer hing und er die Hundemeute beobachten konnte, deren Bäuche immer fetter wurden. Er musste damit rechnen, selbst als Kadaver zu enden. Noch schlimmer jedoch war die Glut in seinem Körper. Ein Feuer wütete in ihm, eine heimtückische Fieberkrankheit, die mit dem Abholzen der Wälder sich verbreitet hatte. Viele seiner Gefolgsleute waren an dem Fieber bereits gestorben, nachdem sie durch die Sümpfe marschiert waren. Später gaben die Menschen diesem Albtraum den Namen Malaria.
Und so schrie der Kaiser um sein Leben. Er weinte und jammerte. Allen gab er Schuld, sie in eine Falle gelockt zu haben. Die Salambini, die Malateso, die Zwölf der Regierung. Aber nun bot er allen sein Verzeihen und seine Gunst an. In der Tat hatten viele Mitleid mit ihm, denn er war abgemagert und schien wahnsinnig zu werden. Sie gaben ihm Pferde, Waffen und Geld. Doch gerade, als er sich satt gegessen hatte, verlangte er für seine Gunst 20 000 Gulden. Die Sieneser schickten ihm ein Viertel mit der Aufforderung, ihre Stadt umgehend zu verlassen. So kam es, dass der Kaiser, der gedacht hatte, als Herrscher empfangen zu werden, die Stadt nun wie ein Dieb verließ. Beim Auszug hetzte man ihm noch die Hunde hinterher.

Solche Siege waren Errungenschaften für Tage. Manchmal waren es auch Wochen, bis sich das Blatt wieder wendete und Neri Neues niederschreiben musste. Das Morden und Machthaben machte Lust auf mehr, und so floh Benincasa mit seiner Frau Nico Luccia nach Florenz. Er hatte sich einen ganzen Wagen voll Handwerkszeug mitgenommen, denn in Florenz wollte er ein neues Färbergeschäft gründen. Dort fanden Handwerker geordnete Bedingungen. Die Männer konnten in Ruhe ihre Arbeit verrichten und mussten nicht noch gleichzeitig dem Kriegshandwerk nachgehen. Florenz war die erste Stadt, die Söldnerheere in ihrem Auftrag arbeiten ließ.

Jacobo plante mit Benincasa alles durch und sprach ihm Mut zu. Er verlangte auch, dass Tommaso ihm mitten in der Nacht die Eucharistie reichen und Katharina ein Stück Wegs mitgehen solle. Sonst niemand. Keine jammernde Mutter, die alles verraten würde, und keine Brüder, die auch in Gefahr schwebten. Als Jacobo seinen Ältesten nach der Umarmung zum Wagen brachte und er der kleinen Gruppe nachsah, rann mit jeder Umdrehung der Räder die Lebenskraft aus ihm wie aus einem undichten Weinfass. Als er ins Haus zurückkehrte, waren seine Hände und Füße kalt wie die Nachtluft. Er nahm Lappa in den Arm um sie zu trösten. So fühlte sie als Erste, dass seine Stirn heiß war, heißer als sonst. Als Katharina in den Mittagsstunden zurückkehrte und berichtete, dass sich die beiden einer Gruppe von Reisenden angeschlossen hatten und gewiss heil in Florenz ankommen würden, atmeten Lappa und Jacobo auf.

Vier ihrer Kinder hatten Benincasa und Nico Luccia bei Lappa gelassen. Diese weinten und jammerten, denn sie hatten mehr verloren als nur die Eltern. In den letzten Jahren hatten sie den Luxus der Regierenden genossen – und

nun sollten sie sich mit der ärmlichen Umgebung eines Färberhaushaltes zufrieden geben.
„Drei Tage gebe ich euch. So lange könnt ihr plärren, wie ihr wollt, aber dann seid ihr mir die liebsten Enkel vom ganzen Hof, sonst hänge ich euch draußen an den Bäumen zum Trocknen auf!" Lappa sagte dies so energisch, dass es der Ältesten gleich die Sprache verschlug.
Katharina hatte Mitleid mit den drei Mädchen. „Kommt mit mir", sagte sie. „Sammelt so eckige und spitze Steine, wie euer Kummer groß ist." Die Mädchen sammelten mit ihr aus dem Flussbett so eklig spitze Steine, wie sie ihren Schmerz spürten. Diese luden sie in die beiden Körbe auf einen Esel.
„Und nun?", fragte die Älteste.
„Nun bringen wir den Esel vor das Fenster meiner Kammer."
Die Mädchen durften sich, weil sie so leicht waren, noch mit auf den Rücken des Tieres setzen. In der Gasse band Katharina die Zügel am Gitter des Fensters fest.
„Ihr bleibt mir brav hier sitzen!", wies sie die Kinder an. Dann ging sie ins Haus und rief aus dem Fenster zu den Kindern: „Seht ihr meine Hände zwischen den Eisenstäben?"
„Ja."
„Nun legt mir einzeln die Steine in eine Hand und sagt bei jedem Stein, für welchen Kummer er steht."
„Mama" für den ersten Stein. „Mama" für den zweiten. Nach dem fünften Mamastein gab es einen für Papa, zwei für ihre Katze, die sie tags zuvor an der Wand aufgespießt vorgefunden hatten.
„Aber die ist doch schon im Himmel und kriegt bald viele Junge", versuchte Katharina zu trösten.

„Nein!", brüllte die Kleine, „die hängt noch da, weil alle verboten haben, sie abzunehmen. Mama sagte, die Mörder sitzen im ganzen Rathaus im Hinterhalt und töten auch Kinder."
„Ich werde versuchen, die Katze zu holen, dann machen wir ihr hier ein Grab", versprach Katharina und wäre am liebsten gleich losgestürmt. Aber achtunddreißig weitere Steine wurden durchs Fenster gereicht und bei den letzten Steinen gingen den Kindern die Argumente für ihren Kummer aus. Katharina hob die drei vom Esel und ging mit ihnen in ihre Kammer. Das heißt, sie wollte mit ihnen in ihr Zimmer hineingehen, aber die Älteste hielt ihre Schwestern auf der Schwelle fest und meinte: „Mama verbot uns hier hineinzugehen, weil darin eine Aussätzige lag."
„Die ist schon längst gesund und wird sogar bald wieder heiraten", lachte Katharina. Dann fragte sie die Kinder: „Was liegt da auf dem Boden an der Wand?"
„Unsere Steine."
„Wie fühlt es sich an, wenn man darauf schlafen will?"
„Das macht man nicht! Das tut weh, und schlafen kann man sowieso nicht da drauf, weil alles weh tut."
„Darauf zu schlafen tut weh, da habt ihr Recht", sagte Katharina. „Aber es sind die Steine eures Kummers. Ich will euch den Kummer abnehmen, den ihr habt. Ich werde darauf schlafen, bis es euch gut geht."
„Geht das?", fragten die Kinder erstaunt.
„Aber natürlich geht das. Immer wenn ihr traurig werdet, sagt ihr: Hau ab, du elender Schmerz, geh in den Stein!"
Katharina entließ die Kinder, es war ohnehin an der Zeit, dass sie wieder in der Färbergasse schlafen sollte. Sie hatte heute die Müdigkeit in den Augen der Eltern gesehen. Lappa würde sie brauchen. Doch zuvor eilte sie die Gassen hinauf zum Palazzo.

„Was hat euch eine Katze getan? Was tut eine Katze anderes, als von der großen Liebe des Schöpfers zu singen? Nicht eine Katze habt ihr aufgespießt, oh nein, die Künstlerhand Gottes habt ihr gekreuzigt!" Katharina rief ihren Ärger mit fester Stimme aus.
Und da war niemand, der ihr Einhalt gebot. Sie ging geradewegs an allen Wachen vorbei in die Stallungen, und ihre Worte waren sicherer als alle Bestechungsgelder. Sie nahm die armselige Katze ab und hielt sie als Anschauungsmaterial in die Höhe.
„Meint ihr etwa, es geht euch besser als der Katze, wenn ihr Gottes Schöpfung lästert?" Sie nahm das starre Tier und hielt es den Männern einzeln unter die Nase. Sie rief die Männer bei ihren Namen, denn natürlich kannte sie die Kerle.
Zum Entsetzen Lappas kam Katharina mit dem toten Tier in den Hof, rief die Kinder wieder zusammen, und sie begruben mit den bloßen Händen das einst so stolze Wesen.
„Und nun waschen wir unsere Hände am Brunnen, wir waschen sie so gründlich wie der Schöpfer auch allen Kummer von den Tieren wäscht, wenn sie in den Himmel kommen. Nur das Schöne, das Leben und die Liebe bleiben übrig."
Es dauerte eine ganze Weile, bis die Kinder mit dem Waschen fertig waren. Danach ging sie mit den Kindern unter den Hecken entlang. Alle suchten Veilchen. Als Katharina genug in einer aufgeworfenen Falte ihres Mantels gesammelt hatte, setzte sie sich nieder und zeigte den Kindern, wie sie daraus kleine Veilchenkreuze binden konnten. Sie beauftragte die Mädchen, jeden zweiten Tag ein neues Kreuz zu binden, das sie mit sich tragen konnten und mit dem sie für ihre Eltern beten sollten.
„Engel riechen gern den Duft von Veilchen und Nelken.

Sie tragen dann in Windeseile eure Gebete zur heiligen Madonna." Ehe Katharina zu Ende gesprochen hatte, spürten die Mädchen einen zarten Lufthauch vorbeiwehen. Sie blickten erstaunt auf, sahen aber nichts.

Als Katharina ihre Arbeiten beendet hatte und die Färbergasse hinabstieg, war es schon dunkel. In der Stube brannte noch Licht, deshalb ging sie hinauf und fand ihre Mutter und ihren Vater. Auf dem Sofa lag Jacobo unter vielen Decken und zitterte als ob es nicht August wäre, sondern schon Winter und er nackt im Freien liegen würde. Katharina griff zum Kopf des Vaters und spürte die Hitze. Die Frauen wussten, was das bedeuten konnte. Er war nur einer von vielen, die plötzlich am Abend Fieber bekamen. Das Fieber kam und ging und teilte die Betroffenen in zwei Gruppen. Die Starken überstanden die Fieberschübe, die Herzen der Schwachen hörten jedoch irgendwann auf zu schlagen.
„Geh ins Bett, Mutter", sagte Katharina, „morgen wirst du dringend gebraucht." Lappa ging mit hängenden Schultern aus dem Zimmer. Sie wusste, dass sich Katharina auf die Pflege von Kranken verstand. Und so bekam Jacobo immer einen kalten Lappen auf die Stirn, und sobald die Füße warm wurden, tauchte Katharina neue Lappen in den Wassereimer und umwickelte damit seine Waden.
Später in der Nacht stand Lisa neben ihr und hieß sie wortlos ihren Platz räumen. Lisa kannte die Angewohnheit Katharinas, nachts wenigstens von zwei bis vier Uhr zu schlafen. Das wollte sie sicherstellen.
„Nun schlaf, Katharina, auch dein Schlaf kommt von Gott, nicht weniger, als du ihn den Kindern und Kranken wünschst."
Ehe Katharina ging, murmelte sie: „Morgen, Lisa, besorgen

wir Melonen und Orangenkerne, die soll Vater kauen. Das hat schon vielen geholfen."
„Ich werde morgen die Erste auf dem Markt sein."
Darauf, das wusste Katharina, konnte sie sich verlassen. Und sie ging in ihre Kammer und legte sich auf ihr Steinbett. Sie fühlte nicht nur die Schmerzen, die den Kindern aufgebürdet waren, sie überlegte während ihres unruhigen Schlafes auch, wie sie ihrem Vater helfen könnte.

Alessa und Cecca, ihre treuen Freundinnen, standen im Morgengrauen im Hof und nahmen sie liebevoll in die Arme. Sie hatten sich in den letzten Tagen darauf geeinigt, schweigend zur San Domenico zu gehen, damit ihre ersten Worte des Tages an Gott gerichtet seien und ihre Ohren zuerst seine Stimme vernahmen. So verband sie nun am Morgen das Band des Unausgesprochenen und der Zauber des Siegels, den sie sich gegenseitig gegeben hatten.
Nach dem Morgengebet gingen alle drei zu Jacobo. Sie erschraken, denn schon die erste Fiebernacht hatte ihn vollkommen geschwächt. Wie sollte er die folgenden Fieberschübe überstehen?
Katharina wollte ihrem Vater so gern beistehen. Und sie tat es, indem sie vom frühen Abend bis weit nach Mitternacht an seinem Bett saß, für ihn sorgte und ihn pflegte. Am Tage ging es Jacobo meist etwas besser, aber er war so kraftlos, dass er immer nur kurz sein Lager verlassen konnte. Alessa und Neri kamen auf Katharinas Bitte stundenweise und lasen Jacobo etwas vor. Oft saßen auch die Kinder dabei und genossen das Lachen der Erwachsenen, wenn Neri lustige Texte darbot.
Alle versuchten sich in das Schicksal zu fügen, doch Katharina überlegte, ob ihr Vater wohl erst noch durch das

Fegefeuer müsste, ehe er den ewigen Frieden hätte? Er, der in seiner ruhigen Art so wohltuend zu ihr gestanden hatte. Wie gerne wollte sie ihm doch die Leidenszeit abnehmen. Falls es so wäre, wollte sie für ihn leiden. Vielleicht könnte sie ihm den Durst abnehmen, den jemand im Fegefeuer erleidet? Sie beschloss nichts mehr zu trinken. Das rohe Gemüse sollte ihr genügen. Eine Woche lang wollte sie durchhalten. Als sie am fünften Tag heftige Schmerzen in der Seite fühlte, schloss sie daraus, dass ihr Opfer angenommen war. Diese Schmerzen begleiteten sie von nun an in regelmäßigen Abständen ihr Leben lang.

Sie war fröhlich wie ein Kind vor Weihnachten und erzählte ihrem Vater, wie herrlich es sein würde, wenn er alle Heiligen sehen und Gottes Liebe völlig erkennen könnte. „Du wirst allen Kummer vergessen und von der Freude trunken sein wie vom besten Wein. Glaube mir, Vater, Gott selbst wird dich in die Arme schließen, so wie du deine Söhne und Enkel empfängst, so lacht Gott, wenn er dich sieht!"

Jacobo war müde, unendlich müde. Trotzdem ließen die Worte Katharinas sein Herz in die Weite fliegen. Ein Lächeln lag noch auf seinem Mund, als Katharina ihre Familie zusammenrief, weil Jacobo aufgehört hatte zu atmen.

Der Kummer in der Familie war groß, doch Katharina war fröhlich, denn ihr geliebter Vater war nun an dem Platz, wo ihrer festen Überzeugung nach das größte Glück auf die Menschen wartete. Damit war er ihr näher als je zuvor.

Als sie den ausgemergelten Körper wuschen und Lappa ihm die besten Kleider angezogen hatte, weinten alle bitterlich. Doch Katharina bat: „Seid bereit für die neue Würde und Liebe, mit der Jacobo jetzt schon für die neue Welt gesegnet wurde. Er verlässt hier seinen Platz, der voller Arbeit und Mühe war. Nun wird er wie ein König empfangen."

Lappa war untröstlich. Sie und ihr Gatte hatten durch das Sakrament der Ehe alles empfangen, was Frau und Mann verbinden konnte. Fünfundzwanzig Kinder hatte sie ihm geboren. Aber gleichzeitig wusste sie: Katharina hatte Recht; ein Mensch war mehr als seine Familie und die Arbeit. Es war eine schmerzliche und doch zugleich schöne Wahrheit, die Katharina aussprach. Und so legten sie Jacobo zu den Toten in die Krypta der Basilika San Domenico.

Welchen Namen trug die Not, die sich in den folgenden zwei Jahren wie ein hungriges Feuer durch Italien fraß? Hatte die Pest nach Katharinas Geburt dem stolzen Herrschaftsstreben ein Ende gemacht, so kam nun ihre unscheinbare Schwester, die Armut, über das Land. Niemand blieb davon verschont. Die meisten Handwerker konnten ihre Gewerbe nicht mehr ausüben, da ihnen schon für den Einkauf die Mittel fehlten und ohnehin die Kunden ausblieben.

In der Färbergasse, in der früher buntes Treiben herrschte, trieben sich Bettler und der Tod persönlich herum. Traten die Kinder auf die Straße, liefen sie Gefahr, dass sie ohne Schuhe und Mäntelchen weinend wieder nach Hause kamen. Wer hatte ihnen die Kleider vom Leibe gerissen? Es waren namenlose Gestalten, die hinter den Hausecken warteten; und wenn es nichts zu holen gab, spuckten sie voller Unmut vor den Bürgern auf die Straße.

Lisa war immer die fröhlichste Schwiegertochter Lappas gewesen, aber die Zeiten änderten sich. Die Elendsgestalten auf den Straßen hatten nicht nur alle Katzen gefangen, um sie zu verspeisen, sie schossen auch mit ihren Schleudern auf die Tauben, die im Hof heimisch waren.

Woher sollten Lappa und Lisa nun ein Täubchen nehmen, wenn ein Kind krank war? Nie hatten die Kinder die Sup-

pe eines in Kräutern gekochten Täubchens dringender gebraucht, um wieder zu Kräften zu kommen. Bei der Fontebrandaquelle lagerten die heimatlos gewordenen Menschen und verrichteten ihre Notdurft in den kleinen schattigen Gässchen der Färber. So war es wohl gekommen, dass die Kinder den Matsch an den Füßen ins Haus getragen hatten, denn alle in Lappas Haus litten am selben Übel: Kaum hatte einer den Abort verlassen, rannte er auch schon wieder dorthin zurück.
„Wenn wir täglich ein Täubchen kochen könnten und alle die Suppe trinken würden, wir würden alle im Nu gesund", klagte Lisa. Lappa gab ihr Recht und fügte noch hinzu: „Wäre Jacobo da, ihm wäre etwas eingefallen."
Katharina war selber krank, aber es war ja wie sonst auch. Sie war es gewohnt, dass ihre Beine sie oft gerade noch tragen wollten, und es war ihr egal, ob das Essen und Trinken ihren Körper stärkte oder nun wie bei allen andern nur dazu führte, es gleich wieder zu verlieren. Katharina zog es vor, das Essen andern zu überlassen. Aber sie sorgte sich um die Mutter, um Lisa und all die vielen Kinder. Sie waren kraftlos und ohne Mut.
„Kannst du so beten, dass Täubchen in der Küche liegen?", fragten sie die Töchter von Nico Luccia.
„Ich wünschte mir, ich könnte so beten", gestand sie den Kindern. „Ich will es versuchen. Ich will alles tun, damit ihr zu eurer Kraftbrühe kommt. Aber wir beten um mehr als Suppentäubchen … Ich bete auch für euch, dass der Heilige Geist, der sich in einer Taube zeigt, in euren Herzen Einzug halten kann."
Katharina nahm das älteste Mädchen an die Hand und ging mit ihr den weiten Weg zu Fra Bartolomeo. „Ich brauche deine Hilfe", sagte sie dem Ordensmeister gradewegs.

„Ich helfe dir gerne, das weißt du."
Katharina reichte ihm ein Tuch und sagte: „Da hinein hätte ich gerne ein oder zwei Täubchen."
Fra Bartolomeo schlug die Hände über dem Kopf zusammen. „Da hinein hättest du gerne ein oder zwei Täublein! Bin ich etwa Noah, der Raben und Tauben unterm Schurz hervorzieht? Ich kann mich nicht einmal mehr daran erinnern, wie ein Täubchen aussieht! Ich weiß nicht mehr, wie sich das Gurren der Tauben anhört!" Nun musste das Kind lachen. Noch nie war es einem Ordensmeister begegnet, der so unkompliziert sprach.
„Was denkst du, Kind?", fragte Katharina das Mädchen. Die Kleine wurde rot und hielt die Hände vors Gesicht. „Dann sag es mir leise ins Ohr", ermunterte Katharina ihre Nichte und beugte sich nieder, um ihr zuzuhören. Als sie sich aufrichtete lachte auch Katharina. Und an Fra Bartolomeo gewandt, sagte sie: „Dies Kind fragte mich, ob der Kaiser im Salimbeni Palast damals so schlimm gejammert hätte wie du nun wegen der Täubchen."
Katharina lachte über den guten Witz und fragte Fra Bartolomeo: „Erst etwas zu trinken für das kranke Kind oder erst das Täubchen?" Fra Bartolomeo verschwand laut lamentierend. Bald danach kam ein Mitbruder mit einer Schale warmer Milch.
„Nun trink", wies Katharina das Mädchen an. Der weite Weg hatte sich also doch gelohnt.
Die Kleine sah sich scheu um, und ihr wurde bewusst, dass sie nie zuvor in einem Kloster gewesen war. Es kam ihr fast vor, als hätte die Milch zu ihr gesprochen: „Du bist zu Hause", hatte die Milch gesagt. Aber sie behielt es für sich. Und dann kam Fra Bartolomeo wieder aus der Tür hervor, hinter der er verschwunden war. In jeder Hand hielt er eine

lebendige Taube. Katharina nahm ihm die erste ab, packte sie an den Füßen und schleuderte sie an den Beinen so lange im Kreis herum, bis ihr genug Blut in den Kopf gelaufen war und sie sich ohnmächtig und brav auf das Tuch legen ließ. Mit dem zweiten Täubchen machte sie es genauso. Beide Vögel lagen nebeneinander wie tot im Tuch. Katharina knotete die Enden übereinander und bedankte sich. Während sie auf dem Rückweg waren, hörte das Mädchen, wie Katharina sang. Es war ein Lied für Gott. Sie verstand zu Beginn ihre Worte nicht, denn Katharina sang oft in einer Sprache, die niemand verstand. Doch nun erkannte das Mädchen Wort für Wort mit den Ohren ihres Herzens: „Wie wunderbar bist du mein Gott! Tausend Federn gabst du den Täubchen. Die Esel schauen aus ihren Augen und erzählen von deiner Treue. Die warmen Steine zeigen, dass jedes Herz zu dir finden kann, und die Sonne, ach die Sonne ist die unbeschreibliche wärmende, versengende Liebe deines Sohnes. Du umgibst uns mit Wohlgeruch. Voll Liebe machst du jedes Herz, das dich erkennt, damit wir überfließen an guten Gaben …"
Es war das erste Mal, dass Nico Luccias älteste Tochter wieder so glücklich war wie in ihren Kindertagen. Aber das Glück war anders. Wenn man es in eine Waagschale geworfen hätte, wäre die Schale dieses Glückes nach unten gesunken. Kein Gold hätte dieses Glück aufwiegen können. Es war derselbe Weg, den sie zurückgingen, mit denselben hungrigen Menschen, die sie umringten – aber nun sah das Kind alles mit den Augen Katharinas. Sie sah das Elend, und gleichzeitig wusste sie nicht, was sie mit der vielen Freude und Liebe in sich anfangen sollte.
Die beiden übergaben Lisa die Täubchen. Als Lisa das Tuch öffnete, lagen drei Tauben darin.

„Tante Katharina, Tante Katharina", rief das Mädchen aufgeregt: „Da sind drei Tauben und wir hatten doch nur zwei!"
„Na ja", sagte Katharina, „Heilige verzählen sich leicht, wenn sie an Gott denken."
„Aber ich bin keine Heilige!", widersprach das Kind. „Und ich kann zählen!", fügte sie trotzig hinzu. Sie fragte auch noch die verständnislos dreinblickende Lisa: „Wie viele Tauben sind es?"
„Drei natürlich", sagte die, ohne zu wissen, worum es eigentlich ging.
„Siehst du", rief das Kind, aber Katharina war schon weg.
Trotz der Täubchen starben drei von Lisas Kindern und das jüngste von Nico Luccia. Lappa weinte um jedes Kind, als ob es ihr eigenes gewesen wäre. Lisa und Bartolomeo konnten nicht begreifen, wie es zugegangen war. Hatten sie zuvor alles für die Kinder getan, so lagen sie nun wie aus dem Nest gefallene Vögelchen da und sollten tot sein? Nach der Totenwache wurden sie zu Jacobo in die Krypta gelegt. Ein Kurier eilte nach Florenz, um Benincasa und Nico Luccia zu unterrichten.

Dicht bei Katharina stand Nico Luccias älteste Tochter. „Du verstehst, dass deine kleine Schwester nun im Himmel ist", sagte Katharina leise zu ihr.
„Ja", antwortete sie. „Sie ist im Himmel und doch ganz nah bei uns." Es war die Milch, die Fra Bartolomeo ihr gereicht hatte, und der Gesang auf dem Weg – seitdem konnte auch das Mädchen den Himmel sehen.
„Bist du schon bereit?", fragte Katharina.
„Ja", antwortete sie, und nur die beiden wussten, was gemeint war. „Aber du musst mit mir kommen, sonst lässt Lappa mich nicht."

„Du hast Recht, mich hat sie auch nie verstanden …"
Und so fragte Katharina Lappa und die Eltern des Mädchens, ob sie ins Kloster dürfe. So konnte sie mit der Tochter Ceccas zusammen sein. Sie würden Freundinnen sein. Alessa stattete das Mädchen noch fürstlich aus – dabei war sie gleich nach ihrem Eintritt doch so mittellos wie alle andern. Der größte Reichtum wurde dem Mädchen jedoch nie genommen: Es war ihre Tante Katharina, die ihr zum Vorbild wurde.

Bartolomeo gab sich die Schuld am Tod der Kinder. Schon lange litten die Kinder Hunger, und er hatte nicht genug erwirtschaftet, um die Familie zu ernähren. Er wolle es nun wie Benincasa machen und nach Florenz ziehen. Dann könnte er wie sein älterer Bruder Geld und Waren nach Siena schicken. Dass Geld, Öl und Wein, die der Bruder gesandt hatte, von einem Kredit der Stadt Florenz bezahlt waren – wen kümmerte das? Sie würden es wieder zurückzahlen.
Bartolomeo hielt seine Hilflosigkeit nicht aus und er flehte Lisa an: „Wir müssen alle andern Kinder in Siena lassen und müssen gleich gehen. Gleich, Lisa. Morgen oder übermorgen. Noch gibt Florenz Kredite auf die Existenzgründung der Färber; und Benincasa und Nico Luccia werden uns helfen."
„Ich kann doch nicht die Kinder allein lassen!", wehrte Lisa ab.
„Wenn wir nicht gehen, werden bald alle Kinder in der Krypta liegen!" Bartolomeo konnte die Trauer seiner Frau nicht länger ertragen. Er rannte aus dem Haus, und zum ersten Mal in seinem Leben wollte er einfach nur weg – alles vergessen. Er wollte sich betrinken, bis er tot umfiele.

Katharina hatte aus dünnen Kakteenstacheln ein kleines Kreuz gesteckt. Das brachte sie zu Lisa, die untätig in der Küche saß und vor sich hinstarrte.
„Was ist das?", fragte sie Katharina.
„Ein eklig stechendes Kreuz."
„Du sprichst recht. Es ist ein eklig stechendes Kreuz." Katharina wartete, bis Lisa zu ihr hochsah, dann sprach sie weiter: „Es ist das Kreuz, das dir auferlegt ist. Es ist das gleiche Material, von dem wir die Früchte pflückten und unter Gelächter Marmelade kochten. Weißt du es noch?"
„Ja, damals rührten wir am Morgen noch Marmelade in die Suppe. Heute werden die Früchte von andern gepflückt, ehe sie reif sind."
„Lisa, dies ist das Kreuz, das du trägst, aber ich habe auch Samen für dich gesammelt, damit du einen so schönen Garten in Florenz anlegst, wie wir hier einen haben. Ich habe dir einen Jasminschößling und Samen von Lavendel abgepackt. Ziehe dir die Blumen mit Liebe. Sie sollen dich daran erinnern, dass Gott mit noch mehr Liebe deine Seele wachsen lässt und du dann für ihn leuchtest und duftest wie eine Blume."
Katharina stand auf und schleppte den schweren Korb vor Lisas Füße. Er war voll mit Setzlingen, Samen und Pflanzen. Lisa kniete sich nieder und es war, als ob sie sich der Pflanzen erbarmen musste wie ihrer eigenen Kinder. „Wenn ihr die Pflanzen unterwegs wässert, halten sie durch. Aber ihr müsst bald los!"
Lisa sah erstaunt zu Katharina. Bartolomeo hatte auch so zu ihr gesprochen. Aber anstatt aufzustehen sagte sie zu Katharina: „Warum sollte ich fortgehen?"
„Bartolomeo ist schon gegangen, und du gehörst zu ihm."
Es dauerte eine Weile bis Lisa den Sinn der Worte verstand. Dann sagte Katharina: „Nächstes Jahr werde ich euch be-

suchen. Ihr werdet nicht lange in Florenz sein, und in der Zwischenzeit wird keines deiner Kinder den Tod finden."
Lisa gehorchte einfach. Sie wusste: Es würde eintreten, was Katharina sagte, wenn sie ihre Augen dabei so geschlossen hielt wie jetzt. Lisa stand auf und suchte Bartolomeo. Als sie ihn fand, musste sie ihn wachrütteln und ihn daran erinnern, was er vorhatte.
Lappa suchte die zwei kräftigsten Esel aus, um sie ihrer liebsten Schwiegertochter mitzugeben. So war sie nun ohne Mann, und ihre ältesten Söhne mussten das Glück in der Fremde suchen.

Alessa, die selbst keine Kinder hatte, folgte Katharina auf Schritt und Tritt. Deshalb hatte Cecca verschiedene Anreden für sie bereit. Sie sprach von ihr als „Gefolge, Schleppe, Duft, Nachkommen …" Alessa selbst fand den Ausdruck „Schleppe" am treffendsten, denn Katharina hatte ja den „Schleier" genommen und sie würde nun der Braut die Schleppe tragen.
Inzwischen war Katharina nur noch in ihrer Kammer für sich allein, ansonsten war sie immer von Menschen umringt. Sie wurde immer schwächer. Erst kamen Tage, an denen sie sich oft setzen musste, dann folgten Tage, an denen sie nur noch lag. Alessa umsorgte sie. Sie ließ die Besucher kommen und schickte sie auch wieder weg, wenn Katharina Ruhe brauchte.
Cecca brachte es nicht übers Herz, tatenlos zuzusehen. Sie besorgte Minze und Lavendel und rieb damit Katharinas Schläfen ein. Das würde ihr Erleichterung verschaffen, und Katharina liebte den Duft der Blumen und die leisen Lieder, die sie sangen.
„Denk nicht, dass ich unglücklich bin", sagte sie zu Cecca.

„Ich habe im Leiden ein schärferes Schwert, als ein kühner Ritter es hat. Im Leiden sind wir den Schwachen nah. Im Leiden hat sich auch Christus über uns erbarmt." Katharinas Worte waren begleitet von einer unglaublichen Freude. Als ob sie gerade in ihren schwächsten Stunden die Hände voller Gold und Perlen hätte, erzählte sie von Gottes Liebe und dem Plan, den er sich ersonnen hatte, um den Menschen ein ewiges Reich schenken zu können.
Das Schatzkästlein Katharinas waren die geheimen Gedanken Gottes. Katharina sprach die Gedanken Gottes nach, schwieg lange, dann murmelte sie. Zwischendurch fiel sie immer wieder in Ohnmacht. Während Alessa dann verzweifelt ihren Namen rief und Stefano losrannte, um ihren Beichtvater zu holen, weil ihr Herz aufgehört hatte zu schlagen, ging Katharina auf eine Reise:
Sie flog an Menschen, Häusern, Bäumen und Tieren vorbei zu einem wunderbaren Licht in eine andere Wirklichkeit. Ihre Seele war groß und frei. Sie sah, fühlte und roch eine unglaubliche Fülle angenehmer Dinge und konnte alles ohne Grenzen aufnehmen. Doch dann wehte aus einem Spalt am linken Rand ein kühler dunkler Hauch hervor. Es war nur ein kleiner Luftzug von weit her, aber Katharina meinte, vor Schreck zu erstarren. Sie sah nichts und konnte auch nichts hören, und doch war die Luft dort voll entsetzlichem Grauen, dass sie meinte zu gefrieren. Doch ohne ihr Zutun flog sie weiter und immer mehr in die Herrlichkeit.
„Ich bin da, ich bin bei dir", jubelte sie. „Nur einen schwachen Hauch habe ich von hier vernommen, aber nun bin ich endlich dort, wo mein Herz zu Hause ist!" Eine unendliche Freude breitete sich aus, neben der nichts anderes mehr Platz hatte. Und da war seine Stimme, die sagte: „Du wirst meinen Namen verherrlichen und meine Lehre vor die Kleinen und Großen tragen, vor Laien, Kleriker und Ordensleute. Ich werde dir die Gabe der Rede und

Weisheit geben, der niemand widerstehen kann. Ich werde dich vor Päpste und Leiter der Kirchen sowie vor die Lenker des christlichen Volkes führen, um den Stolz der Mächtigen durch die Schwachen zuschanden zu machen.“

„Sie bewegt sich!“, rief Bartolomeo.
„Sie ist nicht tot“, bestätigte Tommaso. Zwei Stunden hatte Katharina wie tot dagelegen. Die Leiterin der Mantelaten war auch unter den Anwesenden, denn sie musste ja vom Ableben unterrichtet werden. Sie hatte Katharinas Hand ergriffen und keinen Puls mehr gefühlt, dann ihren Kopf auf die dürre Brust gelegt und keinen Herzschlag mehr vernommen. Da war tatsächlich kein Atem mehr in Katharina gewesen.
„Wenn sie lebt, so ist das Hexerei. Wenn sie lebt, will ich nichts mit ihr zu schaffen haben.“ Sie ging und wünschte sich, Katharina bliebe so tot, wie sie gewesen war.
Katharina wünschte sich das Gleiche. Sie fand sich selbst in eben jenem erbärmlichen Körper wieder, von dem sie gehofft hatte, sie hätte ihn für immer verlassen. Sie weinte und klagte und wusste doch, dass niemand ihren Schmerz verstand. Ihr ging es nicht um ein schönes Leben auf Erden. Sie war dazu verurteilt, noch nicht das Paradies zu bewohnen. Sie sollte noch für die Kirche da sein, mit Hohen und Niederen sprechen. Sie wusste nicht, was das bedeuten sollte. Aber eines wusste sie: Sie hatte das Beste verlassen müssen, weil sie noch einen Auftrag hatte.
Dann erinnerte sie sich an den kleinen Augenblick, wo sie einen Zipfel der Hölle gesehen hatte. „Ich werde mich davor stellen!“, sagte Katharina laut.
„Wohin willst du dich stellen?“, fragte Alessa sofort – erleichtert, dass Katharina wieder sprach.
„Ich will mich vor die Hölle stellen und den Sündern sa-

gen, dass sie umkehren sollen", erklärte sie. Doch Alessa verstand nichts. Cecca schob Alessa beiseite und schickte auch alle andern aus dem Raum.
„Wir stehen an keinem Totenbett!", herrschte sie die vielen Menschen an. Und dann flößte sie Katharina eine heiße Suppe ein, die sie zuvor gekocht hatte. Das Huhn für die Brühe hatte sie fast stehlen müssen, denn die Besitzerin wollte ihr Tier um nichts in der Welt verkaufen. Cecca musste schließlich noch für sämtliche nicht gelegte Eier bezahlen.
„Du hast eine Suppe gekocht, als wir sie schon für tot hielten?", fragte Alessa entgeistert.
„Du brauchst mich gar nicht so anzuschauen!", verteidigte sich Cecca. „Ich bin eine Mutter, und Mütter reagieren eben manchmal verrückt – aber ihre Kinder gedeihen besonders gut!"
Katharina blieb nichts anderes übrig. Ob sie wollte oder nicht, sie wurde gesund gepflegt, und bald hörte man sie schon wieder lachen.
Doch es blieb nicht lange friedlich in der Stube, denn das Haus der Saracini, in dem Alessa lebte, hatte Fenster zur Straße hin und wenn man still war, konnte man die Gespräche der Menschen mithören.
An einem frühen Morgen, als sich die Sonne noch nicht Raum geschaffen hatte und Katharina und Alessa sich schweigend zum Morgengebet bereitmachten, tönte fürchterliches Geschrei durch die Gassen. Die beiden rannten ans Fenster. Draußen bot sich ihnen ein grauenhaftes Schauspiel: Zwei Verbrecher, die auf einen Holzkarren gebunden waren, schrien laut und verfluchten die Stadt und die Kirche. Nicht nur, dass sie zum Tode verurteilt waren und nun zum Palazzo gefahren wurden – die Henker begleiteten die

beiden und peinigten sie unterwegs mit glühenden Stäben, indem sie Gesicht und Hände der Verurteilten zu treffen versuchten. Sie lachten über ihr Werk, denn sie hatten es schon geschafft, den beiden die Ohren zu verbrennen, ja bei einem konnte man durch ein Loch in der Wange sogar die Zähne sehen.

Alessa und Katharina waren kreideweiß im Gesicht. Wortlos gingen sie die Treppen hinunter, traten aus der Tür und standen inmitten einer Schar jubelnder Leute. Katharina rannte durch die Menschenmenge zu dem Holzkarren und griff an die Latten.

„Zur Hölle mit den Henkern und Mönchen", schrie einer der beiden, als er Katharina erblickte, und spuckte ein Gemisch aus Blut und Speichel auf Katharinas Hände. Katharina ließ den Karren weiterrollen und ging neben Alessa zur Basilika. Sie schlugen nicht den oberen Weg ein, sondern gingen erst noch hinab in die Färbergasse, damit Katharina sich die Hände in der Fontebrandaquelle waschen konnte.

Während des Morgengebets gab Katharina sich Mühe mitzusingen und auf die andern zu hören, aber die Tränen flossen ohne Unterlass. Das Elend der zwei Banditen war ihr so zu Herzen gegangen. „Sie haben nicht nur ein unglückliches Leben gehabt, nun werden sie auch noch zu Tode gequält und werden es auch in der Ewigkeit nicht besser haben", dachte Katharina. Kaum war das Gebet zu Ende, zwang sie Tommaso und Bartolomeo, zum Richtplatz zu gehen. Die beiden sollten Frieden finden. Sie sollten von ihrem Elend erlöst werden. Gottes Liebe galt doch auch ihnen.

„Tommaso, versprich mir, dass du bei ihnen bleibst, bis nur noch die Asche von ihnen übrig ist. Und ich bleibe hier und bete." Katharina wartete kein Versprechen ab, sondern legte sich ganz und gar auf den kalten Boden und betete für die

Armen mit solch einer Inbrunst, als ob sie ihre eigenen Kinder retten müsse. Alessa gab den Frauen ein Zeichen, dass sie ruhig gehen könnten, sie würde bei Katharina bleiben.
„Ihr lasst euch von einer Irren Befehle geben?“, fragte die Leiterin der Mantelatinnen Tommaso und Bartolomeo.
„Wenn Gott seine Liebe zu den Verurteilten bringen will wie zum Schächer am Kreuz auf Golgatha – warum, verehrte Schwester, sollten wir nicht gehen?“
„Weil eure heilige Katharina nichts anderes ist als eine Schande für die Kirche. Und ihr folgt nicht Gott, sondern lauft einem Weiberrock nach!“ Die Leiterin warf die Tür hinter sich zu, und es hallte in den Räumen wie Donnergrollen.
„Ich gehe mit euch“, sagte Cecca beherzt, obwohl sie nicht recht wusste, worum es eigentlich ging.
„Worauf wartet ihr noch?“, fragte Alessa. Und sie bat die beiden noch: „Nehmt Brot und Wein mit, damit sie die Güte Gottes schmecken können – falls sie überhaupt noch bei Sinnen sind.“
Stunden später kam Cecca zurück und berichtete, Tommaso und Bartolomeo seien erst von den Verurteilten verflucht und bespuckt wurden. Doch dann seien sie ruhig geworden, hätten ihre Sünden bekannt und Brot und Wein zum Zeichen ihrer Gottverbundenheit angenommen. „Stellt euch vor, einer sagte sogar: Ich habe den Tod hier verdient, aber gleich begegne ich meinem Freund, der mir vergibt.“ Cecca staunte über all das, was sie an dem Tag erlebt hatte.
Als sie am Abend zur Versammlung gingen, wurde Katharina unter großem Geschrei von der Leiterin aus dem Haus geworfen. „Andere sind viel schlimmer dran als ich“, sagte sie trotzdem zu Alessa und Cecca. „Geht ins Haus und versucht Frieden zu schaffen. Ich warte hier auf euch.“
Während sie vor der Tür stand und sich die Hände rieb,

weil es kalt war, wurde ihr klar, dass sie von nun an nicht nur ins Krankenhaus gehen sollte, sondern auch ins Gefängnis. Dort waren jene, die kein Leben mehr zu erwarten hatten und doch den ewigen Frieden finden konnten. Sie würde ihnen vom göttlichen Himmel erzählen, wie sie ihn gesehen hatte.

Doch wer wurde von der Regierung zum Tode verurteilt! Katharina stellte voller Bestürzung fest, dass die Urteile oft nicht das Geringste mit Gerechtigkeit zu tun hatten. Als Agnolo d'Andrea zum Tode verurteilt wurde, nur weil er zu einem Festmahl keinen der „Riformatori" eingeladen hatte, schrieb sie an die Regierenden in Siena:

„Ich habe öfters die Erfahrung gemacht und mache sie noch, dass man aus Mangel an Erkenntnis dort Vergehen bestraft, wo keine sind, und jene Vergehen ungestraft dahingehen lässt, die wegen ihrer Gottlosigkeit und Bosheit tausendmal den Tod verdienten. Der Mangel an Erleuchtung verhindert die Erkenntnis der Wahrheit und sieht dort Ehrverletzung, wo keine ist."

Katharina hatte in Siena alle Hände voll zu tun. Obwohl sie immer nur im Umkreis ihrer eigenen Stadt gewirkt hatte, kamen Briefe an sie aus entlegenen Städten; und wenn angesehene Bürger durch die Stadt kamen, so baten sie um ein Gespräch. Katharina hatte die feste Gewissheit, dass sie mit Gottes Hilfe handelte. Trotzdem wollte sie nichts weiter sein als eine Magd Gottes und das Mädchen eines Färbers, das am liebsten mit Gott alleine wäre und schon im Himmel lebte.

So war sie unschlüssig, was sie tun sollte, als sie eine schriftlich überbrachte Einladung des Herrschers von Pisa, Petrus Gambacorti, bekam. Dieser hatte von der Friedensstifterin erfahren und wollte, dass sie in seine Stadt käme.

Stefano war begeistert: „Katharina, wir reisen nach Pisa!"
„Ich habe in Siena genug zu tun. Warum sollte ich nach Pisa reisen?"
„Weil dein Gastgeber das Beste für seine Stadt möchte. Siehst du nicht, wie hilflos er ist und wie sehr er sich wünscht, die Bürger könnten sich unter Gott zusammenfinden? Du bist seine Hoffnung. Du hast die Gabe, zu den Herzen der Menschen zu sprechen, als ob du mit jedem allein wärest."
„Ach, Stefano, es ist doch allein Gottes Wort, das ich weitersage. Ich habe keine menschlichen Worte für das Elend und die Herrschsucht unserer Zeit."
Es war wie der Schritt aus ihrer Zelle. Auch damals wäre sie am liebsten in ihrer Kammer geblieben, denn sie hatte erlebt, dass Gott bei ihr war. Und er war bei ihr in Siena, im Haus der Eltern, in den Gassen, im Krankenhaus und in den Klöstern. Er begegnete ihr in Menschen und sprach zu ihr, sobald sie still wurde und in sich schaute. Doch so wie sie für Lisa allerlei Hausrat für die Reise nach Florenz gepackt hatte, so mussten Alessa, Cecca, Stefano und Neri für Katharina das Reisegepäck zusammenschnüren.
Bartolomeo und Stefano waren ebenfalls voller Reiselust, denn schließlich sollten sie mitkommen. Und so begleiteten mehr als ein Dutzend andächtiger und sich neckender Freunde Katharina auf ihrer ersten Reise.

Die Schwächste wird zur Ratgeberin der Mächtigen

1372-1375

Cecca behauptete: „Ich fühle mich zum Reisen wie geboren. Seit meine Kinder wohl behütet in den Klöstern sind, wollen meine Füße ohnehin am liebsten immer über die Hügel laufen."
Neri, der schon oft von einer Stadt zur andern gereist war, widersprach Cecca: „Wir sind alle gesund und mit Proviant und Freunden aufgebrochen, aber deine Begeisterung wird sich legen, wenn wir hungrig und krank sind oder gar einen Freund verlieren ..."
„Neri, wenn wir dich verlieren, müssten wir sofort umkehren und dir einen unvergänglichen Sockel bauen, von dem aus deine Gestalt in die Landschaft schaut und unter dem die Menschen voller Verzückung deine Gedichte sprechen."
Cecca verdrehte die Augen, um Neri die Bewunderung vorzuspielen.
„Wärst du nicht eine Frau, spürtest du jetzt meine Faust in den Rippen!", konterte Neri. Damit hätte es genug sein können, aber Cecca rief den andern zu: „Achtet auf unseren Neri, damit er nicht fällt und sich das Genick bricht!"
Katharina lachte frohgemut.
Neri dachte: „Darüber lacht sie. Hätte Cecca über Stefano gelästert, hätte sie ihren Liebling sicher verteidigt und Cecca zurechtgewiesen."

„Neri!" Neri hörte Katharina nach ihm rufen. Er verlangsamte seinen Schritt, denn im Zorn war er den andern vorausgeeilt.
„Du hast mich gerufen?"
„Ja. Ich möchte dich etwas fragen: Wer ist für seine Mitmenschen wertvoller: ein schlichter Mensch oder ein Mensch, der schwierige Zusammenhänge erfasst?"
Neri überlegte: „Es kommt darauf an, ob die Kräfte zum Guten eingesetzt werden. Dann kann ein einfaches Gemüt ebenso viel Gutes bewirken wie ein heller Kopf."
„Neri, wenn sich nun beide für das Gute entschieden haben, wer wird es leichter haben, fröhlich seinen Weg zu gehen?"
„Ich denke, ein einfacher Mensch hat es leichter, denn ihm kommen nicht ständig Zweifel. Es ist ein Geschenk, einfältig zu sein."
„Du hast Recht, Neri. Trotzdem wird kein einfältiger Mensch auf Dauer politisch tätig sein können oder Gedichte verfassen, die die Menschen verändern. Danke Gott für deine Gabe, denn sie kommt von ihm, auch wenn sie schwer zu tragen ist." Katharina wartete eine Weile, bis sie merkte, dass Neri wieder seinen Kopf frei hatte, dann sprach sie weiter: „Erinnerst du dich an die Nächte, als die meisten schon schliefen, du aber noch mit anderen debattiertest? Weißt du noch, wie du dann glühtest und sich alles in dir freute?"
„Ja, das ist wie eine Ernte. Zuvor denke ich oft, es ist unnütz, womit ich mich quäle. Aber wenn ich mit anderen sprechen kann, dann ist plötzlich der gesammelte Zweifel wie eine reiche Ernte."
Katharina nickte und sagte tröstend: „Du kannst es nur, weil du dich zuvor gegrämt hast." Katharina war wieder eine Zeit lang still und fragte dann: „Willst du weiter die Last auf dich nehmen?"

Neri schlug die Hände vors Gesicht. Wie oft ertappte er sich dabei, kalte Gedanken zu denken? Wie oft nervten ihn die Weiber und der Starrsinn einiger Geistlicher! Katharina griff nach seinem Arm, nahm seine Hand in die ihre und ging lange mit ihm Hand in Hand. Zwischendurch küsste sie seine Finger und sagte: „In mir, Neri, ist nichts besser. Deshalb gebe ich alles Gott, damit ich verwandelt werde. Ich bin ein einfacher Mensch, aber du musst viele kleine Kämpfe täglich gewinnen. Ich lass dich nicht im Stich. Ich bete für niemand so ausdauernd in der Nacht wie für dich."
Tage später, als Neri selbst vor einer großen Hörerschaft in Pisa seine philosophischen Gedanken und Gedichte vortrug, begann er mit denselben Worten, wie sie schon ein Beter der Bibel formuliert hatte: „Du hast meine Klage verwandelt in einen Reigen ..." Und er lobte darin Gottes Liebe, die aus allem etwas Gutes machen kann.
„Aus allem, Freunde, aus allem! Und wer daran zweifelt, soll zu meiner ‚süßen Mutter' gehen. Sie hilft euch dabei!"

Katharina wurde in Pisa empfangen wie eine Fürstin. Alle geistlichen und adligen Würdenträger kamen ihr entgegen. An der Spitze der Herrscher Gambacorti. Sie hatten ein großes Haus für Katharina und ihre famiglia reserviert. Vom Keller bis zu den Balkonen, Garten und Küche – alles war auf Hochglanz gebracht worden.
Während einige Frauen den Haushalt planten, einkauften und kochten, saßen Katharina und die Männer mit Gambacorti zusammen und ließen sich unterrichten. Ehe die Aufgaben eingeteilt wurden, bestimmte Katharina: „Und ihr beiden, Alessa und Cecca, kommt mit zu allen Besprechungen und Verhandlungen, denn ihr werdet später alle Kenntnisse benötigen. Nur wenn jemand ausdrücklich mit

mir allein sein will, werdet ihr entlassen." Cecca wäre viel lieber über den Marktplatz gegangen, daraus machte sie keinen Hehl. Und Alessa war nie ganz wohl im Beisein der Männer. Aber es sollte so sein. Sie gingen schüchtern und etwas zu spät in den großen Versammlungsraum.

Wie gut, dass sie Verstärkung aus Siena dabeihatten. Stefano bot den beiden gleich einen Platz an, und Neri stellte Alessa und Cecca so ruhmreich vor, dass sie von ihren eigenen Familien und Heldentaten ganz angetan waren. „Nie wieder bin ich gemein zu Neri", nahm sich Cecca vor. „Nie wieder!"

„Ich danke Gott, dass ihr gekommen seid", begann Gambacorti seine Rede. Er begrüßte noch einmal jeden Einzelnen und wiederholte sich dabei mehrmals.

„Lieber zu viel als zu wenig Aufmerksamkeit", dachte Neri, dem der Mann sympathisch war. In allen weiteren Gesprächen gelang es ihm, die richtigen Fragen zu stellen, so dass sie sich bald ein Bild von der Lage der Stadt machen konnten.

Als Gambacorti vortrug, wie zerrissen die Städte seien, begriff Katharina, dass sich die Bürger in einer fast aussichtslosen Lage befanden. Aber sie trauerte noch mehr, als Gambacorti bitter sagte: „Aber wer möchte sich denn in den Dienst des Papstes stellen? Seine Legaten sind grausamer als die anderer Machthaber. Sie plündern und töten noch grausamer, als weltliche Herren es tun. Selbst wer sich voller Vertrauen an sie wendet, wird enttäuscht werden, denn sie nehmen den Bürgern mehr als sie besitzen. Wer den Heeren des Papstes eine Unterkunft bietet, findet seine Frau und Kinder geschändet wieder ..."

Gambacorti schwieg, weil er nicht weitersprechen konnte. Der Kummer um seine Stadt hatte ihm die Sprache genommen. Er, der von so stattlicher Statur war, wirkte in seinem

Kummer wie ein Greis. Dieser Augenblick war es, der die *famiglia* zu seinen Freunden werden ließ.
Gambacorti fasste sich wieder und schloss: „Einen Monat nach der Rückkehr des Papstes nach Avignon starb er, wie es die Heilige Birgitta in Rom vorausgesagt hatte. Sein Nachfolger will nicht wissen, wie viel Blut hier vergossen wird. Und er kümmert sich nicht darum, dass seine Handlanger und Vertreter blutrünstige Vagabunden sind."
Die heilige Birgitta von Schweden! Wieder einmal hörte Katharina den Namen jener wunderbaren Frau, die mit ihren vielen Kindern über die Alpen gereist war, um in Rom den Heiligen Vater zu beraten. Stets hatte Birgitta die Päpste ermahnt und für sie gebetet.
Katharina sah, wie ehrlich es Gambacorti meinte. Aber sie selbst war mit alledem nicht vertraut. „Lasst mich mit all den Gedanken eine Nacht und einen Tag allein, damit ich vor Gott treten kann", sagte Katharina.
Alessa fragte Gambacorti, ob es hier eine Kirche gäbe, wo Katharina ungestört beten könne.
„Die ganze Nacht und morgen auch?"
„So ist es", bestätigte Katharina.
Es entstand ein wenig Durcheinander, aber dann war eine Kirche gefunden. Alessa und Stefano hielten mit Katharina Nachtwache, tags sollten Cecca und Neri bei ihr sein um mitzuschreiben, was sie sprach, und um ihr zu helfen.
Katharina sah sich in den prunkvollen Sälen um. Sie würde in den nächsten Tagen noch viel zu staunen bekommen. Aber zuvor musste sie auf Gott schauen, damit sie nicht geblendet wurde. Als sie mit Gambacorti allein war, sagte sie: „Du hast von deinem Kummer erzählt, und doch habe ich den Eindruck, dass da noch etwas anderes ist, was dich bedrückt."

„Es ist nur eine Kleinigkeit“, murmelte er entschuldigend.
„Zweifelst du an Gottes Liebe zu den kleinen Dingen?“
„So klein ist es auch wieder nicht.“
„Sag Gott deine Bitte, er wird es dir gerne geben.“
„Es geht nicht um mich, sondern um meinen Sohn. Er hat sich von uns abgewandt. Meine Frau ist aus Kummer darüber krank geworden.“
Katharina überlegte. Dann rief sie Tommaso. „Du hast auch weder Vater noch Mutter. Geh zu Gambacortis Sohn und erzähle ihm von der Liebe des himmlischen Vaters, derer er dringend bedarf.“
Als sie Tommasos zweifelnden Blick sah und wohl wusste, dass jeder andere lieber gegangen wäre, fügte sie noch hinzu: „Es nimmt ein gutes Ende, Tommaso. Es wird alles gut. Geh zu deinem Bruder. Worauf wartest du noch?“
Am ersten Tag waren alle zu einem köstlichen Essen eingeladen. Als ob sich mit der Großzügigkeit der Stadt alle Probleme leichter lösen würden, sparten die Verantwortlichen nicht mit einer reichlichen Bewirtung. Selbst ein Badehaus und eine Sauna sollten den Sienesern zur Entspannung dienen. Katharinas Beichtvater ging als gutes Beispiel voran und aß nur vom Köstlichsten und lobte darüber Pisa, als ob er schon im Paradies wäre. Katharina war erstaunt, wie viel ein Mensch essen konnte. Bartolomeo bekam wie alle andern im Kloster sonst nur recht karge Mahlzeiten. Wenn ihm aufgetischt wurde, vergaß er alles um sich herum.
„Katharina, iss auch ein wenig, ehe wir zur Kirche gehen“, bat Alessa.
„Alessa, ich bete schon seit langem darum, dass ich wieder normal essen kann. Ich weiß, dass es gut tut gemeinsam zu Tisch zu sitzen. Gerne würde ich wie jede leibliche Mutter

auch mit euch essen und lachen ... und Gott dafür danken", antwortete Katharina leise. „Aber wenn ich esse, muss ich danach erbrechen. Ich weiß nicht warum, aber mich ekelt es vor den Speisen. Nur die Gerüche der Natur sind mir lieblich in der Nase."

Alessa tat Katharina Leid, nun da sie wieder gerne normal gegessen hätte, konnte sie es nicht mehr. „Aber nun iss du selbst, Alessa, ich werde mich derweil umsehen, und dann möchte ich dir noch einen Brief an meine Mutter diktieren, ehe wir zur Kirche gehen."

Alessa hatte so köstlich gegessen, dass sie sich am liebsten – obwohl es noch früh am Abend war – ins Bett gelegt hätte und fünf Tage lang durchgeschlafen hätte. Sie schrieb aber brav, was Katharina ihr auftrug. Und da ihre Hände mit Schreiben beschäftigt waren, konnte sie nicht einmal den Mund beim Gähnen bedecken.

„Liebste Mutter in Jesus Christus! Ich, Katharina, Dienerin und Magd derer, die Christus dienen, schreibe Euch in seinem kostbaren Blut mit dem Wunsch, Euch als wahre Dienerin und in echter Geduld des gekreuzigten Christus zu sehen. Denn ohne Geduld gefallen wir Gott nicht. In der Geduld zeigen wir unser Verlangen nach Gottes Ehre und dienen dem Heil der Seelen. Die Geduld bewirkt auch, dass die Seele wie der liebevolle Wille Gottes sein kann. Ein solcher Mensch ist zufrieden und freut sich über alles, was geschieht. Wer ein solches Kleid trägt, ist immer im Frieden und zufrieden. Er gibt sich, seine Kinder, seine Habe, ja sogar sein Leben zur Ehre Gottes. Ach, ich will, dass Ihr so tut, liebste Mutter ..."

So gerne Alessa den Text auch schön niedergeschrieben hätte – sie war so müde, als ob sie einen Tee aus Schlafmohn getrunken hätte. Sie hatte ihre übliche aufrechte Haltung verloren und das rechte Augenlid zuckte. Neri sah sich das Schauspiel eine Weile an: Da war die konzentrierte und wer

weiß warum wache Katharina; ihr gegenüber schrieb Alessa, die kaum noch ihre Augen aufhalten konnte.
„Alessa, du gehst ins Bett!“, kommandierte er knapp. „Und keiner darf dich wecken!“
Katharina war in Gedanken so mit ihrer Mutter beschäftigt, dass es ihr egal war, wer den Brief für sie schrieb. Sie diktierte weiter, als ob nichts geschehen wäre:
„Ich will, dass Ihr Euren Willen und mich, Eure unwürdige armselige Tochter, dem Dienst und der Ehre Gottes überlasst; in aufrichtiger Geduld und in der Gemeinschaft mit Jesus, dem Opferlamm, das sich von Liebe ergreifen ließ und von dem heiligsten Kreuz ernährte. Auf diese Weise wird Euch nichts mehr schwer fallen. Zieht die empfindliche Selbstliebe aus! Es ist Zeit, die Ehre Gott und Eure Mühe dem Nächsten zu geben. Ohne Eigenliebe werdet Ihr mit Freuden in allem Schweren vorwärts gehen. Mehr sage ich nicht.
Nun bleibet in der heiligen und wonnevollen Liebe zu Gott. Jesus, die Liebe, Jesus, die Liebesfrucht aus der Güte und Weisheit Gottes. Süß ist seine Liebe, Mutter, süßer als reife Feigen und getrocknete Datteln! Ich schreibe Euch in seinem kostbaren Blut, Jesu Liebe.“
Katharina schloss die Augen und seufzte tief und genüsslich. „Ich habe so viel Kummer um meine Mutter, aber wenn ich Gottes Liebe betrachte, so ist er wie weggeblasen. Wir sind die glücklichsten Menschen der Erde! Neri, wie kann ich dich glücklich sehen?“
„Lass mich die erste Nachtwache mit dir halten und lass die liebe Alessa schlafen.“
„Ich hoffe, Alessa erholt sich gut. Ich merkte nicht, wie schwach sie war.“
Und dann gingen die beiden zusammen los. Katharina hatte sich bei Neri eingehakt, denn es war schon dunkel und die Wege waren mit holprigen Pflastersteinen belegt.

„Die Kirche wird dir gefallen, Katharina. Sie hat wunderbare Altarbilder, und wenn am Morgen die Sonne durch die Fenster leuchtet, steht der Himmel in Brand." Katharina liebte es, wenn Neri glücklich war und sie sah dann mit seinen Augen und verstand die Geschichte der Stadt und sah in der Kunst die Gottesliebe der Menschen.
„Neri, habe ich dir gesagt, wie wertvoll du mir bist? Du erklärst mir die politischen Belange so, so ..." Katharina suchte nach Worten.
Neri half ihr, indem er sagte: „Ich kann dir immer nur erklären, was geschieht, aber die Dinge sind mir ein Rätsel, die menschliche Seele ist verwirrend. Aber in den Geschichten der Städte kenne ich mich aus. Das, liebste Mutter, ist doch mein Beruf, und du hilfst mir, es mit Gottes Augen zu sehen."
Katharina erklärte Neri: „Ich weiß, wie mich Gott sieht, und nur deshalb kann ich mit den Augen Gottes auch andere Menschen erkennen. Es ist für mich aber schwer, in den politischen Belangen zu raten, denn die Menschen sind voller grausamer Pläne, wenn sie Macht gewinnen oder behalten wollen. Ich bin erschüttert, dass die päpstlichen Legate grausam und habsüchtig regieren. Wie kann der Papst in Avignon sein? Er gehört zurück nach Rom! Er müsste sein Volk in Frieden regieren und sich nicht durch wild gewordene Kardinäle vertreten lassen. Wer kann denn an einen barmherzigen Gott glauben, wenn die Diener Gottes die Städte zerstören?" Katharina machte eine Pause und fuhr dann fort: „Ich habe diese schrecklichen Nachrichten noch gar nicht richtig begriffen. Dabei habt ihr doch schon in Siena dauernd davon geredet."
„Ach, Katharina, die Kirchenführer haben doch den gleichen oder vielleicht noch größeren Willen zur Macht. Und Macht lässt sich nun einmal nur mit Gewalt erzwingen."

Neri wollte Katharina nicht weiter besorgt sehen, und so erklärte er ihr die Gebäude, an denen sie vorbei kamen. „Übermorgen sollst du noch von Gamacorti selbst durch die Stadt geführt werden. Er wird sich mit dir in einer Sänfte tragen lassen."
Katharina amüsierte die Vorstellung, in einer Sänfte getragen zu werden. Sie schubste Neri hin und her, um anzudeuten, wie sehr die Trage unter dem Gewicht des Herrschers schwanken würde. Sie waren jedoch nicht allein in den dunklen Gassen Pisas unterwegs. Einige Bürger folgten ihnen in sicherem Abstand. Und die trauten ihren Augen nicht: eine Bußschwester, Arm in Arm mit einem Freier, und dabei lachten die beiden anzüglich. Das würden sie melden. Das sollte Folgen haben!

Sie hatten die Kirche erreicht. Einige Kerzen brannten im Raum. Neri setzte sich auf einen Holzklotz an der Seite. Er wollte Katharina nicht aus den Augen lassen. Nicht dass sie etwa umfiele! Er würde sie halten, wenn sie unsicher werden würde.
Katharina stand aufrecht vor dem Altar. Minuten wurden zu Stunden.
Sie sah, was sie sah: das Bild des Christus. Christus am Kreuz. Aus seinen Händen und Füßen floss Blut. Es quoll ohne Unterlass. Alles was sie dachte, alle Erinnerungen, all das, was sie an dem Tag gehört hatte und was sie noch nicht verstand, legte sie aus ihrem Gedächtnis wie Früchte unter das Altarbild. Und darüber floss das Blut der Vergebung. Das Blut der unendlichen Liebe. So unendlich war die Liebe Gottes. Unfassbar!
Neri beobachtete Katharina genau, ihre Augen wanderten so aufgeregt hin und her, als ob sie einem Schauspiel folgten. Immer wieder füllten sich die Augen mit Tränen und sie sagte: „Du Liebe, du unaussprechliche Liebe."

Als es zwei Uhr in der Nacht war, ging Neri zu ihr, berührte ihren Arm und sagte: „Mama dolce, es ist Zeit zu ruhen, lass uns gehen."
„Ich habe die Größe Gottes gesehen, Neri."
„Ich sehe es an deinem Gesicht, es leuchtet wie am Tag, und dabei ist es dunkel. Wer kann so etwas verstehen?"
Katharina lachte: „Wem das eigene Leben und der Beifall von Menschen unwichtig wird, der sieht die unsichtbare Welt. Und die, liebster Neri, ist voller Weisheit und so köstlich, dass alles andere wie billiger Plunder erscheint."
Sie gingen durch die nun stillen Gassen zurück und kamen unbeschadet in das ihnen zugewiesene Haus. Hier waren schon alle zu Bett gegangen; die weite Reise saß ihnen in den Knochen, und die Körper forderten ihr Recht auf Schlaf.
Katharina war erleichtert, als sie das Bett unter sich spürte. Jetzt merkte sie, dass ihr Körper so schwer war wie ein nasses Schaffell. Ehe sie sich noch besinnen konnte, wo sie war, schlief sie tief und fest.

Während ihr Körper ruhte, sah sie in ihren Träumen, wovon Gambacorti gesprochen hatte. Ob sie wollte oder nicht, Katharina wurde in die Wirklichkeit Italiens geschleudert. Sie hatte schon in Siena von dem grausamen Söldnerheer des Engländers John Hawkwood gehört, aber es erschien ihr so fern. Für sie war alles weit weg, was nicht unmittelbar vor ihren Händen lag oder was ihr Gott auftrug. Aber nun schickten sie ihre Träume mitten in das Kriegsgetümmel.
Mal saß sie selbst auf einem Pferd, dann wieder stand sie daneben, mal kämpfte sie Seite an Seite mit John Hawkwood, dann wieder war sie eine einfache Frau mit Kindern oder eine namenlose Bußschwester, deren Gegner John Hawkwood hieß. Katharina

war inmitten seiner wilden Bande, die zusammengestellt war aus dem Abschaum europäischer Armeen. Seine Truppen hausten in Unordnung zusammen und kämpften meist zu Fuß. Zusammengedrängt und mit langen, gehärteten Stangen, die für die Wildschweinjagd benutzt wurden, stürmten sie mit wildem Geschrei auf den Feind los. Die unterschiedlichen Sprachen und Dialekte dröhnten in ihren Ohren, und sie roch den scharfen Schweiß der Männer.

Ihre Landsleute nannten John Hawkwood „Giovanni Acuto", das heißt übersetzt „John der Scharfe". Dieser schonungslose Haudegen war ruhmsüchtig und skrupellos in seiner Wildheit, besessen von der Leidenschaft nach Gold und Beute. Er war als wahrer Dämon in Italien erschienen. Er tötete, um zu töten. Er verkaufte seine Dienste an den Meistbietenden, wechselte zynisch vom Papst zu seinen Gegnern, von kleinen Fürsten zu größeren. Es war ihm egal, für wen er kämpfte. John Hawkwood war einer der ersten „Condottieri". Er machte Schule bei den ehrgeizigen Fürsten. In den nächsten zwei Jahrhunderten übernahmen die Sforza, die Piccolomini und andere die „Heldentaten" John Hawkwoods. Sie verwüsteten Teile Italiens mit Feuer und Schwert. Sie übertrafen John Hawkwood in ihrem militärischen Genie, aber in Frechheit und Betrug blieb John Hawkwood ihr Meister.

Als Katharina zwei Stunden geschlafen hatte, wurde sie von Cecca liebevoll geweckt. Wie gut es tat, mit den Frauen das Morgengebet zu sprechen. Bartholomeo hatte die Zeremonie übernommen und reichte den Frauen auch Brot und Wein. Fleisch und Blut des Gekreuzigten.

„Iss", sagte er zu Katharina. „Und trinke dich satt an der Vergebung Jesu." Er wusste, dass es Katharinas einziges Mahl für den Tag bleiben würde.

Katharina ließ sich nicht aufhalten, sondern ging mit einigen Vertrauten wieder in die Kirche. Da war das meisterliche Bild des Künstlers. Es war, als ob sie darin von Christus selbst erwartet wurde. Sie sprach mit ihm und er antwortete ihr.
„In der vergangenen Nacht zeigte ich dir die Macht Hawkwoods", sagte er. „Lege dich wieder zu Bett, und du wirst sehen, was du den andern nicht glauben wolltest. Aber mache dein Herz bereit, denn es wird dich mit Trauer erfüllen. Doch ich will bei dir sein."
Katharina wusste nicht, wovon gesprochen wurde. Wovor hatte sie die Augen verschlossen? Und welche Trauer sollte ihr bevorstehen? Waren denn die Schrecken der letzten Nacht noch nicht genug? Sie hatte in ihren Träumen mitgekämpft und war dabei so skrupellos gewesen wie Hawkwoods Kumpanen; sie hatte im Traum sogar eigene Kinder verloren und war in panischer Angst fortgerannt, obwohl sie wusste, dass sie nicht entkommen konnte.

In der folgenden Nacht wurde Katharina von Alessa und Stefano zu ihrer Unterkunft begleitet. Sie war müde bis in die Knochen, denn sie hatte wirklich den ganzen Tag in der Kirche verbracht. Erst am folgenden Tag würde sie beginnen, in der Stadt zu predigen und Frieden zu stiften.
Da die Kirche kalt war und sie nur dünnes Schuhwerk anhatte, war sie von den Füßen aufwärts bis zu den Schultern und Fingerspitzen kalt geworden. Alessa brühte noch einen Tee aus Rosmarin, Wachholderbeeren und Jasmin. Den tranken sie in kleinen Schlucken, und dann fiel sie in ihr geliebtes Bett. Zwei Stunden Schlaf und Wärme!
„Heute bin ich bestimmt nicht mehr in der Lage, etwas zu träumen", dachte Katharina. Aber in ihrem Innern hörte sie eine Stimme: „Schlaf du nur. Ich bin bei dir."

In dieser Nacht träumte sie anders als in der Nacht zuvor. Diesmal war sie nicht selbst beteiligt, nahm nicht selbst an den Kämpfen teil. Stattdessen spielten sich die Bilder vor ihren Augen ab wie ein Schauspiel, dem sie nur tatenlos zusehen musste. Doch sie wusste spätestens beim Erwachen, dass sie die Wahrheit gesehen hatte. Was war und was kommen würde:

Die Stadt Bologna rebellierte gegen die habsüchtigen kirchlichen Legaten, deshalb sandte der Papst den Kardinal Robert von Genf, der noch unerbittlicher war als Hawkwood. Der Verlust von Bologna ließ sein Blut kochen. Er verlangte die restlose Unterwerfung der Stadt als Verhandlungsbasis. Bologna verweigerte sich stolz. Der wütende Kardinal ließ den Bolognesen sagen, dass er keinen Frieden finden würde, bevor er Hände und Füße in ihrem Blut gebadet hätte. Zunächst ließ er die Stadt belagern. Als der Winter kam, ließ er seine Armee in der kleinen Stadt Cesena lagern, die der Kirche treu geblieben war. Die Soldaten des Kardinals schändeten die Frauen und plünderten die Einwohner aus. Erbittert ergriffen diese des Nachts die Waffen und jagten die Soldaten des Kardinals davon.

Robert heuchelte Verständnis und ließ den Einwohnern von Cesena ausrichten, dass seine Truppen bestimmt Unrecht hätten und dass er der Stadt eine allgemeine Begnadigung anbieten würde unter der Bedingung, dass man ihm freiwillig Einzug gewähre. Die armen Einwohner hatten das Unglück, seinem Wort zu glauben, und öffneten die Pforten der Stadt. Kaum eingezogen verkündete er den Erlass des allgemeinen Mordens. Zu diesem Zweck hatte er Hawkwood aus Faenza geholt. Als dieser vernahm, dass man niemand schonen wollte, zögerte sogar dieser Räuber. Der Kardinal antwortete mit einem Grinsen voller Hass und Wut. Dann fing die Schlächterei an. Mädchen und Frauen, Kinder und ältere Menschen, alle wurden erbarmungslos niedergehauen. Von den fünftausend Einwohnern in Cesena blieb keiner am Leben.

Bis zur Vollendung des Blutbades stand der Kardinal aufrecht auf dem Marktplatz, die Füße im Blut, bleich vor rachsüchtiger Wut, mit leuchtenden Augen, in der einen Hand das Kreuz, in der andern Hand das Schwert. „Tötet, tötet immerfort!", rief er laut. „Ich will Blut und abermals Blut!"
Katharina erwachte und schmeckte Blut in ihrem Mund. Sie setzte sich aufrecht hin und merkte, dass sie sich auf die Lippen gebissen hatte. Sogar ihre Finger waren blutig, weil sie diese wohl im Schlaf auf den Mund gepresst hatte, um nicht laut zu schreien. Sie wusch Mund und Hände mit kaltem Wasser ab, dann kleidete sie sich schweigend an.
„Mein Gott", sprach ihr Herz, „warum tut das ein Mann Gottes? Hat er keine Selbsterkenntnis? Wo bleibt deine Macht? Wie können dich denn die Menschen finden, wenn die Diener Gottes so verblendet sind und selbst nicht dem Frieden dienen?" Katharina war voller Kummer. Ihr Herz, das für die Kirche schlug, schmerzte. Es war ihr, als ob es entzwei gesprungen wäre. Die Gottesmänner selbst mussten Buße tun.
Katharina, die oft die Zukunft voraussah, ahnte damals nicht, dass sie in dem Kardinal Robert von Genf einen zukünftigen Papst gesehen hatte. Er wurde 1378, zwei Jahre vor Katharinas Tod, als Klemens VII. zum Gegenpapst gewählt.

„Was beschäftigt dich so sehr, dass du nicht einmal merkst, dass wir heute in der neuen Stadt zu spät zum Chorgebet kommen?", fragte Cecca.
„Wie spät ist es denn?", erkundigte sich Katharina. Dann fiel beiden ein, dass sie ihr Schweigen gebrochen hatten. Alessa gesellte sich noch zu ihnen.
Katharina tröstete Cecca, die sich schnell den Mund zugehalten hatte, mit den Worten: „Es gibt Schlimmeres als

zu spät zu kommen oder ein freiwilliges Schweigen zu brechen." Und dann erzählte sie den beiden von ihren Träumen. „In der Nacht zeigte mir der Herr die Wirklichkeit. Wie sehr muss es Gott schmerzen, wenn es mich schon so traurig macht."
Cecca versuchte Katharina zu beruhigen: „Männer sind eben immer grob und rachsüchtig, egal ob sie eine Schürze, Rüschenärmel oder einen Kardinalsmantel tragen."
„Das lasse ich nicht gelten", mischte sich Alessa ein. „Unser Vorbild ist Christus – und dem sollen Mann und Frau nacheifern."
„Nicht nur nacheifern", sagte Katharina. „Er soll in uns leben, nicht mehr wir ... nur noch er und seine unaussprechliche Güte." Und da war trotz dieser schrecklichen Ahnungen wieder dieses unerklärliche Leuchten in Katharinas Gesicht. Diese Freude – so ansteckend und wunderbar. Für den Nachmittag hatten sie sich mit den Geistlichen verabredet. Am Vormittag sollten alle bei Gambacorti ausgiebig frühstücken und dann, so war es geplant, würde Katharina durch Pisa getragen, wobei sie die Geschichte der Stadt zu hören bekam.
Es war eine richtige Prozession. Immer mehr Menschen liefen hinter ihnen her, aus den Fenstern wurden bunte Fähnchen geschwungen, und die Kranken wollten Katharinas Hände küssen, damit sie gesund würden. Schon nach kurzer Zeit hielt Katharina es in ihrer Sänfte nicht mehr aus. Wozu sollte sie sich die Stadt ansehen, wenn so viele Menschen ein Wort Gottes brauchten? Als sie am Marktplatz angekommen waren, stieg Katharina aus und begann zu den Menschen zu sprechen.
„Meine lieben Kinder. Ihr armen Schäflein ohne Hirten. Seid nicht länger traurig, denn der teuerste Christus ist hier!"

Ein Raunen ging durch die Menge. Selbst ihre *famiglia* hielt den Atem an und Gambacorti sah sich um. Katharina schmunzelte über die Reaktion der Leute.
„Ihr braucht euch nicht umzuschauen", fuhr sie fort. „Christus ist euch so nah, dass ihr ihn nicht sehen könnt, denn er steht vor der Tür eures Herzens! Und er fragt dich, ob du ihm dein Leben schenkst ..."
Und ob die Leute wollten! Für die Beichtväter war die beschauliche Reise zu Ende, denn die Menschen standen Schlange und wollten ihre Beichte ablegen und fromme Menschen werden.
Cecca, die nun endlich über den Marktplatz schlendern konnte, vergaß ihre Vorliebe fürs Haushalten. Denn auch sie war umringt von Frauen, die mit ihr sprechen wollten. Bald war sie so beschäftigt wie Katharina und freute sich darüber, dass auch sie die Liebe Gottes den Frauen nahe bringen konnte. Cecca und Alessa vereinbarten mit den Frauen, sich spätnachmittags mit ihnen zu treffen, solange sie in Pisa wären.
Neben allen praktischen Arbeiten, die Katharina tat, bewegte sie das Wissen um die Fehltritte der Kirchenväter so sehr, dass sie voller Verzweiflung in ihren Gebeten Gott ihr Herz, ihr Leben und was immer sie geben könnte, anbot, um den Papst und die Kirchenväter zu einem heiligen Lebenswandel zu bewegen. So sehr war sie von diesem Wunsch erfüllt, dass sie oft tränenüberströmt zusammenbrach und für einige Zeit ohnmächtig dalag. Andererseits geriet sie oft in ähnlicher Weise so in Verzückung, dass sie, wo auch immer sie war, stehen blieb und in der Stille oder in lauten Gesprächen mit der unsichtbaren Welt verbunden war. Alessa und Cecca mussten sie dann hüten wie ein krankes Kind.
Die Ekstasen waren für manche Geistliche jedoch so un-

heimlich, dass sie an die Verantwortlichen Berichte gaben über das absonderliche Verhalten einer jungen Mantelatin aus Siena. Jawohl, es gab heilige Frauen und geistliche Führerinnen. Aber jede einzelne wurde einer strengen Prüfung unterzogen, ehe sie als Prophetin oder „Santa“ bezeichnet werden durfte. Da sollte nicht ein irres Weib daherkommen und sich wie eine Heilige aufführen wollen!
Ihre Heiligkeit hatte zum Beispiel Birgitta von Schweden bewiesen, die mit ihren Kindern nach Rom gezogen war und dem Papst dort mit ihrem weisen Rat zur Seite stand. Schon gut zwanzig Jahre diente sie der Kirche in Rom. Der Heilige Stuhl hatte sie damals zur großen Feier des Kirchenfestes nach Italien gebeten. Dort war die Mystikerin zur Mittlerin und Ratgeberin der Päpste geworden. Und sie hatte Recht behalten, denn sie hatte den Papst gewarnt, von Rom wegzuziehen und in die politisch sichere Residenz nach Avignon zu wechseln: „Die Kirche braucht dich hier, heiliger Vater. Überdies wirst du in Avignon nur noch kurz leben.“
Papst Urban V. war trotzdem im Frühjahr nach Avignon zurückgereist, wo er sich in Sicherheit wähnte. Doch schon vier Wochen später betrauerte man seinen Tod. Mit ihm starb ein frommer, anspruchsloser Benediktiner, der sich auch für die Wissenschaft eingesetzt hatte und Bologna, Toulouse, Paris und Wien zu einer Universität verholfen hatte.
Birgitta von Schweden hatte in allem bewiesen, dass sie eine Heilige war. Dieser Frau und dem umsichtigen spanischen Kardinal Albornoz gelang es immer wieder aufs Neue, dem Papst in Rom ein halbwegs sicheres Zuhause anbieten zu können.
Birgitta aus Schweden, Kardinal Albornoz und der Dichter und Humanist Petrarca waren das lebendige Gewissen der Päpste. Sie sorgten sich um die Menschen, das Land, die

Kultur und hielten Kunst und Anstand in Ehren. Sie sorgten sich um den Schutz der Kirche und gaben geistlichen Rat.

Diese drei hatten es auch erreicht, dass Urban V. die Rückkehr von Avignon nach Rom wagte. Welcher Jubel war es gewesen, als die Römer nach über sechzig Jahren endlich Besuch vom Papst bekamen! Und nun sollte Rom wieder verwaisen? Doch es war abzusehen, dass die französischen Familienbande wieder wirkten und ein Franzose als Nachfolger bestimmt wurde. Und so bestieg Pierre Roger de Beaufort am 30. Dezember 1370 als Gregor XI. den päpstlichen Thron. Wieder ein französischer Papst! Gregor XI. versuchte mit aller Macht, die Expansion der Visconti, der Herren von Mailand, zu begrenzen. Aber die toskanischen Städte brauchten ein starkes Mailand, denn ihre eigene Provinz war geschwächt und wirtschaftlich am Ende. So schlug sich die Toskana auf die Seite Mailands – und geriet damit in Konflikt mit dem Papst und seinen grausamen Legaten.

„Was nützt den Menschen meine Gottesliebe, wenn sie nicht zugleich die Liebe zur Kirche ist?", fragte Katharina, als sie gebeten wurde, sich mit den Angelegenheiten der Kirche zu befassen. Und sie erklärte Tommaso und Stefano, dass Christus ihr als Bettler erschienen war und sie ihm dienen sollte. Aber sie begriff nun auch, was die Erscheinung bedeutete, die sie als Kind gehabt hatte. Damals hatte sie Christus auf dem Stuhl des Papstes sitzen sehen. Sie sollte Christus nicht nur in der leibhaften Gestalt der Bettelnden dienen. Nein, sie sollte auch dem fleischgewordenen Christus im Papstgewand dienen.

Gambacorti war ein wunderbarer Gastgeber. In den wenigen Wochen, die Katharina mit ihrer famiglia in Pisa verbrachte, hatten alle an Gewicht zugenommen – alle außer

Katharina. Und sie verließen die Stadt, in der sie viele Freunde gefunden hatten, mit drei neuen Eseln, die voll gepackt waren mit Lebensmitteln, Öl und Wein. Wohlgemut zogen sie nach Siena zurück.

Nicht nur Mailand, auch Florenz erlebte nun wirtschaftlich solch schlechte Zeiten, dass Lisa und Bartolomeo sich entschlossen, nach Siena zurückzukehren. Die Hoffnung auf ein einträgliches Färbergeschäft hatte sich zerschlagen. Mit hängenden Schultern, ohne Esel und Gepäck, näherten sie sich ihrer Heimatstadt. Lappa und Katharinas *famiglia* hatten davon erfahren. Und so wunderten sich Bartolomeo und Lisa, als ihnen eine staubumwehte Gruppe entgegenritt. Katharina auf einem Pferd! Tommaso auf einem Pferd und Lappa und Cecca auf einem Esel. Zwei ihrer Kinder teilten sich ein Lasttier.
Wie eine Horde Banditen stürmten sie auf die Reisenden los. Die Kinder hängten sich an ihre Eltern und wussten nicht, wen sie am meisten vermisst hatten. Alle umarmten einander und küssten die beiden. Dann hielten sie mit ihnen eine Mahlzeit abseits des Weges, bei dem es an nichts fehlte: Brot, Wein und Käse.
„Lisa, wie sehr hast du mir gefehlt!“, gestand Katharina.
„Und mir fehlte dein Lachen und deine ungewöhnliche Art zu beten genauso sehr wie meine lieben Kinder, als ich in Florenz war.“
Katharina konnte nur wenige Tage mit ihrer Schwägerin Lisa verleben, denn sie musste selbst nach Florenz reisen, um sich auf dem Generalkapitel der Dominikaner zu verantworten. Zu viel Gutes und Schlechtes wurde über die Mantelatin aus Siena geredet – da sollte ein gerechtes Urteil von höherer Instanz gefällt werden.

Doch vorerst stand Lappa auf dem Plan. Wie in alten Zeiten war sie nicht zu bremsen. Weder ihr Mundwerk noch ihre Schaffenskraft waren gebrochen, denn nun würde sie den Anklägern die Unschuld ihrer Tochter beweisen.
Alessa beschwichtigte sie umsonst: „Lappa, Katharina spricht doch für sich. Gott selbst wird sie leiten!"
„Aber ich selbst bin Zeuge, dass meine Tochter eine wahre Heilige ist! Jetzt erst, Alessa, jetzt, wo man sie anklagt, begreife ich, welchen Weg meine Tochter eingeschlagen hat."
Hatte sie vorher nur darunter gelitten, dass Katharina ein Leben voller Entbehrungen gewählt hatte, so stand sie nun im Kampf mit Katharinas Feinden. Und wer wüsste besser als sie, dass ihr Kind ganz und gar eine Braut Gottes war!?
„Ich komme mit dir nach Florenz, und ich werde den Herren erzählen, wer du bist … und dass niemand einer solchen Braut Gottes auch nur ein Haar krümmen darf!"
Katharina besänftigte ihre Mutter: „Bleib ruhig! Du wirst in Florenz nicht gebraucht. Ich habe doch meine *famiglia*, die mit mir kommt."
„Dann gehöre ich eben zur *famiglia*!"
„Mutter! Du, du eine Braut Gottes?"
Aber Lappa ging hinauf in die Kirche, fiel vor den Dominikanerbrüdern auf die Knie und küsste unter Tränen der Reue die Hände der Ordensleiterin. Gab es jemals einen, der ihr widerstehen konnte? Nein. Katharina, ihre eigensinnige Euphrosina, war die Einzige gewesen. Als sie in ihrem Triumph zu Katharina kam, sagte sie: „Nun bist du es, Katharina, meine Tochter, die über mich verfügen kann."
Katharina freute sich, denn sie wusste, dass ihre Mutter nun selbst Frieden gefunden hatte.

„Ich freue mich sehr auf Florenz“, sagte Katharina zu ihrer *famiglia*.
„Aber wird dir denn nicht bange, wenn du daran denkst, dass du als Ketzerin verurteilt werden könntest?“ Cecca konnte es nicht fassen, dass Katharina immer dann aufblühte und hellwach war, wenn etwas in „Gottes Welt“ zu tun war. Und sie freute sich sogar auf die Verhandlungen.
„Es macht mir immer das größte Vergnügen, von Gottes Liebe zu erzählen“, antwortete Katharina leichthin. Sie war so munter, dass sie alle andern mit ihrer guten Laune ansteckte. „Und du lässt dein Kriegsgeheul hier in Siena“, wies sie ihre Mutter an. „Wir werden uns selbst nicht verteidigen müssen, einzig Gottes Reich muss ausgebreitet werden.“
Und so zogen sie die staubigen Straßen nach Norden. Lappa staunte, für ihre Tochter öffneten sich überall Herzen und Türen. Auch sie selbst wurde mit weiten Armen empfangen und als „Katharinas Mutter“ mit Ehre überschüttet.
Ein unbekannter Florentiner schrieb über die Tage in Florenz: *„Im Monat Mai des Jahres 1374, während auf Befehl des Generals das Kapitel der Dominikaner stattfand, kam eine Frau in der Tracht der Büßerschwestern des heiligen Dominikus nach Florenz. Sie hieß Caterina di Jacomo di Benincasa und kam aus Siena, war 27 Jahre alt und hatte den Ruf einer großen Dienerin Gottes ... Als wir hörten, dass ihr Name so berühmt war, gelang es mir, eine Begegnung herbeizuführen und so sehr ihre Freundschaft zu gewinnen, dass sie oft hier in mein Haus kam.“*
Tatsächlich wurde Katharina hart verhört: Was bedeuteten ihre Ekstasen, das Fasten, die Askese? War sie etwa mit den Spitritualen verbündet oder hatte sie mit den verbotenen häretischen Lehren der Fraticellen zu tun?
„Es hat mit Gott zu tun“, antwortete Katharina einfach. „Es hat damit zu tun, dass ich ihm nachfolgen will.“ Und auf

jede Frage gab sie eine so einleuchtend klare Antwort, dass alle sich wunderten. Sie stand zu ihrer unvollkommenen Art und freute sich über alles, was in Jesu Namen gelang. Und dann die Sache mit ihrem Mantel. Sie hatte einem frierenden Bettler ihren Ordensmantel gegeben und war nur mit dem Unterrock bekleidet nach Hause gegangen. „Lieber soll man mich ohne Mantel finden als ohne Nächstenliebe“, antwortete sie.
Katharina stand zu allen Beschuldigungen, ohne etwas zu leugnen oder zu beschönigen. Sie gab den Prüfern sogar zu bedenken: „Bei allen aufgezählten Fehlern – es sind bei weitem nicht alle, die ich habe. Sollen die Menschen ruhig mein Leben lang schlecht von mir sprechen. Das wünsche ich mir. Wenn ich betrübt bin, dann nicht meinetwegen, sondern wegen der andern, denen ich Kummer und Not bereite.“
Raimund Dellevigne da Capua saß unter den Prüfern. Der angesehene Ordensmeister und Vermittler zwischen Papst, Orden und Städten war sehr misstrauisch. Als Katharina in den Saal geführt wurde, wusste er, dass sich die Kirchendiener sehr wohl in Verführer und Kinder Gottes unterscheiden ließen. Auf den ersten Blick war diese Katharina ein kleiner Fisch mit großem Gefolge. Aber immer gespannter verfolgte er die Sache. Diese kleine, begeisterte Frau war ein Mensch, der sich Gottes Gesetze ins Herz hatte schreiben lassen. Er, der bereits Biografien Heiliger verfasst hatte, erkannte die Hand Gottes in Katharinas Leben.
Als die mehrtägige Prüfung zu Ende war, wollte keiner Katharina verurteilen. Im Gegenteil: Sie hatte die Benediktiner mit neuem Elan versehen und sogar zum Lachen gebracht. Der Generalminister und Ordensmeister Elias von Toulouse machte Raimund zu Katharinas Beichtvater und

zum Führer ihrer geistlichen Aufgaben. Das war das Beste, was Katharina und der famiglia passieren konnte. Von nun an hatte sie sich nur noch Raimund gegenüber zu verantworten. Dieser war von allen Ordensleuten geschätzt, denn er war belesen und von höflichen Manieren. Katharina wurde nach der Prüfung zur „Santa", das heißt zur Prophetin ernannt. Sie trug nun einen Titel, der ihren Feinden die Kritik erschwerte und bei den Menschen Vertrauen auslöste. Sie konnte ungehindert predigen und reisen, wohin sie wollte, ohne die Ordensmeisterin in Siena zu fragen.

Katharina hatte in Florenz so viel Anerkennung und Freunde gefunden, dass ihre famiglia sich dort am liebsten häuslich niedergelassen hätte. Lappa hätte nie gedacht, dass sie von der famiglia so freundlich aufgenommen werden würde. Überhaupt war Katharina in dem Kreis noch glücklicher, als eine leibliche Mutter es mit ihren Kindern sein konnte. Alessa sollte sich immer nach dem Morgengebet noch einmal hinlegen, Cecca durfte über die Märkte laufen und brachte köstliche Lebensmittel mit, Neri hatte sich wie immer mit den Denkern und Geschichtsschreibern in Verbindung gesetzt, und für Tommaso suchte Katharina heilkundige Menschen, denn er hatte oft Stiche in der Brust und wurde blass.
„Du bist die beste Mutter, die ich kenne, obwohl du keine Kinder hast", sagte Lappa, als sie beisammen saßen und Katharina ihrer Lieblingsbeschäftigung nachging: Aus immergrünen Zweigen und Blumen band sie kleine Herzen und Kreuze, die sie zum Abschied ihren Freunden in Florenz schenken wollte.
„Ja, sie ist die beste Mutter, die man haben kann", gab Cecca ihr Recht.

„Auch ich habe mit der kleinen Euphrosina meine beste Mutter gefunden, obwohl meine eigene schon längst tot ist“, bestätigte Tommaso, der sich noch gern an die kleine Hand an seiner Kordel erinnerte. Das Mädchen hatte ihn früher immer erstaunt. Jetzt war sie seine Lehrmeisterin.
„Nun, ihr habt es so gut, weil wir einen treu sorgenden Vater im Himmel haben“, erwiderte Katharina. „Und ihr habt euch gegenseitig!“, fügte sie hinzu. „Was wäre Cecca ohne Alessa, Stefano ohne Neri …?“ Es stimmte, keiner wollte auf den andern verzichten.
Stefano bekräftigte, dass sie zusammen eine starke Bande seien und es ihm gut ginge. „Aber …“ Er zögerte und sprach dann weiter: „Meine Mutter beklagt sich jedes Mal, wenn ich mit euch reise. Nicht nur, dass sie meint, ich müsste mich in Siena um unsere Anwesen kümmern. Sie will mich auch wie ein kleines Kind beschützen, dass ich mich nicht erkälte, mich nicht verlaufe … So ein kindisches Zeug!“
Cecca gestand erheitert: „Ich würde gerne dies alles einmal mit dir machen!“
„Und ich komme mit!“, rief Neri.
Lappa sah in die fröhliche Runde und sagte beschämt: „Also, ich bin – war – auch nicht viel besser als deine Mutter.“ Stefano zeigte den Brief, den er von seiner Mutter erhalten hatte. Alessa las ihn laut vor, denn Stefano war es zu peinlich. Katharina hörte mit und sah dabei in Stefanos Gesicht. Es spiegelte dieselbe Verzweiflung wider, die sie als Kind empfunden hatte. Ihr armer, lieber Stefano. Sie wusste, dass er ihr am liebsten war. Er war ihr Augäpfelchen gewesen, von Anfang an.
„Es ist wohl höchste Zeit, dass ich auf die Sorgen deiner Mutter antworte“, sagte Katharina. „Ich schreibe ihr gleich einen Brief.“

„Ich bin zur Stelle“, rief Neri beflissen. Gerade er, der doch immer voller Eifersucht war, weil er die innige Verbindung der beiden kannte. Die andern zerstreuten sich; und als die beiden allein waren, diktierte Katharina an Stefanos Mutter: *„Seid mir nicht böse, dass ich Stefano für so lange Zeit mitgenommen habe. Denn ich habe gut für ihn gesorgt. Durch Liebe und Zuneigung bin ich mit ihm zu einer Person zusammengewachsen. Darum habe ich Eure Sorgen und Interessen genau so beherzigt, als ob es meine eigenen wären … Nicht mehr lange, dann reisen wir wieder nach Siena. Gott wird bei uns sein. Wenn Ihr es gut mit Stefano meint, so betet mehr als zuvor, denn Gott hört gerne auf Eure Gebete. Ihr habt einen Sohn, der unendlich viel für den Frieden und die Christenheit wirkt, denn er hat Zugang zu den Herzen der Adligen und ist ein Bote der unendlichen Liebe Gottes …“*

Neri hatte alles wohl aufgeschrieben und fügte die Adresse dazu. Katharina beobachtete Neri. Alles, was er schrieb, brachte er in Schönschrift und mit Eleganz auf das Papier.

„Wie geht es dir?“, fragte sie, als sie merkte, wie nachdenklich er dreinblickte. Neri sah sie ernst an. Dann ging er zu ihr, griff ihre Hand und sagte: „Ich habe noch viel zu lernen. Ich lerne viel von dir.“

Katharina schüttelte den Kopf: „Neri, lieber Neri, allein von Christus kannst du lernen, und dann ist alles so leicht und gerne getan. Aber ich will dir gerne helfen. Gerne!“ Sie umarmten sich, und Katharina zwickte ihn noch in die Wange.

Ehe Katharina wieder nach ihrer Gewohnheit die halbe Nacht in ihrem Zimmer vor einer brennenden Kerze und einem kleinen Kruzifix verbringen wollte, ging sie zu ihrer Mutter. Es war nun einfacher zwischen ihnen geworden.

„Danke, dass du sogar die Reise mitgemacht hast“, sagte Katharina.

„Ich bin stolz auf dich, nun bist du eine Santa!", antwortete Lappa stolz.
„Mutter, eine *Santa* ist nichts mehr als ein leeres Gefäß. So wie dein ältester Krug, mit dem du die Kinder in den Keller schickst. So bin ich für Gott. Mehr nicht."
Lappa hörte Katharina zu. Sie verstand ihre Tochter noch immer nicht. Dabei meinte Lappa doch wirklich alles nun so aufrichtig. Sie wollte ihrer Tochter doch keine Steine mehr in den Weg legen. Sie wollte es ihr beweisen und so sagte sie: „Ich werde gleich, wenn wir in Siena sind, zu Stefanos Mutter gehen. Auch die Sippe Maconi soll Stefano frei geben für Gott! Ich werde das seiner Mutter schon beibringen!"
Katharina sah ihre Mutter an, schüttelte den Kopf und bedeutete ihr sich zu setzen. So wie man einem kleinen Kind über die Haare streicht und es an sich drückt, behandelte sie nun ihre eigene Mutter.
„Mutter, du bist noch ganz in den Anfängen. Du weißt zwar, was es bedeutet, ein Kind an Gott abzugeben, aber bedenke, ehe du zu Frau Maconi gehst, wie viele Jahre du dazu gebraucht hast. Und weil es nicht deine Kraft war, sondern die Güte Gottes, die dich jetzt selbst dem Göttlichen dienen lässt, so ist es für dich wichtiger, das Beten zu lernen, als deiner eigenen Kraft zu folgen." Katharina machte eine Pause. Dann fragte sie Lappa: „Meinst du, du schaffst es, in Siena drei Wochen lang nur für Stefanos Mutter zu beten, ohne mit einem Menschen über dein Anliegen zu sprechen?"
Lappa war verdutzt. „Ich will es versuchen."
„Nein, Mutter, nicht versuchen sollst du es, weil selbst unsere ernsten Anliegen doch immer nur unwürdige Versuche bleiben. Ich will nicht, dass du es versuchst, sondern ich frage dich, ob du es tust."

Lappa überlegte. Sie sollte also drei Wochen lang nicht darüber sprechen, was sie zu tun vorhatte. Katharina kannte ihre Mutter gut und berichtigte die Gedankengänge.
„Das Einzige, was du tust, ist drei Wochen lang beten. – Beten heißt nicht: nichts tun. Beten heißt auch nicht: nicht reden. Mutter, du sprichst einfach drei Wochen lang einzig und allein mit Gott darüber."
Lappa hatte verstanden. Langsam hatte sie verstanden. Dann nickte sie.
„Ja", sagte sie, und dieses Ja kam von Herzen.
Katharinas Gesicht leuchtete auf, ihre Seele jubelte. Sie wusste im Augenblick, dass schon in der zweiten Woche, in der Lappa beten würde, Stefanos Mutter von allein zu ihr käme. Diese stolze Frau würde zum ersten Mal den Fuß über die Schwelle von einfachen und nun verarmten Färbern setzen. Ihre Mutter würde beginnen, die unerklärliche Kraft Gottes zu schmecken.
„Ich bin glücklich, Mutter, ich freue mich so über dich!" Katharina sprang herum und herzte ihre Mutter.
Raimund, der die Szene miterlebt hatte, verstand nicht, worum es Katharina ging. Sie war immer ganz genau in dem, was sie andern auftrug. Was für eine Frau war diese Santa? Mal sprach sie mit Christus persönlich und hatte Visionen, dann wieder benahm sie sich wie eine vollkommen normale Frau.
Alessa aber nahm Raimund beiseite und erklärte ihm: „Du weißt viel und bist gebildet, deshalb weißt du auch, dass Katharina eine Dienerin Gottes ist."
Raimund konnte ihr folgen und erwartete noch weitere Erklärungen von Alessa. Sie sollte nur nicht mit ihm so langsam reden, als sei er ein kleines Kind.
„Katharina lebt die Liebe Gottes zu den Menschen nicht in

ihrem Kopf und Herzen allein; sie lebt sie auch als Mensch unter Menschen." Alessa machte wieder eine Pause.
„Ja?", fragte Raimund.
„Ich will sagen ...", zögerte Alessa, „... sie liebt uns als Menschen: Neri darf zweifeln, ich kann inzwischen schlafen und essen, soviel ich will, Cecca geht über die Märkte und kommt dauernd zu spät – und Katharina liebt und verzeiht uns alles, weil wir nun mal so sind." Raimund wusste nicht genau, was das bedeuten sollte, wahrscheinlich verbarg sich auch hinter dieser Haltung Katharinas eine tiefe religiöse Überzeugung, die er und nicht sie theologisch formulieren müsste.
Alessa sprach munter weiter. „Wir nennen sie *mama dolce*, das bedeutet: liebe, süße Mama; sie ist unsere Süßspeise, unser Nachtisch!" Nun grinste Alessa, ja sie lachte das frechste, stille Lachen, das Raimund je in den Augen einer Bußschwester gesehen hatte. Und er wusste, diese adlige Frau reagierte höchst selten so. Diese Art Humor musste schon wieder ein Werk seiner Santa sein. Mein Gott, was wurde ihm mit seiner neuen Aufgabe alles zugemutet!
Raimund erlebte es am eigenen Leib: Nie zuvor hatte er eine Frau gekannt, die so köstlich, so süß und aufregend war wie Katharina, seine ihm anvertraute Mantelatin. Hatte er sie anfangs kritisch beobachtet und jedes ihrer Worte auf die Waagschale gelegt, so klangen nun ihre Worte wie Musik in ihm nach. Er fühlte sich in ihrer Nähe geborgen und vermisste sie bereits, wenn sie außer Sichtweite war. Sie wurde ihm zum Mantel seiner Seele – er wusste gar nicht, wie ihm geschah.

Die Rückreise war beschwerlicher, als sie gedacht hatten. Sie kamen von einem Regen in den nächsten. Selbst wenn sie es noch schafften, unter Olivenbäumen Schutz zu suchen, so waren ihre Kleider ständig klamm und feucht – und sie besaßen nun einmal alle nur die Wäsche, die sie auf der Haut trugen. Katharina, die sich über solche Widrigkeiten nie aufregte, beschloss für sich, dass es einfacher sei, barfuß zu gehen als in nassen Schuhen. So verschenkte sie ihr feuchtes Schuhwerk und war darüber noch richtig erleichtert. Dass ihre Füße schon bald darauf blutig und voller Dornen waren, das nahm sie gerne in Kauf. Es brauchte eben seine Zeit, bis ihr von selbst Schuhsohlen wachsen würden. Vielleicht würde sie durch diese Erfahrung auch mehr Verständnis für Sünder haben, die nicht von heute auf morgen ein gottgefälliges Leben führen können, sondern immer wieder empfindliche Fehlschläge hinnehmen müssen wie ihre Füße. Den besonders schweren Fällen würde sie ihre Füße zeigen und erzählen, wie lange es manchmal dauert, bis sich etwas im Leben ändert.

Raimund ging mit der *famiglia* nach Siena. Immer wieder hatte Katharina ihm gegenüber Rechenschaft abzulegen. Er zwang sie mit scharfen Fragen – fast wie beim Verhör in Florenz –, ihr eigenwilliges Verhalten zu erklären.

„Und wenn ich solch seltsame Dinge einfach tue, um meine Liebe zu Gott auszudrücken? Was ist daran verkehrt?" Und sie zählte auf, was andere alles in ihrem Leben taten, wenn sie liebten oder ein hohes Ziel hatten. Das war für Außenstehende ja auch oft unbegreiflich. Sie könne nur für sich selbst die Wahrheit finden, erklärte sie. Es sei ihr Weg, und den würde sie gerne gehen, weil sie die ewige Herrlichkeit gesehen hätte.

„Alles ist nur ein kleiner Augenblick gegen die immer währende Liebe Gottes", beschwor sie Raimund. „Diese Ewigkeit ist jetzt schon hier, wir müssen es nur begreifen!" Rai-

mund, der seine starken Gefühle ihr gegenüber verborgen hielt, wurde nun von der kleinen Frau an den Schultern gepackt und geschüttelt, als ob er aufwachen müsste: „Begreifst du nicht die Liebe, die ewige Liebe!"
In ihren Augen konnte er die Liebe sehen. In ihr glaubte er an die Ewigkeit.
„Ja", sagte er. „Durch dich fühle ich das unbegreifliche Glück mit seiner ganzen Gewalt."
„Gott hat uns verbunden, damit wir ihm unser ganzes Leben im Freudentaumel opfern und verlorene Seelen in den Himmel bringen."

In Siena wurden sie schon erwartet. Lisa hatte frisches Brot gebacken, die beste Tischdecke über den Holztisch geworfen und mit den Kindern den ganzen Morgen aus Orangen Saft gepresst. Dann hatten sie darauf gewartet, dass die kleine, müde Gruppe endlich durch das Stadttor einzog.
Die ganze *famiglia* sollte bei ihnen zu Tisch sitzen. Und so wurde gegessen und gelacht. Cecca holte noch einen Krug erlesener Oliven unter ihrem Mantel hervor, und Stefano spendierte einen Schinken. Die Weinbecher wurden immer wieder gefüllt, bis jeder genug hatte, dann gingen alle in ihre Häuser. Raimund zog in die Basilika San Domenico zu Tommaso.
Als die Familie allein war, erzählte Bartolomeo: „Wir hatten kein Glück, Mutter. Wir hatten einfach kein Glück." Benincasa würde gewiss auch bald kommen.
„Warum seid ihr nicht zusammen nach Siena gekommen?", fragte Lappa. „Wir konnten unsere Darlehn nicht an die Stadt zurückzahlen. Benincasa und seine Familie leben praktisch wie zum Pfand in Florenz. Erst wenn die Forderungen an die Stadt Siena gerichtet werden können, darf er ziehen."

Katharina sah von einem zum andern. Lisa hatte gerötete Augen – und selbst der dicke Bauch konnte nicht davon ablenken, dass sie stark abgenommen hatte. Sie würde Cecca beauftragen, Lisa aufzupäppeln, darauf verstand sie sich gut. Alessa war unter ihrer Fürsorge schon richtig dick geworden, das wäre auch für Lisa nicht von Schaden. Wie sehr sich Katharina über Lisas Gegenwart freute, ließ sich daran erkennen, dass sie nicht wie üblich verschwand, um allein zu sein und zu beten. Vielmehr begann sie, Lisa zu bedienen, die Kinder zu bestaunen und sich im Haushalt zu beschäftigen.

Nach kurzem Nachtschlaf und dem Morgengebet war Katharinas große Wäsche angesagt. Wie nach jeder großen Reise badete sie in einer großen Wanne, schrubbte ihre Kleider und ging derweil in einer alten Kutte umher.

Es dauerte nicht lange, bis die Wäsche trocken war, denn mit der Ankunft der *famiglia* in Siena hielt der Sommer Einzug. Waren in den Tagen zuvor die steilen Gassen Sienas teilweise zu fußhohen Bächen verkommen, so schien nun die Sonne vom frühen Morgen bis in die lauen Abendstunden hinein.

„Die Stadt hat sich extra für Raimund gewaschen, und nun funkelt und duftet sie für ihn“, schwärmte Katharina. Da der ganze Frühling verregnet gewesen war, folgte nun ein wahres Feuerwerk der Natur. Die Bäume begannen zu blühen, Jasmin- und Oleanderbüsche dufteten und die steinigen Wege waren bedeckt mit weichen Kissen aus Thymian und Veilchen. An den Rändern blühten rosarote Alpenveilchen zwischen Rosmarinbüschen und Wacholdersträuchern. Die Schmetterlinge hatten ihre Hüllen abgeworfen, und bei Dunkelheit flogen die Leuchtkäfer und Nachtfalter in so großer Zahl, dass sich die Fledermäuse ohne Mühe

ihre Bäuche füllen konnten. Selbst die Bienen und Hummeln flogen wie trunken von ihrer Last durch die Luft.
Für Katharina war die schönste Jahreszeit gekommen. Da sie schon lange keine Nahrung mehr zu sich nehmen konnte, berauschte sie sich umso mehr an den Gerüchen und Farben der Natur. Es wurde ihr zur Gewohnheit, auf ihren Wegen Ölzweige, Lavendel oder Obst mitzunehmen, denn die Natur war voller Gottesbeweise. Sie hatte ihre Freude daran, Pflanzen zu finden, die auch Christus gekannt haben musste. Alles, was sie in der Natur wahrnahm, wurde für sie zu einem einleuchtenden Gleichnis.
Selbst Raimund, der ihr vorstand, wurde nicht von ihrem Willen verschont. Sie brachte es fertig ihm jeden Abend einen Ölzweig zu bringen, der ihn ermahnen sollte, nicht nur Kopf und Herz Gott zu übergeben, sondern danach zu streben, selbst heilig zu werden und sich darauf zu besinnen, wie Christus im Ölbaumgarten gerungen hatte. Raimund seufzte. Er, der immer dafür zuständig war, dass andere ein ordentliches Leben führten, hatte nun Tag für Tag einen frischen Olivenwedel in seiner Zelle. Und diese Zweige erinnerten ihn an die Frage: „Was bedeutet es, heilig zu sein?“ Manchmal ärgerte er sich auch ein bisschen, denn schließlich war er für diese Frage ausgebildet.
Der Himmel lag wie ein weites blaues Meer über der Toskana. Die Nächte waren für die Liebe geschaffen, und die Weintrauben und Datteln versprachen voller Süße zu reifen. Wer im Schatten der Pinien saß, hörte, wie die Zapfen sich knisternd öffneten und die Kerne ins Freie sprengten.
In dieser Zeit, in der die Menschen neuen Mut schöpften, weil die Unterschiede zwischen Arm und Reich nicht mehr so schmerzlich sichtbar waren, schlich sich erneut die Pest in Siena ein – wie die Mehlwürmer ins Getreide.

Katharina, die gerne umherwanderte und ihre kleine Kammer liebte, hatte nun nur noch ein Anliegen: helfen, helfen, helfen. Verbinden, trösten, pflegen. Kranke zu Christus führen und die so lieb gewonnenen Menschen auch begraben. Sie arbeitete bis zur völligen Erschöpfung, und ihre *famiglia* hoffte, dass sie darüber nicht selber krank wurde. Aber solche Gedanken waren Katharina fremd; es wäre ihr nur recht gewesen, bald in den Himmel zu kommen. Schmerzen und Entbehrungen waren ihr stets willkommen, denn sie wusste sich dann eins mit dem leidenden Christus.
Als der Leiter des Hospitals selbst krank wurde und schon drei Tage lang sein Bett nicht mehr verlassen hatte, ging Katharina mit schnellen Schritten zu ihm. Doch anstatt ihn zu pflegen oder ihn zur Beichte zu ermuntern, schrie sie ihn zornig an: „Was liegst du faul im Bett! Ist jetzt etwa die Zeit zu schlafen? Willst du in Zeiten der Not deine vielen kranken Kinder im Stich lassen?“
Die Umstehenden wussten darauf nichts zu sagen. Sah sie denn nicht, dass seine Lippen von Fieberblasen entstellt waren! Wusste diese Frau denn nicht, dass er zu schwach war um zu sitzen? Offenbar nicht, denn Katharina fuhr ihn an: „Steh auf! Sofort!“
Wenn Katharina etwas in diesem Ton befahl, musste jeder gehorchen. Und so stand er auf. Katharina gab ihm zu trinken und zu essen.
„Wie geht es dir?“, fragte sie nach einer Weile. Er konnte sitzen, er konnte stehen. Also begann er im Raum herumzugehen. Am Nachmittag war er bei den Kranken. Seine Lippen waren heil, und seine Muskeln füllten sich mit neuer Kraft. Er wusste, wenn Katharina ihm nicht befohlen hätte aufzustehen, wäre das Bett sein Totenlager geworden.
Der Arzt hatte am eigenen Leib gespürt, wie stark Katha-

rinas Wille und Gebet war, dass sie sogar Krankheiten bezwingen konnte. Doch entgegen seinen Vermutungen, Katharina würde nicht wollen, dass überhaupt jemand stürbe, antwortete sie nur lachend: „Du weißt, dass ich dich von Herzen liebe. Ich hätte es dir gegönnt, dass du schon den Himmel hättest sehen können … Aber du wirst hier noch gebraucht! Wir brauchen doch alle deinen Rat … Und die Kranken brauchen dich, weil du ihnen Hoffnung gibst. Ich gebe zu, auch ich will einfach nicht ohne dich sein."

Katharina, die *„mama dolce"* in der Färbergasse, betete in diesen Tagen viel in ihrer Kammer. Das Elend der Menschen ging ihr sehr nahe, und sie wünschte sich so sehr, dass alle wissen sollten, dass Gott niemand in der Zeit der Not im Stich lässt – auch wenn es die Teufel so einflüsterten. Gottes Liebe war ohne Ende auch im Leid.

Im eigenen Haus starben acht Menschen. Doch es waren nicht einfach nur ein paar Menschen mehr, die zu den Tausenden dazukamen. Vier von Lisas Kindern starben, dazu noch Bartolomeo. Lisa stand fassungslos vor ihrem toten Mann. Sie hielt die Nachtwache mit Katharina und Lappa. Wie zuvor beim Tod ihrer Kinder wollte keiner, der noch gesund war, etwas mit den Kranken und Toten zu tun haben. Katharina bedeutete Lisa und Lappa, am Morgen daheim zu bleiben. Sie nahm den Holzkarren und brachte ihren Bruder vor die Stadt, wo er mit den anderen begraben wurde.

„Wie ein Verbrecher wird mein Sohn vor der Stadt verscharrt", jammerte Lappa.

„Mutter, du weißt, er ist bereits bei seinem Vater im Himmel und bei allen Heiligen!", wies Katharina sie zurecht. „Halte dich an Gottes Wort und mache dir nicht mehr Kummer, als es sich für eine fromme Frau gehört." Dann ging sie ins Hospital, wo bereits die Kranken warteten.

Am Nachmittag bat Katharina ihre *famiglia*, sie mit Lisa allein zu lassen. Die beiden gingen aus der Stadt hinaus. Katharina schritt ernst und bestimmt voran. Nach einer Zeit sagte sie auf einer Anhöhe zu Lisa: „Komm, wir wollen uns unter den Olivenbaum setzen. Da ist Schatten, und das Gras ist weich.“ Während sich ihre Augen an Licht und Schatten gewöhnten, betrachteten sie die Hügel und Anwesen in der flirrenden Hitze.
„Schau, dort drüben liegen nun Bartolomeo und all die andern.“ Katharina zeigte mit ausgestrecktem Arm in ein Tal, das die beiden gut kannten, denn in früheren Zeiten hatten dort Schafherden geweidet. Lisa sah genauer hin. Es waren keine Schafe mehr dort, aber sie bemerkte eine Reihe frisch aufgeworfener Erdhügel, und sie erkannte die Spuren der Holzkarren, die dorthin führten. Still saßen sie nebeneinander: Lisa, die immer so verständnisvoll war, und Katharina, die nicht zurückblickte, weil darüber so viel versäumt wurde. Nach einer Weile legte Katharina ihre Hand auf Lisas Schulter.
„Du tust mir Leid, Lisa, es tut mir unendlich Leid, weil du deinen Mann verloren hast.“
Lisa fühlte die warme Hand, und diese Wärme breitete sich wie eine Heimat in ihr aus. Dieser unverhoffte Trost machte sie weich. Sie wandte sich zu Katharina, warf sich in ihre Arme und schluchzte. Katharina hielt sie fest, streichelte ihre Haare und wiegte sie sanft hin und her.
„Du tust mir unendlich Leid, Lisa“, wiederholte sie. „Bartolomeo konnte keinen Reichtum erwirtschaften, aber er hatte ein gutes Herz. Und er hat dich so geliebt.“
Lisa hatte auf alle diese Worte gewartet. Als Katharina sie aussprach, war sie schon wie ein vertrockneter Brunnen gewesen, aber nun begann in ihr aus der Tiefe das Wasser zu strömen. Als sie das zulassen konnte und ihr bewusst

wurde, dass sie ihren Bartolomeo nie wieder – weder gesund noch krank, weder fröhlich noch abgearbeitet – um sich haben würde, da begann sie vor Schmerz zu schreien wie ein verwundetes Tier.
Katharina konnte nicht anders. Sie schrie mit. Beide schrien sich den Schmerz aus der Seele. Als sie sich beruhigt hatten, begann Katharina zu summen. Sie wiegte Lisa immer noch im Arm und sagte nach einiger Zeit tröstend: „Du lebst, Lisa! Du lebst – und nun beginnt für dich etwas Neues."
„Ja", sagte Lisa. „Ich weiß, was für mich beginnt, *mama dolce*, ich werde wie du den Mantel nehmen und deine treueste Anhängerin werden."
„Dann, Lisa, kommen wir mit den besten Nachrichten nach Hause!"
Als sie die Neuigkeit Raimund überbringen wollten, wurden sie schon vor den Türen von San Domenico abgewiesen: Raimund habe hohes Fieber, es sei das Schlimmste zu befürchten.
„Geh nach Hause", bat Katharina Lisa. Dann wandte sie sich den Ordensleuten zu, die sie nicht einlassen wollten, und sagte in scharfem Ton: „Was habt ihr mir zu befehlen, wenn der krank liegt, dem mein Seelenheil in die Hände gelegt wurde?" Da ihre Augen in glühendem Zorn flammten, traute sich niemand mehr, ihr zu widersprechen.
Katharina rannte die Treppen hinauf und die Flure entlang bis zu dem Bereich, der für Brüder abgeteilt war. Es war nicht schwer zu erraten, wo seine Zelle war, denn vor der Tür gingen einige Benediktiner auf und ab. Raimund lag mit nacktem Oberkörper und schweißnassem Gesicht auf seiner Pritsche. Die engsten Freunde standen um sein Lager und weinten, als ob er schon tot sei.
„Was heult ihr herum, statt zu beten?", schrie Katharina.

Tommaso meinte entschuldigend: „Er ist seit Mitternacht nicht mehr bei Bewusstsein."
„So kämpft nun der Satan um ihn. Sein Leben hängt nicht vom Fieber ab, sondern von den unsichtbaren Mächten. Betet um den Sieg der Liebe Gottes!"
So schnell Katharina gekommen war, so eilig verließ sie die Zelle wieder. Sie ging aus der Basilika, sah weder Menschen noch Tiere und strebte hinunter zur Färbergasse. Aber sie ging nicht nach Hause. Statt dessen betrat sie die kleine Antoniuskirche, weil sie wusste, dort würde sie allein sein.
Sie warf sich vor dem Altar auf die Knie und rief laut: „Du musst helfen, Herr! Eile, eile schnell und komm meinem liebsten Bruder und Herrn entgegen. Der, den meine Seele liebt, liegt halb im Grab, weil ihn die Teufel im Reich der Toten sehen wollen. Die Teufel ziehen ihn mit Stricken und stoßen ihn mit Stangen. Eile herbei, schleudere tödliche Blitze gegen unsere Feinde, lass die Winde des Heils durch den Körper meines Freundes wehen, schicke ihm die Wonnen neuen Lebens ..."
Die *famiglia* fand erst mit der Zeit heraus, wo Katharina steckte. Doch selbst als sie ihre *mama dolce* gefunden hatten, war diese nicht ansprechbar, weil sie unter Tränen und ohne um sich zu schauen betete. Erst weit nach Mitternacht brach sie erleichtert ab und begann plötzlich ein Danklied zu singen. Lisa begleitete die vollkommen erschöpfte Katharina nach Hause, wo sie gleich in einen tiefen und – wie sie am nächsten Tag sagte – unendlich süßen Schlaf fiel.
Als Katharina nach dem Morgengebet zu Raimund ging, schlief er noch. Fra Bartolomeo erzählte ihr, Raimund habe im Fieber immer wieder gerufen: „Hilf mir, Katharina, hilf

mir!" Aber nach Mitternacht sei er dann mit einem Seufzer der Erleichterung eingeschlafen.

„Ach, wie bin ich froh!", gestand Katharina. Und wie immer konnte sie ihr Temperament nicht zügeln, und so kniete sie sich neben das Bett und küsste unentwegt Raimunds Hände. „Jetzt, wo wir uns lieben lernten, rettete Christus meinen Liebsten!"

Als Raimund wieder zu Kräften gekommen war, schickte er einen Boten zum Papst mit der Bitte, er möge ihm die Erlaubnis erteilen, Katharina die Eucharistie zu reichen, so oft sie es wünsche. Er hatte begriffen, dass sie fast nichts mehr essen konnte, aber ihre größte Freude war es, den Leib Christi und das Blut des Gekreuzigten zu empfangen. Diese Stärkung wollte er ihr nun täglich und auch auf Reisen zukommen lassen.

Allerdings behielt sich Katharina Ausnahmen vor – auch beim Essen – wenn es in ihren Augen Sinn machte.

Als eines Abends alle zu Tisch saßen, stand draußen vor der Tür jener einfältige Tommaso aus Siena, den alle nur Trottel nannten.

„So bittet doch den lieben Burschen herein", bat Katharina.

Cecca ging hinaus und sagte: „Komm herein, *mama dolce* freut sich auf dich."

„Ich kann nicht kommen, denn ich trage die Pest in mir", gestand der junge Mann und zitterte am ganzen Leibe.

Cecca richtete es Katharina aus. „Er will ja nur in deiner Nähe sein, hat er noch gesagt. Es genügt ihm, dich in gutem Abstand zu sehen."

Katharina schüttelte den Kopf, stand auf und ging selbst vor die Tür. „Los, komm herein, wir sitzen zu Tisch und es wird für dich gerade gedeckt."

„Nein, nein", wehrte der Verzagte ab. Doch Katharina dul-

dete keine Widerrede. Sie nahm ihn bei der Hand, führte ihn zu Tisch und füllte seine Schale voll mit Suppe.
„Nun iss, damit du zu Kräften kommst", wies sie ihn an. Doch er schüttelte den Kopf und meinte nur: „So stecke ich die liebste heilige Mutter und ihre *famiglia* doch an."
Da er nicht hören wollte, nahm Katharina den wesentlich größeren Mann auf ihren Schoß und begann ihn zu füttern wie ein kleines Kind. Einen Löffel schob sie ihm zwischen die Lippen, einen Löffel steckte sie sich selbst in den Mund. „Würde ich vielleicht mit jemand die Suppe teilen, der die Pest hätte?", fragte Katharina den Erstaunten.
„Nein", sagte der Einfältige verdutzt. „Dann bin ich wohl schon bald wieder gesund?"
Cecca dachte bei sich: Oh ja, sie isst sehr wohl mit einem Pestkranken ... Aber die gefüllten Schinken, die ihr die Freunde so gern zubereiten, die rührt sie nie an. Wie gut, dass sie uns hat."
Für den Einfältigen war Katharina von nun an die wichtigste Person in seinem Leben. Mit aller Entschlossenheit verwendete er alle Zeit darauf, die *mama dolce* zu ehren und zu erwirken, dass sie heilig gesprochen werden solle. Niemand hörte recht auf ihn, und doch sollten seine anrührenden Aufzeichnungen noch viele hundert Jahre später gelesen werden.
Der Sommer verabschiedete sich und nahm die Pest mit sich. Die Trauer der Bürger verflog mit den frühen Nebeln. „Wie schnell die Menschen doch vergessen, dass sie allesamt Gott unter die Augen treten müssen", wunderte sich Katharina, und sie predigte auf den Plätzen: „Das Himmelreich ist mehr als das Jagen nach Geld, Glück und Schönheit. Das Himmelreich ist mehr als alle Macht der Welt und eine reiche Familie. Das Himmelreich ist die köstlichste Perle,

die nur von einer ewig segnenden Hand gereicht werden kann. Das Himmelreich ist heute schon mitten unter uns, wenn wir uns lieben, wie Christus es tat. Alles ist uns untertan, wir sind niemandes Knechte, allein Kinder des großen Gottes. Schaut in euch, erkennt wer ihr seid und wozu ihr geschaffen seid …"

Die *famiglia* war noch geschwächt von der Anstrengung der letzten Wochen. Auch Katharina hatte häufig Kopfschmerzen und ihr Leib quälte sie oft so, dass sie nur mit Mühe aufrecht gehen konnte. Aber sie hatte nicht vergessen, was Raimund vor einiger Zeit gesagt hatte. Er müsse nach Montepulciano und Katharina könne ihn begleiten. Sie könnten eine Wallfahrt zur Heiligen Agnes machen, die im Kloster ihre letzte Ruhe gefunden hatte. Raimund hatte Katharina vom Leben der Heiligen erzählt. Während er sprach, war Katharina sehr ergriffen, denn sie sah in Agnes ihre geistliche Mutter, eine wahre Heilige und Braut Gottes.
„Wann brechen wir auf?", fragte Katharina, nachdem vier Wochen lang keine Toten mehr in Siena zu beklagen waren.
„Wir können im Frühjahr reisen", sagte Raimund.
„Ja, wir können im Frühjahr reisen", wiederholte Katharina und fügte hinzu: „Oder wir können jetzt reisen."
Raimund lachte: „Wenn du sagst, wir können jetzt reisen, dann bedeutet das immer so viel wie: Wir sollten so schnell wie möglich aufbrechen." Raimund hatte akzeptiert, dass Katharina schlecht aufzuhalten war, wenn sie sich etwas vorgenommen hatte. Und er kam ihr gerne entgegen. „Ich werde heute noch nach Montepulciano schreiben und ihnen mitteilen, dass wir zum Kloster und ihrer Heiligen eine Wallfahrt unternehmen."
Katharina klatschte in die Hände und drehte sich im Kreis.

Ihre Wangen hatten sich vor Freude gerötet, und die Vorfreude war der Motor aller weiteren Bemühungen.
Die Reise wurde begangen wie ein großer Hochzeitszug. Sie trugen ein geschmücktes Kreuz vor sich her. Nur einen jungen unberittenen Esel führten sie mit sich, den sie dem Kloster schenken wollten. Raimund bewunderte Katharina, mit welcher Hingabe sie den Zug anführte. Wie ein Licht ging sie voran. Noch nie hatte er sie ängstlich gesehen. Ihre Freude und ihr unbändiger Glaube machten, dass nicht nur er, sondern alle Mitreisenden das Gefühl hatten: Gott selbst ist zugegen.
Wenn es um eine Sache Gottes ging, so war Katharina immer voller Energie und Frohsinn. Trotz der bestandenen Prüfungen in Florenz und dem Status einer „Santa" hatte die Zahl ihrer Feinde nicht abgenommen. Je mehr Anhänger sie hinter sich wusste, um so mehr Verdächtigungen und offene Abneigung gab es gegen sie. Es musste Katharina gut tun, wieder aus Siena fortzukommen, denn in der Stadt waren auch die Inquisitoren der Franziskaner zu Hause, und diese beobachteten die *famiglia* auf Schritt und Tritt.
Raimund konnte Katharinas Feinde gut verstehen, denn es war absolut unverständlich, warum eine Mantelatin so extrem fastete, sich beständig neue Leiden auflud und hin und wieder in Ekstase geriet, so dass sie von ihren Anhängern aufgefangen werden musste. Erst seit Raimund ihr die Beichte abnahm und mit ihr lebte, hatte er teil an ihrem ungewöhnlichen Leben. Damit er jedoch Katharinas Beweggründe für ihr Handeln einigermaßen verstehen konnte, fragte er sie, fragte er unentwegt.
Selbst auf dem Weg nach Montepulciano hielt Katharina vor ihren kleinen Kruzifixen Andacht, begann voll Freude zu beten, vergaß alles um sich herum, erlebte Ekstasen und

fiel in Ohnmacht. Einmal wollte Raimund genauer wissen, was das denn sei. Er hörte, wie sie immer wieder flüsterte: „Vidi arcana Dei“ (ich habe Gottes Geheimnis gesehen).
Alessa und Cecca knieten rechts und links neben Katharina. Auch sie hörten, was Katharina ständig wiederholte: „Vidi arcana Dei“. Sie wunderten sich nicht, denn sie akzeptierten ihre Freundin und Mutter und waren froh darüber, ihr in solchen Augenblicken beizustehen. Sie störten sich auch nicht daran, dass Katharina in solchen Augenblicken manchmal andere Sprachen benutzte, die sie gar nicht kennen konnte. Für sie war alles so, wie es sein sollte.
Raimund hingegen beobachtete alles genau und wurde immer neugieriger. Als Katharina wieder bei Sinnen war, wiederholte sie ständig den gleichen Satz in Latein.
„Meine Mutter“, begann Raimund, „warum sprichst du ständig die gleichen Worte vor dich hin? Bitte erkläre uns, was du meinst, denn ohne Erläuterung können wir ja nicht daraus klug werden.“
„Ausgeschlossen, etwas anderes zu sagen!“, rief Katharina.
„Warum das? So oft weihst du mich in deine Gedanken ein, ohne dass ich dich gefragt habe. Und nun verweigerst du mir eine Antwort, obwohl ich dich darum bitte?“ Katharina sah ihn an und sagte: „Ich kann nicht mit unzulänglichen Worten darüber reden, was ich gesehen habe. Es wäre wie eine Lästerung, eine Schmach für meinen Herrn. Was der Geist erlebt, wenn Gott ihn entrückt, festigt und erleuchtet, das überragt so himmelhoch alles, was unsere Sprache ausdrücken kann! Es sind zwei schier unvereinbare Welten. Ich kann einfach nicht darüber reden!“
Cecca, die während des Gesprächs nicht von Katharinas Seite gewichen war, schaute zufrieden drein. Bei ihr musste sich Katharina nie erklären. Und, ehrlich gesagt, sie wollte

auch gar nicht alles wissen. Sie wollte sich lieber noch einmal kurz ausruhen, ehe sie weitergingen. Die kleinen Schlafpausen von Alessa und Tommaso waren so ansteckend wie die Pest. Doch Katharina war voller Energie.
„Wozu sollte ich nutzlos hier sitzen, wenn sich die Geistlichen in Florenz nun sogar zusammengetan haben, weil ich nichts mehr esse? Ich komme ihnen hochmütig und verlogen vor. Aber sie wissen nicht, dass ich dies wohl eher aus eigener Schuld herbeiführte und nun mein Körper keine Nahrung mehr verträgt. Ach, wie gerne würde ich nun mit euch am Tisch essen können. Aber so soll es wohl nicht mehr sein." Und sie bat Cecca: „Bitte, schreib für mich einen Brief nach Florenz, denn ihr Sprecher erwartet eine Antwort, und ich will nicht mehr Anlass zum Unfrieden sein, als ich ohnehin bin."
Es wurde also nichts aus dem Nickerchen. Während die andern in kleinen Gruppen ihren Mittagsschlaf hielten, damit sie noch bis in den späten Abend unterwegs sein könnten, setzte Katharina sich auf einen Haufen Steine und schloss wie meist beim Diktieren ihre Augen. „Und nun schreib den Misstrauischen ..."
Cecca suchte sich eine feste Unterlage für das Papier und hoffte inständig, dass sie nicht die wenige kostbare Tinte verschütten würde.
„Mir scheint, dass Ihr sehr in Sorge seid, wenn Ihr von meinem Leben hört. Das verwundert mich nicht, ich verstehe Euch vielmehr, denn auch ich zittere für mich. Ihr habt Angst, weil ich nicht esse, und haltet es für einen Trug des Teufels und gebt mir zu verstehen, dass ich zu sehr auf mich selbst vertraue; lasst den Irrtum fahren, denn ich vertraue nicht auf mich und vertraue ganz auf die Güte Gottes. Was den Teufel betrifft, so bin ich im Übrigen nicht so einfältig, wie Ihr mich halten könntet; ich kenne seine Täuschungen,

und darum wende ich mich um und halte mich an dem Baume des heiligen Kreuzes Christi des Gekreuzigten fest, und an ihm will ich mich festklammern; und ich zweifle nicht, wenn ich an ihm durch Liebe und mit tiefer Demut festgehalten und festgenagelt bin, dass die bösen Geister nichts gegen mich vermögen, nicht durch meine Kraft, sondern durch die Kraft Christi des Gekreuzigten.
Ihr verlangt von mir, dass ich Gott bitte, essen zu können; ich habe es getan und tue es noch. Ich habe fortwährend gebetet und bete zu Gott und werde beten, dass er mir die Gnade gebe, dass ich in dieser Handlung des Essens lebe wie die anderen Geschöpfe auch, wenn es sein Wille ist, weil es auch der meinige ist. Weiter will ich Euch sagen, dass Gott mir gegeben hat die Begierde zu überwinden, aber darüber bin ich nicht froh, weil es mir lieber gewesen wäre, sie aus eigenen Kräften und aus Liebe zu überwinden; nun aber gebührt der Sieg ganz ihm. Wenn ich also nichts dafür kann, warum betet Ihr dann nicht für mich? Gott wird Eure Gebete nicht verschmähen; wenn Ihr ein wirksames Mittel für meinen Fall habt, so schreibt es mir, und wenn es nur zur Ehre Gottes ist, so werde ich es gerne tun. Indessen bitte ich Euch, Personen und Ereignisse mit weniger Leichtfertigkeit zu beurteilen und nur dann, wenn Gott es Euch klar befiehlt.“

Cecca sah zu Katharina hinüber: „War das alles?“
„Mehr darf es wohl nicht werden, denn dann sind nicht nur deine Finger und die rechte Wange tintenblau …“
Cecca sah auf ihre Finger. Tatsächlich, außer den kleinen Fingern waren alle Fingerspitzen gefärbt. „Und meine Wange ist auch blau?“, fragte sie. Und da passierte es: Das offene Tintenfass rutschte langsam zur Seite. Katharina sprang hinzu und fing es im Fallen auf. Nun war auch ihre Hand voller Tinte.
„Ich glaube, im Leben ist alles ansteckend: die Pest, die Müdigkeit und Tintenfinger“, sinnierte Cecca. „Nun, dann

hoffe ich, dass mich nicht auch noch dein tintenbefleckter Mantel ansteckt", lachte Katharina und zeigte auf die Flecken in Ceccas Mantel.
Cecca war untröstlich und jammerte: „Mein schöner, schöner Mantel!"
„Dann wollen wir uns im Bach waschen, damit wir nicht die andern anstecken", neckte Katharina.

Raimund wusste, dass er Katharina keine größere Freude machen konnte, als die Begegnung mit der Heiligen Agnes herbeizuführen.
Katharina ließ sich Zeit, ihre heilige Schwester zu besuchen. Sie befahl allen, sich erst zu waschen und zu ölen. Ebenso sollten alle die Beichte ablegen, damit sie würdig seien, der Heiligen die gebührende Ehre zu erweisen.
Raimund und Fra Bartolomeo waren erschöpft. Katharina hatte es nicht unterlassen, auch unterwegs zu predigen, und sie mussten sich schon so viele Beichten und schreckliche Geschichten anhören, dass es ihnen reichte. Katharina schien nicht abgestoßen zu sein von dem armen Volk. Sie ermüdete nie, wenn es um Liebesbeweise und die Bekehrung von Sündern ging. Der Papst hatte ihr als einziger Frau aufgetragen, umherzureisen und zu predigen. Sie machte diesem Auftrag wahrlich alle Ehre – und den begleitenden Beichtvätern viel Arbeit!
Dann kam der große Augenblick: Sie wurden in den Raum geführt, wo die heilige Agnes einbalsamiert in einem gläsernen Sarg lag. Katharina war von so großer Freude erfüllt, dass sie spontan niederkniete, um andeutungsweise die Füße der Heiligen zu küssen. Später wurde überliefert, Agnes sei selbst über den Besuch so erfreut gewesen, dass sie Katharina einen Fuß entgegengestreckt habe.

Zurück in Siena, hielt Katharina es nicht lange aus. Sie folgte erneut einer Einladung nach Pisa und reiste im Januar mit ihrer kleinen, unerschrockenen Schar dorthin. Stundenlang saß Katharina in der Kirche der Heiligen Christine zu Füßen des Kreuzes. Sie weinte und betete vor dem Altarbild – so lange, dass ihre Freunde sich große Sorgen machten.

An einem Sonntag verlor Katharina bei einer Kommunion wieder das Bewusstsein. Ihre famiglia wartete ungeduldig, dass sie wieder zu sich kommen solle. Da richtete sie sich auf, streckte ihre Arme aus, und ihr Gesicht wurde feurig. Dann brach sie zusammen, als ob sie tödlich getroffen worden sei.

Als sie wieder zu sich gekommen war, erzählte sie Raimund leise: „Ich sah Christus vom Kreuz steigen. Er leuchtete wie Feuer, aus seinen Wunden strömte das Blut wie ein feuriges Licht, das wand sich um meine Hände und Füße, selbst mein Herz wurde von dem Licht umschlungen. Und dann durchbohrte das Feuer meinen Körper. Mich trafen Strahlen aus seinen Wunden an meinen Händen und Füßen, deshalb betete ich, dass die Wundmale unsichtbar bleiben sollten."

Raimund trug die vollkommen geschwächte Katharina eigenhändig zu ihrem Lager. Eine Woche lang hing ihr Leben an einem seidenen Faden. Auch als sie wieder bei vollem Bewusstsein war, schien sie fern von allen, die um sie waren. Doch sie konnte sich nicht lange ausruhen, denn der Prior der Kartäuser hatte gebeten, dass Katharina sie auf der Insel Gorgona besuchen solle.

Als sie wieder nach Pisa zurückkehrte, war das Volk aufgewühlt. Es hatte sich herumgesprochen, dass Katharina die Wundmale erhalten hatte, und so wollten die Menschen ihr die Hände küssen oder ihr Kleid berühren. Katharina entzog sich der Menge. Nicht sie wollte verehrt werden, die Menschen sollten zu Christus finden.

Da auch der Papst mittlerweile Kontakt zu Katharina aufgenommen hatte, schreckte sie nicht davor zurück, ihm unerschrocken ihre Meinung zu sagen. Denn unter Liebe verstand Katharina, Menschen zu ermahnen und zu leiten. Und so bekam Gregor XI. den folgenden Brief zu lesen:
„Gott will, dass Ihr Acht habt auf die Seelen und auf die geistlichen Dinge mehr denn auf das Zeitliche. Zwar könntet Ihr sagen: Gewissenhalber bin ich verpflichtet, das Gut der heiligen Kirche zu bewahren und wiederzugewinnen. Ach, ich bekenne ja, dass es die Wahrheit ist, aber mir scheint, dass man diejenige Sache, die wertvoller ist, auch mehr bewahren muss. Der Schatz der Kirche ist das Blut Christi, gegeben als Preis für die Seelen, dieser Preis ist nicht bezahlt worden für die weltliche Macht, sondern für das Heil des menschlichen Geschlechts. Setzen wir also, dass Ihr verpflichtet seid, die Herrschaft der Städte wiederzugewinnen, welche die Kirche verloren hat: so seid Ihr doch viel mehr verpflichtet, so viel Lämmer wiederzugewinnen, welche der Schatz der Kirche sind. … Gebt die Sorge um weltliche Dinge auf, und blicket auf die geistlichen!"

Als der Papst Katharinas Brief las, wurde ihm klar, dass sie eine wertvolle Ratgeberin für ihn sein könnte – so wertvoll wie seine politischen Unterhändler und sonstigen geistlichen Ratgeber. Sie forderte ihn auf, vorrangig das Seelenheil der Menschen in den Blick zu nehmen. Das war eine seltene Stimme, die sonst kaum Gehör fand.
Raimund wunderte sich, welche Töne Katharina dem Papst gegenüber anschlug. Er kannte keinen Menschen, der so ehrfürchtig war und trotzdem furchtlos ermahnen konnte. Katharina suchte zu der Zeit auch Unterstützung, weil sie

einen Kreuzzug befürwortete. Zypern hatte um Hilfe gerufen, weil die Türken drohten. Welche Wallfahrt wäre es doch, nach Bethlehem zu ziehen!
Im Jahr 1375 war die sonst so friedliebende Katharina angesteckt von dem Gedanken, selbst das Christentum mit dem Schwert auszubreiten. Sie schreckte nicht davor zurück, John Hawkwood zu schreiben, und sie schrieb auch an Gregor XI., indem sie ihn zunächst ermahnte, im eigenen Haus aufzuräumen, und ihn dann zum Kreuzzug ermutigte. Katharina vertrat die Ansicht, die kriegerischen Auseinandersetzungen sollten nicht gegeneinander gerichtet werden, sondern aller Wille zum Kampf sollte sich in einem Kreuzzug bündeln. So wie sie im Traum mit John Hawkwoods Truppen gekämpft hatte, spürte sie immer wieder die Lust loszustürmen … in einer wilden Truppe gegen Christusfeinde zu kämpfen … das Heilige Land zu gewinnen … dort zu missionieren, wo Christus gelebt hatte. Sie sah sich mit dem Kreuzzeichen in der Hand voranreiten. Wie großartig wäre es, so zu sterben!
Doch ihr wichtigstes Anliegen war es, den Papst zu zwingen, nach Rom zurückzukehren. So schrieb sie:
„Drei hauptsächliche Dinge sollen durch Eure Macht erreicht werden: dass Ihr nämlich in dem Garten der heiligen Kirche die verfaulten Blumen ausreißet, die von Schmutz, Habgier und Hoffart strotzen: die schlechten Hirten und Vorgesetzten meine ich, die jenen Garten vergiften und Fäulnis bringen … Pflanzet in diesen Garten duftende Blumen: Hirten und Befehlshaber, die wahre Diener Christi sind, die nichts anderes im Auge haben als Gottes Ehre und das Heil der Seelen, und wahre Väter sind der Armen … damit Lämmer in jenem Garten weiden und nicht reißende Wölfe … Allein bedenket, geliebter Vater, dass Ihr schwerlich dies erreichen werdet, wenn Ihr nicht die zwei anderen Dinge vollzieht, welche

jenes fördern: indem Ihr nämlich kommt und das Banner des Heiligen Kreuzes aufrichtet … Verschiebet nicht Euer Kommen … Horchet auf den Heiligen Geist, der nach Euch ruft. Ich sage Euch: Kommt, kommt, kommt! Und wartet nicht auf die Zeit, denn die Zeit wartet nicht auf Euch.
Ich sage Euch, dass Ihr zurückkehren sollt, um unsere Feinde zu schlagen. Im Namen Christi, des Gekreuzigten, sage ich es Euch … Denn wie wir erlöst wurden durch das Kreuz, so werden wir, indem wir dieses Banner aufrichten, das mir der Hort der Christen scheint, erlöst werden von Krieg und Uneinigkeit und erlösen das ungläubige Volk von seiner Ungläubigkeit."

Katharina zog sich nun mit ihrer *famiglia* oft zurück und wohnte außerhalb der Stadt bei den wohlhabenden Salimbeni inmitten der herrlichen Natur. Die Luft war hier voller Vogelgezwitscher und Bienensummen, und Katharina kam zur Ruhe. Als die Sieneser forderten, sie solle zurückkehren, schrieb sie kurzerhand: „Ich bleibe, solange es mir beliebt!" Katharina wusste sehr wohl, dass viele sich an sie wandten, weil sie populär geworden war. So mancher Bittsteller hoffte, mit Katharinas Hilfe eigene Ziele vorantreiben zu können. Doch sie war nicht bereit, etwas anderes zu tun und zu predigen als das, was sie selbst erkannt hatte.
Obwohl sie sich selbst ein asketisches Leben abverlangte, zwang sie niemandem irgendwelche Bußübungen auf. Ganz im Gegenteil, sie ermutigte Menschen, in ihrem Stand zu bleiben und Gott zu dienen. Auf manche Fragen, die als Falle gedacht waren, schrieb sie liebevolle seelsorgerliche Briefe, die den Fragenden beschämen mussten. So diktierte sie auch folgenden Brief:
„In jedem Stande kann der Mensch sein Seelenheil wirken und das Leben der Gnade erlangen; denn jeder Stand ist Gott wohlgefällig.

Er schaut nicht auf die Stände, sondern auf das heilige Verlangen. Darum können wir den Reichtum behalten, wenn es im rechten Geiste und Willen geschieht: Was Gott gemacht hat, ist ja gut und vollkommen. Der Mensch kann, wenn er will, im weltlichen Stande sein Vermögen behalten, und fehlt dadurch weder gegen Gott noch gegen seine Seele; freilich es aufzugeben, wäre vollkommener. Indes, wenn der Mensch dem Reichtum auch nicht in Wirklichkeit entsagt, so muss er es doch dem heiligen Verlangen nach tun; das heißt, er darf demselben nicht seine ganze Neigung schenken, sondern vielmehr Gott. Er muss den Reichtum wie geliehenes Gut – zum Gebrauch für seine und seiner Familie Bedürfnisse – ansehen, nicht als sein Eigentum. Auf diese Weise wird er nie wegen etwas Irdischem betrübt sein; denn das, was man mit Liebe besitzt, verliert man nicht mit Schmerz."

Nun waren zu der Zeit in Siena noch die Riformati an der Regierung. Der Rat der Stadtrepublik setzte sich aus Handwerkern und Vertretern des armen Volkes zusammen. Diese hatten zwar auch die Belange der Bevölkerung zu vertreten, waren jedoch genauso schnell gekränkt und zu Hinrichtungen bereit wie alle andern zuvor.
Katharina wurde alles zugetragen, was in der Stadt geschah, und so erreichte sie auch durch Neri folgende Nachricht: „Sie haben den Edelmann Niccolo Toldo aus Perugia in die Todeszelle geworfen, weil er die Regierung beleidigt hat. Ich hörte ihn in seiner Zelle toben, und er ist nicht bereit, jemanden zu sich zu lassen, damit er beichten und in Frieden sterben kann."
„Er ist jung und hatte andere Pläne als die, wegen seiner Aufrichtigkeit den Tod zu erleiden. Und doch, ich wünschte, ich wäre an seiner Stelle, denn eine Braut wünscht nichts mehr als bei ihrem Bräutigam zu sein." Katharina sprach's,

nahm ein geflochtenes kleines Kreuz aus Dornen und Blumen und ging geradewegs nach Siena zu Niccolo Toldos Zelle. Die Türen wurden ihr geöffnet, die andern mussten draußen bleiben.

„Hier kommt Katharina, Santa Katharina", brüllten die Wärter durch die Gänge. Niccolo Toldo hatte von Katharina gehört. Aber er war erstaunt, als die zarte Frau in ihrem schlichten Ordenskleid plötzlich in seine schmutzige Zelle geschoben wurde und sich die Tür wieder hinter ihr schloss. Sie standen sich gegenüber und sahen sich einfach nur an, als ob sie ein ganzes Leben dazu Zeit hätten. Dann holte Katharina das kleine stachelige Kreuz unter ihrem Mantel hervor. „Schau, dort bei den Dornen sind die Blumen. Durch die Liebe des Kreuzes wird verwandelt werden, was uns beschwert." Dann breitete Katharina ihre Arme aus. Und Niccolo Toldo kam und ließ sich die Umarmung gefallen. Katharina hielt seinen Kopf an ihrer Brust und sagte: „Ich würde gerne mit dir tauschen. Ich liebe dich, weil ich mir wünsche, ich hätte dein Blut in meinen Adern und könnte es endlich vergießen und käme dadurch zu meinem Bräutigam. Ich wünschte, du wüsstest, welche Barmherzigkeit dir bald zuteil wird. Christus selbst wird dich begrüßen und alles Leid, das dir geschah, tausendfach aufwiegen."

Niccolo Toldo spürte durch die Wärme der Brust und die ehrlichen Worte Katharinas, dass er ihr vertrauen konnte. Er glaubte, dass sie die Wahrheit sprach. „Ich glaube, was du sprichst, denn dein Herz und Blut bekräftigen deine Worte."

Katharina fiel es sehr schwer, sich von Niccolo Toldo zu trennen. In seiner Nähe fühlte sie sich so unendlich wohl.

„Ich glaube, was du gesagt hast", wiederholte er noch einmal. Doch ich habe Angst, ich habe Angst vor morgen früh. Ich werde als Wahnsinniger enden."

„Hab keine Angst", sagte Katharina. „Ich werde morgen bei dir sein. Und wenn du mich siehst, weißt du, dass auch Christus da ist, um dich zu empfangen. Wenn du morgen deinen Kopf in meine Hände legst, gibst du dich ganz in Gottes Liebe hinein." Katharinas Zeit in der Zelle war um, doch sie schickte noch Fra Bartolomeo zu Niccolo Toldo, der ihm die Beichte abnahm.

In der Nacht schlief Katharina nicht. Sie lobte Gott und sang. Als sie am frühen Morgen zum Palazzo ging, hatte sie sich geschmückt wie zu einer Prozession. Es dauerte nicht lange, da wurde Niccolo Toldo auf den Platz geführt. Katharina winkte ihm zu. Niccolo Toldo ließ nicht mehr den Blick von seiner mama dolce. Das Urteil wurde verlesen, der Henker stellte sich bereit. Katharina nickte Niccolo Toldo zu und ging doch voran zum Hackklotz. Dort angekommen, legte sie sich selbst auf die Erde und bettete ihren Kopf so gut es ging auf dem Klotz. Sie mühte sich wieder hochzukommen und sagte: „Dies, Niccolo Toldo, ist für dich der Weg ins ewige Leben. Ins Leben, nicht in den Tod! Ins Leben, in die Arme Gottes." Danach trat sie zurück und Niccolo Toldo legte sich freiwillig hin. Sein Hals ruhte auf dem Block und seinen Kopf hielt Katharina in ihren Händen. Niccolo Toldo war ganz still geworden. Wen sah er? Katharina? Christus? Und dann sauste das Beil herab.

Katharina hielt seinen Kopf in ihren Händen und roch das frische Blut. „Ich roch das Geheimnis Gottes und wollte mir das Blut am liebsten nicht abwaschen, denn ich habe erlebt, dass Gott tröstet und stärkt. Und ich liebte das Blut Niccolo Toldos wie mein eigenes und das des Christus", schrieb sie später Raimund, der bei der Hinrichtung nicht zugegen war, aber alles genau von ihr wissen wollte.

„Es stinkt von Avignon bis hierher ..."

1376-1378

Katharina liebte die Stille ihrer Kammer und ihre Gespräche mit Gott, weil sie danach um so bestimmter und leichter ihren Weg ging. Den Töchtern Lisas und Ceccas, die im Kloster in Montepulciano waren, schrieb sie Briefe und ermunterte sie darin zu ebensolchem Verhalten.

„Senkt Eure Köpfe, wenn jemand vorübergeht. Macht es wie Igel, wenn sich jemand Euch nähern will. Und hört vor allen Dingen nicht auf das hohle Geschwätz der Betschwestern und Bußbrüder. Wachst wie ein Baum, der die Wurzeln in der Selbsterkenntnis hat und sich nach Gottes Liebe streckt. Und denkt daran: Was wir tun, zählt nicht nach unserer Kasteiung, sondern einzig unsere Liebe kann etwas bewirken. Christus ist das Feuer und wir sollen Funken sein. Er kann allen Gestank der Verworfenheit mit seinem heiligen Blut abwaschen.

Ich küsse Euch und drücke Euch an mein Herz ..."

Welche Verworfenheit meinte Katharina? Welchen Gestank? War es doch in der Geschichte selbstverständlich, private Interessen mit den verliehenen Ämtern zu vermischen und den eigenen Bedürfnissen nachzukommen, selbst wenn andere darunter zu leiden hatten.

Katharina glaubte, dass jeder ein ganz anderer, heiliger Mensch werden konnte, wenn er seinen Egoismus erkannt hatte und nur noch von der Liebe Gottes getrieben wurde. Sie proklamierte ein neues Gewissen. Sie sagte gerade heraus, was sich in der Politik und dem Kirchenstaat an „Gestank“ breit gemacht hatte … nannte die Dinge beim Namen, die nicht mit einem christlichen Leben zu vereinbaren waren.

In der Tat lagen über Europa am Ende des 14. Jahrhunderts dunkle Wolken. Deutschland stand unter dem Joch der Feudalität, Frankreich war durch den hundertjährigen Krieg verwüstet, Böhmen wurde von einem betrunkenen König regiert, Spanien von Don Pedros, der, um seiner Frau Genüge zu tun, seine Schwägerin vergiftete; Neapel von Königin Johanna, die zu Gunsten ihres Liebhabers ihren Mann ermorden ließ.

„Ändert euch! Lasst Euch sauber waschen durch das Blut Christi und lernt zu lieben! Liebt Kinder, liebt mit einer Leidenschaft, die euch zu lodernden Bränden macht, zu Feuern, die kein Wasser löschen kann und kein Sturm ausbläst. Köstlich ist es selbst zu verbrennen in Liebesgluten und den starken Armen der Liebe. Sanfte Düfte von Blut und Veilchen tragen uns dann in den Himmel!“

Wer Katharina hörte, konnte nicht anders: Ihre Worte, ihr liebender Blick brach die Panzer der Menschen auf, und diese weinten voller Erleichterung. „Sie hat mich gesund gemacht“, sagten sie: „Sie hat ein Mittel gegen jeden Schmerz.“

Katharina war wie eine Wundsalbe für die geplagten Menschen. Italien war durch die vielen Streitigkeiten vollkommen zerrissen. Für das ganze Land galt, was der Philosoph Petrarca von Rom sagte: „Die Stadt hat so viele Wunden wie Kirchen und Paläste.“

Wer sich als papsttreu bekannte, wurde doch gleichzeitig von der Kirche ausgebeutet. Diesen Zustand wollten die Stadtregenten nicht länger hinnehmen. Immer mehr Städte rebellierten gegen die geistlichen Herrscher. Und so trat auch der gefährliche Herzog von Mailand, Barnabas Visconti, gegen die Kirche auf. Doch auch er war ein grausamer Regent, der Tausende von Menschen misshandelte. Er rächte sich an den Geistlichen, so gut er konnte. Dazu führte er eine Meute von fünftausend Hunden mit sich, die er in Klöstern schlafen und von den Mönchen füttern ließ. Für jeden Hund, der starb, ließ er einen Mönch hängen. Er kämpfte dem Papst einzelne Städte ab und vergiftete den Bischof Rossi. Als er exkommuniziert wurde, versöhnte er sich schnell wieder mit der Kirche. Doch es war ein Trick von ihm, denn er wollte sich dadurch um so leichter Genua einverleiben. Das grausame Gemetzel hatte immer noch kein Ende.

In der Stadt Florenz brach ebenfalls der Unwille gegen den Papst durch. Dieser hatte nämlich – um seine Feinde zu schwächen – verboten, Getreide in die Toskana einzuführen. Wie sollte da eine Stadt wie Florenz überleben, die vom Getreidehandel lebte? Warum sollten sie einem fernen, französischen Papst ihre eigenen Interessen opfern? Sie, die sich zum Papst bekannt hatten, sollten nun wie Freiwild für ihn herhalten? Die Regierung und die Bürger der Stadt waren erbost.

Wütende Florentiner stürmten auf die Straßen und schrien: „Nieder mit den Priestern! Es lebe die Freiheit." Sie brachten Inquisitoren um und zerstörten die Gefängnisse. Man verkündete, alle kirchlichen Privilegien sollten nun durch die Republik verteilt werden. Die kanonischen Tribunale wurden abgeschafft, der Papst wurde gar zum Feind der Bürger erklärt.

Katharina war in dieser Auseinandersetzung allen Seiten gegenüber Freund und Feind zugleich. Allen wollte sie den Frieden bringen und die Liebe Gottes predigen! Aber gleichzeitig ereiferte sie sich gegen Kirche und Staat, weil diese nicht wirklich zum Frieden bereit waren: „Wer sich nicht selbst erkannt hat und beherrschen kann, der ist nicht fähig, über anderen zu stehen und zu herrschen!“ So lebte sie selbst es vor. Und die Menschen, die ihr nahe waren, begriffen, wie sie es meinte.

Gregor XI. versuchte die Florentiner zu besänftigen und bot Frieden an. Das Volk antwortete in seiner Wut mit einer abscheulichen Tat: Man ergriff den päpstlichen Nuntius, stellte ihn auf eine Schuttkarre, häutete ihn bei lebendigem Leibe und zwickte mit glühenden Zangen Fleischstücke aus ihm heraus, die man den Hunden vorwarf.

Die Ghibellinen ergriffen unter diesen Umständen die Macht in Florenz. Ihr Erkennungszeichen war eine rote Fahne, auf der mit silbernen Buchstaben das Wort „Freiheit“ gestickt war. So ritten sie durch die Lande und gewannen andere Städte, die sich gegen den Papst gewandt hatten. Mehr als sechzig ehemals papsttreue Städte schlossen sich daraufhin Florenz an.

John Hawkwood, der zuvor für den Papst gekämpft hatte, kämpfte nun für Florenz, da ihm dort mehr Geld geboten wurde. Der heilige Stuhl verhängte daraufhin das Interdikt über die Stadt. Mochten die Florentiner anfangs darüber gelacht haben: Bald zeigten sich die verheerenden Auswirkungen der großen Exkommunikation: Die Christen der Stadt erhielten keine Sakramente mehr, niemand durfte mit der Stadt Handel treiben ohne selbst in den Bann zu fallen, und es war erlaubt, die Florentiner auszuplündern. Die Bürger wurden zu Sklaven erklärt, sie sollten wie Heiligtumschänder und Vatermörder bestraft werden.

Nach wenigen Wochen war jeglicher Handel in Florenz ruiniert. Viele Menschen flohen nach England oder wanderten in andere Städte aus. Aber auch dort wurden sie verfolgt. In der Not begannen die Ghibellinen von Florenz aus mit dem Papst zu verhandeln, doch sie hatten keinen Erfolg. Dann erinnerten sie sich an Katharina. Eine Delegation reiste nach Siena und bat Katharina, zwischen der Stadt Florenz und dem heiligen Stuhl zu vermitteln.

Katharina zögerte keinen Augenblick, hatte sie doch schon seit langem das Elend verfolgt und Briefe an den Papst in Avignon geschickt. Sie hatte an Gregor XI. in verständlichen Bildern geschrieben; vom Baum der Erkenntnis, der jeden zur Selbsterkenntnis und Umkehr aufrufe. Und dann forderte sie ihn auf:

„Ich will, dass Ihr ein wahrer guter Hirte seid, der, hätte er hunderttausend Leben, bereit wäre, sie alle zur Ehre Gottes und dem Heil der Menschen hinzugeben. O mein Vater, liebster Christus auf Erden ... Sorget einzig für die geistigen Belange, für gute Hirten und gute Vertreter in ihren Städten, denn durch die schlechten Hirten und Vertreter kam es zur Rebellion. Schafft da Abhilfe und stärkt Euch in Christus Jesus und fürchtet nichts ...“

Katharina flehte ihn außerdem an, doch nur geeignete Männer als Kardinäle einzusetzen, denn er hatte stets seine französischen Verwandten bevorzugt. Noch vor ihrer Reise schrieb Katharina an einen befreundeten Guelfen in Florenz: *„Ich bitte Euch, Niccolo, bei der unaussprechlichen Liebe, mit der uns Gott geschaffen hat und so gütig losgekauft hat, dass Ihr Euch entsprechend Eurer Kräfte bemüht, alles zu tun, um den Frieden und die Einheit zwischen Euch und der heiligen Kirche zu stiften, damit Ihr Euch und die ganze Toskana nicht gefährdet.“*

Jetzt kam für sie der Ruf des Schicksals. Jetzt sollte es nicht nur beim Briefeschreiben bleiben. Jetzt würde sie in Verhandlung treten zwischen Florenz und dem heiligen Vater selbst. Katharina und ihre treue *famiglia* machten sich reisefertig.

Es war Mai. Mai in Wiesen und Feldern, Mai in den Lüften, Mai in der *famiglia* und Mai bei Katharina, denn dies war ihr erster großer Auftrag, politisch zu agieren. Die Vertreter von Florenz konnten auf ihrem Heimweg Katharina und ihre Schar in die Stadt begleiten.
Mit der Aufgabe, die Katharina übernommen hatte, geriet ihr geistliches Leben keineswegs ins Hintertreffen. Sie war davon überzeugt, dass Friede nur entstehen kann, wenn der Einzelne seinen Willen loslässt und nach Gottes Liebeswillen fragt. Und so endete fast jeder ihrer Briefe mit dem Satz: „*... Ertränkt Euch, badet Euch in Christi Blut.*“ Sie, die stundenlang vor dem Gekreuzigten betete und mit ihm sprach, hatte keine Mühe, dieses Kreuzwunder ins alltägliche Leben zu übertragen.
Als nicht nur die Lasttiere für die Reise beladen wurden, sondern auch noch einige Männer Gepäck schulterten, fing Lappa an zu weinen, da sie ihre Enkel zurücklassen musste. Katharina tröstete die Unglückliche: *„Lieben und Leiden ist eins. Vergiss das nicht!“*

Raimund, der während ihrer gemeinsamen Reisen meist ihre Nähe suchte, war bekümmert über all das, was der Kirche angetan wurde.
„Väterchen Raimund?“, fragte Katharina plötzlich in seine Gedanken hinein. „Was bedrückt dich?“
„Mich bedrückt, dass all das Schlimme wahr wird, das du vor einiger Zeit vorausgesagt hast.“
„Da ich dir in einem Jahr noch Schlimmeres berichten werde, solltest du jetzt mit deinen Sorgen zu Ende kommen“, gab Katharina zur Antwort. Sie sammelte einige Steine und gab Raimund mehrere in die Hand. „Nun wirf mit den Steinen deine Sorgen fort.“

Als Raimund nicht wusste, was das sollte, machte ihm Katharina das Spiel vor. Sie nahm einen Stein und sagte: „Das Gezeter meiner Mutter!“ Dann schleuderte sie den Stein fort, so weit sie konnte. Und sie warf gut.
Raimund hatte sofort begriffen. Weit flogen seine Steine, die allesamt die Namen von enttäuschten Hoffnungen trugen. Sie blieben nicht die einzigen Steinewerfer, bald hatten auch die andern begriffen, was es mit den Steinen auf sich hatte, und je nach Kräften übertrafen sie sich in Weitwurf, Bitterkeit und Flüchen.
Nach dem Steinhagel war es, als ob die Steine sich in Vögel verwandelt hätten. Denn die Luft war erfüllt von Gezwitscher, aus den Hecken flogen Finkenscharen auf, und in der Luft tirilierten die Lerchen und begleiteten die *famiglia* mit ihrem auf- und abfallenden Flug, als ob sie Girlanden an den Himmel malen wollten.

In Florenz bezog die *famiglia* ein eigenes Haus mit großem Garten. Wer von der Straße aus nicht gesehen werden wollte, konnte auch von hinten durch die hohen Hecken in den Garten gelangen. Dieses Gebäude hatten die Florentiner mit Bedacht so gewählt, denn sie waren misstrauisch und voller Heimlichkeiten.
Katharina traf sich noch am selben Abend mit einflussreichen Persönlichkeiten und hörte ihre Anliegen. Dabei wurde sie in manche Verstecke geführt, denn niemand war sich mehr seines Lebens sicher. Doch welche Unterschiede zeigten sich bei den Verhandlungen! Katharina, die nur Frieden stiften wollte und auch von ihren Gesprächspartnern Aufrichtigkeit verlangte, wurden Lügengeschichten und Intrigen aufgetischt. Die meisten dachten nur daran, diese Frau für ihre Zwecke zu gebrauchen. An wirklich

durchgreifenden Verhandlungen waren sie nicht interessiert.

Katharina beschwor die Parteien auf allen Seiten, doch endlich ernst zu machen mit den Friedensbemühungen. Die Geistlichen ermahnte sie, ihre „Kinder" nicht im Stich zu lassen und trotz allem die Anweisungen des Papstes zu befolgen.

„Bringt mir alle an einen Tisch, damit wir ein Papier für den heiligen Vater entwerfen, das ihr mit dem Siegel eures Blutes unterschreibt", bat Katharina. Doch die Vorschläge der Florentiner waren halbherzig. Ja es erschien ihr manchmal, dass sie nur mit ihr zusammensaßen, um dem eigenen Volk einen Gefallen zu tun und sie für die eigene Macht zu missbrauchen. Daraus ließ sich weder eine Grundlage für Verhandlungen entwickeln noch in Florenz selbst Frieden schaffen.

Katharina brauchte mehr Geduld als Verhandlungsgeschick, um dem Papst ein Angebot unterbreiten zu können. Sie verfiel jedoch nicht in Hoffnungslosigkeit oder hielt das Elend von sich fern. Vielmehr litt sie mehr denn je angesichts der selbstverliebten Menschen, die sich in Hass und Selbsttäuschung verloren, anstatt aufrecht zu regieren.

Katharina hatte für sich selbst den Schlüssel zum Herrschen gefunden und den wollte sie auch anderen nahebringen. *„Denn"*, so schrieb sie schon ein Jahr zuvor an eine Frau aus vornehmem Hause: *„unserem liebsten Schöpfer zu dienen bedeutet nicht, dienstbar zu sein, sondern zu herrschen! Wenn sich die Seele von der Liebe zur Welt frei gemacht hat, wird sie zur Herrin der Welt. Der besitzt die Welt ganz, der sie ganz verschmäht."*

Raimund erhielt vom Papst den Befehl, mit einigen Ordensbrüdern nach Avignon zum päpstlichen Hof zu reisen. Sei-

ne Anwesenheit wurde gebraucht, da er als guter Übersetzer bekannt war und zudem noch Verhandlungsgeschick besaß. „Ich kann Katharina unter den florentinischen Hunden nicht allein lassen!", hätte er am liebsten ausgerufen. Aber er hatte den Satz zum Glück zurückgehalten, denn Katharina empfand die Situation ganz anders. „Du wirst gebraucht, Raimund! Heute, am besten heute noch, machst du dich reisefertig. Die Florentiner brauchen uns nicht mehr. Einzig ihre Herzen müssen sie umkehren. Es reicht, wenn ich hier bleibe und für ihre verstockten Seelen bete."
„Du willst mich ohne Schmerz von dir schicken?"
„Nicht von mir schicke ich dich, zu dem ich mich sehne Tag und Nacht. Einzig hin sende ich dich an den Platz, den Gott dir gibt. Denn dies ist unser gemeinsames Ziel: für den zu brennen und zu sterben, dem wir alles verdanken."
„So komm mit, damit wir gemeinsam die Sache bestehen."
„Warum versuchst du mich, geliebter Bruder? Du weißt, dass ich hier gebraucht werde und wir umso mehr eins sind als wir uns im Willen Christi finden."
„Deine Liebe zu Gott und Menschen ist schärfer als ein Beil und weiter als die Meere."
„Ich werde Tag und Nacht nach dir Ausschau halten, als ob du stündlich wiederkehren würdest – und doch für dich beten, damit du alle Gefahren siegreich bestehst."
„Siegreich! Wie oft habe ich dich enttäuscht, Katharina! Mir fehlt ein mutiger Charakter."
„Seit ich dich kenne, fehlt mir nichts! Glaube mir meine Liebe, auch wenn ich dich ermahne."
Und wieder nahm er das Licht um sie wahr. Seine kleine Katharina, die viel größer war als er. Er küsste ihre Hände und begann die beschwerliche Reise zu planen.
Raimund pflegte nicht wie Katharina zu reisen, die sich

über jeden Mangel freute. Er dachte an die Entbehrungen und Gefahren einer solchen Unternehmung, erinnerte sich an die Ängste, die er dabei schon ausgestanden hatte. Um Katharinas Nähe zu ersetzen, brauchte er einen starken Mann zur Linken und zur Rechten.
Cecca war froh, in Florenz bleiben zu können, denn der Garten erinnerte sie an ihr eigenes Zuhause. Sollten sich Raimund und die Ordensleute ruhig auf den Weg machen. Alessa würde wie immer Katharinas Briefe schreiben. Zudem blieben auch Tommaso, Stefano und Neri bei Katharina, denn sie hatten einzig Katharina als ihre Leiterin anerkannt. Ja, die *famiglia* war fröhlicher Dinge, als sich Raimund mit mehr als dreißig Begleitern auf den Weg machte. Katharina weinte zwar, aber die Tränen waren süß für sie, konnte sie doch mit Raimunds Abschied ein weiteres Opfer bringen.
Sie vertraute auf Raimund und schrieb ihm glühende Briefe, wie sehr sie ihn vermisse – und lobte im nächsten Satz doch wieder Gottes Güte, der sie in ihrem großen Schmerz umso mehr tröste.

Wenige Wochen waren vergangen, da bat die Stadt Florenz Katharina flehentlich, doch selbst nach Avignon zu reisen, um mit dem Papst zu sprechen. Raimund, der mehrere Sprachen beherrschte, würde dort ihr Begleiter und Übersetzer sein. Und so brach die Gruppe mit Fuhrwerken und Lasttieren zu der siebenhundert Kilometer langen Strecke nach Frankreich auf.
Zwei Monate dauerte die beschwerliche Reise über schlechte Bergstraßen und durch enge Schluchten. Immer wieder mussten sie die Esel mit Ruten zum Gehen antreiben, mehrmals brachen die Räder der Karren. Erschwerend kam hin-

zu, dass sie auf dem langen Marsch sowohl von Reisenden als auch von Anwohnern mit Argwohn behandelt wurden. Keiner traute mehr dem andern über den Weg. Katharina blieb nichts anderes übrig, als müde und von der Sonne ausgedörrt vor ihrer Gruppe her zu marschieren. Zeitweise war sie ganz in sich versunken und setzte sich nieder, ohne die Disteln zu spüren. Doch im nächsten Augenblick war sie wieder hellwach und erspähte als Erste die Dächer einer Festung.

Am 13. Juni 1376 kamen Katharina und ihre *famiglia* gegen Abend in Avignon an. Als sie schier endlos an armseligen, verfallenen Hütten vorbeizogen, wäre Katharina am liebsten gleich in die Häuser geeilt, um etwas Licht in die schäbigen Behausungen zu bringen. Doch sie gingen weiter bergauf und näherten sich dem Palast der Päpste, der sich wie eine riesige Festung über dem Elend erhob. Je näher sie den gewaltigen Mauern kamen, umso größer wurde das Gedränge in den Straßen. Im Staub saßen Händler, barfuß schoben andere ihre armseligen Karren umher. Und wie aus einer anderen Welt ritten Adlige, Hofdamen, Ritter und Kardinäle – in Samt und Seide gekleidet, die Umhänge mit Perlen bestickt – durch das Elend zu ihren Füßen.

Innerhalb der Palastmauern war der Prunk durch nichts mehr zu überbieten. So etwas hatte Katharina noch niemals gesehen. Selbst Hurenhäuser gehörten zur Palastanlage! Die Damen schienen nur mit Perlen bekleidet zu sein, ihr Puder und Parfüm roch durchdringender als die verschwitzten Pferdekörper …

Der Papst hatte angeordnet, Katharina und ihre zweiundzwanzig Schülerinnen sollten in einem leer stehenden Kardinalspalast untergebracht werden. Außerdem sollte die

Santa erst einmal drei Tage lang von Geistlichen geprüft werden, ob sie auch wirklich eine „Heilige" sei.
Nach bestandener Prüfung stieg Katharina wieder die breiten Treppen hinauf, ging an herrlich blühenden Gärten und kunstvollen Marmorsäulen vorbei in den Saal, in dem der Papst mit seinen Kardinälen thronte.
Sie waren nicht allein. Es hatte sich herumgesprochen, dass eine Mantelatin als Vermittlerin gekommen sei, und dieses Schauspiel wollten sich viele ansehen. Sie bekamen eine kleine Frau zu Gesicht: in einer weißen Kutte und mit einem geflickten schwarzen Mantel darüber.
Und so stand Katharina vor dem Papst. Gregor XI. war freundlich und wirkte verständnisvoll. Er war ein Gelehrter des kanonischen Rechts und der scholastischen Philosophie. Katharina sah in ihm einen wahren Diener Gottes, aber sie sah auch seine unruhigen Hände und sein Gesicht voller Unsicherheit und Zweifel. Sie selbst war nicht größer als er und zudem unscheinbar durch ihre einfache Kleidung. Und doch stand sie wie ein Fels in der Halle.
Raimund übersetzte Katharinas sienesischen Dialekt ins Lateinische oder in den provenzalischen Dialekt, den der Papst verstand. Katharina sprach freundlich für die Interessen von Florenz, und der Papst antwortete entgegenkommend: *„Damit Ihr klar einseht, dass ich den Frieden wünsche, lege ich alle weiteren Entscheidungen und Verhandlungen einfach in Eure Hände. Ich bitte Euch, den Frieden mit der Ehre der Kirche zu empfehlen."*
Katharina zeigte ihre Freude darüber offen und schrieb sofort an den „Achterrat des Krieges" nach Florenz und ermahnte diesen, sich zu mäßigen.
„Nun, da ich mit eigenen Augen die Santa gesehen habe, verstehe ich, dass Gott durch die kleine Frau spricht", sagte

der Papst zu Raimund und fuhr fort: „Ich wünsche, Katharina oft zu sehen. Sie soll kommen können, wann es ihr beliebt. Sag es der kleinen Mantelatin."
Raimund war glücklich darüber, dass der Papst ebenfalls Gefallen an Katharina gefunden hatte. Und er spürte in sich eine heiße Welle von Stolz und Dankbarkeit aufsteigen. Sie war seine Mantelatin! Er ein unwürdiger Beichtvater ... aber er war ihr Beichtvater! Mochten sich andere mit schnellen Rössern und bunten Mänteln schmücken – sein Glück war die kleine Frau, ihr gehörte sein Herz. Allein beim Gedanken an sie musste er oft lachen. Auf seine Frage hin, warum sie immer den Blick gesenkt hielte, wenn sie im prächtigen Palast sei, hatte sie zum Beispiel geantwortet: „Der Reichtum und die Frauen stinken so."
Der Papst bewunderte Katharinas geistliche Weisheit und die damit verbundene Sicherheit in ihren Handlungen. Hätte er damals gewusst, wozu sie ihn einmal bewegen würde, hätte er vielleicht vorsorglich auf Unterredungen mit ihr verzichtet.
In Avignon war Gregor XI. von ebenfalls französisch sprechenden Verwandten und Freunden umgeben. Er hatte dort seine Leibärzte, genoss Autorität und Ansehen. Der „sichere Fels", der nun öfters in der Halle mit ihm im Gespräch war, wollte ihn in Rom sehen. Außerdem spie der Fels gleich einem Vulkan manchmal Feuer und Asche in seine Räume ...
So beklagte Katharina bei einer der Audienzen, dass sie anstatt der paradiesischen Düfte eines heiligen Lebens hier den Gestank aller irdischen Laster einatmen müsse. Auf die Frage, wie sie nach ein paar Tagen schon die Zustände am Hof beurteilen könne, antwortete sie leidenschaftlich: „Ich bekenne furchtlos, da es um die Ehre des allmächtigen Got-

tes geht, dass die Sünden des päpstlichen Hofes bis nach Siena stinken, wo ich herkomme, und mir dort noch mehr Ekel einjagen als den Leuten hier."

Die Abgesandten von Florenz zögerten lange, ehe sie nach Avignon kamen und erklärten, dass sie keine Frau als Vermittlerin akzeptieren wollten. Katharina war darüber dermaßen erbost, dass sie alle Freunde wegschickte, um sich dann unter dem nächsten Olivenbaum lautstark bei Gott zu beschweren. Der folgende Brief, den sie an den Florentiner Buonaccorso Lapo schrieb, war voller Zorn und Vorwürfen. Alessa, die die Zeilen niederschrieb, sagte immer wieder leise „Oh ..."
Aber Cecca bekam einen Anfall von Heiterkeit und feuerte Katharina an: „Jawohl, die Lügner haben es verdient, bei lebendigem Leibe zu brennen!" Auch sie war wütend, denn sie hatte sich in Florenz Arme und Beine ausgerissen, um es allen Seiten recht zu machen. Und das war der Dank! Doch nachdem Alessa den Brief mit den bitteren Klagen fast zu Ende geschrieben hatte, diktierte Katharina weiter:
„... Verzeiht mir meine bitteren Worte, die ich nicht zurückhalten konnte. Denkt weniger an meine Worte als an die Liebe Gottes, die aus allem Bösen etwas Gutes machen kann. Die Liebe bedarf ja des Bösen, damit sie ihre Kraft und Güte erweisen kann. Ich bitte meinen liebsten Herrn, mir meine Enttäuschung zu vergeben. Ich bade mich im Blute Christi, damit ich vollkommen bin und zum neuen Glauben an den Frieden finde. So badet auch Ihr im lieblichen Blute Jesu. Unendliche Liebe – weites, unendliches Blut der Liebe. Es grüßt Euch des Herrn unnütze Magd, Tochter des großen liebenden Gottes: Katharina."
Alessa war mit dem Ende des Briefes einverstanden und Cecca tat es schon Leid, dass sie gelacht hatte. Aber Katha-

rina sah ihre Helferinnen an und sagte: „Wie sehr ich euch liebe! Ihr seid wie aus meinem Herzen geschnitten!"
„So brauchen wir nicht Kummer tragen, weil uns die Florentiener übel mitspielten?", fragte Cecca vorsichtig.
„Ich wünschte, dass ihr nie Kummer habt", erwiderte Katharina." Und weiter sagte sie zu Cecca: „Nimm meine Schwägerin Lisa mit dir, denn sie hat oft noch Kummer, und die, die dir lieb sind. Geh mit ihnen auf den Markt und kauft für ein Festmahl ein. Heute Abend wird gefeiert."
Cecca brauchte für diesen Auftrag keinen Grund zu wissen. Sie lobte den Tag und begann zu singen. Alessa musterte Katharina.
„Lasst uns allein", sagte Katharina zu den andern.
„Du hast einen Grund, liebste Mutter. Du weißt, warum wir heute Abend feiern, obwohl die Verhandlungen gescheitert sind?"
„Jetzt und in Zukunft will ich dir mitteilen, was ich mir vornehme. Ich will dir von den Gedanken Gottes erzählen."
„Danke, Mutter."
„Bedanke dich nicht zu früh", lachte Katharina. „Ich möchte dich, wenn ich endlich einmal mein Leben für Gottes Sache opfern kann, zu meiner Nachfolgerin ernennen." Und ohne auf Alessas erschrockenes Gesicht zu achten, fuhr sie fort: „Die famiglia soll immer eine Mutter haben – im Geist werde ich immer bei euch sein."
Alessa wollte etwas erwidern, aber ihr fiel nichts ein. In ihren Vorstellungen war Katharina immer unsterblich.
„Nun haben wir keine Zeit zu verlieren", drängte Katharina.
„Ich weiß, warum ich in Avignon bin!" Und dann breitete sich auf ihrem Gesicht ein stilles und doch freches Lachen aus, das auch Alessa erheiterte. Und sie rief: „Dann aber heraus mit der Sprache."

„In Avignon zu sein in Sachen Florenz ist eine Sache ... In Avignon beim Papst zu sein, die andere." Alessa verstand nicht, was Katharina meinte, aber die Heiterkeit hatte sie angesteckt. Alessa fühlte sich plötzlich zu allem bereit.
„Heute begleitest du mich in den Palast", sagte Katharina. Damit hatte Alessa nicht gerechnet. Doch spätestens nach dem ersten Besuch beim heiligen Vater wusste sie, worum es Katharina ging. Sie wollte den Papst in Rom sehen, für immer in Rom. Sie verlor nie ihre Ziele aus den Augen. Und so packte sie das Nächste an: die Rückkehr des Papstes nach Rom.

„Kein Zeitpunkt ist ungünstiger, den Heiligen Stuhl nach Rom zurückzuverlegen", wehrte Gregor XI. Katharinas Ansinnen ab. Er war informiert genug, wie gefährlich es für ihn wäre, nach Italien zu reisen. In ein Land, dessen Sprache er nicht einmal beherrschte. Doch Katharina war es gleichgültig, ob er dafür Vater, Mutter, Schwestern und seinen König verlassen musste.
„Wartet nicht auf die Zeit, denn die Zeit wartet nicht auf Euch!", rief sie. „Ich sage Euch, Vater in Christo, kommt wie ein sanftes Lamm. Mit dem Duft des Kreuzes werdet Ihr den Frieden gewinnen. Kommet, kommet, kommet! Gehorcht Gott, der Euch ruft, die Stätte des Hohen Hirten Sankt Petrus in Besitz zu nehmen, dessen Vikar Ihr seid."
Gregor XI. ließ Katharina ein Schreiben zeigen, wonach in Rom bereits das Gift für ihn bereit stünde.
„Der das schrieb", rief Katharina, „ist lediglich einer, der das Schwächste am Menschen kennt, nämlich die Liebe zum eigenen zarten Körper. Aber diese Sorge ziemt sich nicht für den Papst. Wichtig ist, dass Euch alle untadelig finden und Ihr Euer Versprechen Euren Kindern gegenüber einhaltet."

Der deutsche Kaiser Karl IV. hatte genau zehn Jahre zuvor den damaligen Papst Urban V. von Avignon nach Rom begleitet und ihm militärische Sicherheit gewährt. Wie konnte nun ein wesentlich ängstlicherer Papst zu dem gleichen Schritt bewogen werden? Katharina hatte keine Truppen. Verfügte weder über starke Männer und Kampfausrüstungen, noch hätte sie die finanzielle Stärke gehabt, ein schlagkräftiges Söldnerheer zu bezahlen, das doch den andern unterlegen wäre. Sie wählte eine vollkommen andere Strategie: Katharina bat Gregor XI., alle am Hof zu täuschen, denn man würde sicher annehmen, dass sie mit ihm nach Rom wollte. Er sollte vorausziehen und den Seeweg nehmen. Sie würde mit ihrer *famiglia* den Landweg wählen. In Genua würden sie wieder aufeinander treffen. Sie würde erst einige Tage nach ihm abreisen, so dass kein Verdacht geschöpft wurde.
Der Papst gab Katharina noch hundert Florinen für die beschwerliche Reise und verließ tatsächlich bald darauf mit seinem Hof Avignon und reiste nach Marseille. Von dort fuhr er mit Schiffen nach Genua. Die Kardinäle versuchten den Papst wieder umzustimmen. Doch dieser traf sich heimlich mit Katharina, die bereits Anfang Oktober in Varazze bei Genua eingetroffen war. Katharina bestärkte Gregor darin, seiner heiligen Sache treu zu bleiben.
Die *famiglia* war anschließend nicht in der Lage weiterzureisen. Mehr als die Hälfte der Mitglieder war erkrankt. Obwohl sie in Varazze eine gute Unterkunft gefunden hatten und alle sich ausruhen konnten, husteten und fieberten die Kranken lange. Katharina war nun einzig für ihre *famiglia* da. Sie sorgte sich um die Frauen und am meisten um Tommaso, dessen Brust bei jedem Atemzug rasselte. Katharina kümmerte sich um warme Kleidung, denn sie würden von

Genua aus mit dem Schiff nach Livorno weiterfahren. Während Tommaso auf der Schiffsreise sich allen Schleim von der Brust husten konnte, waren einige seekrank geworden. Alessa und Neri saßen teilnahmslos herum und wünschten sich lieber den Tod, als sich weiter die Galle aus dem Leib zu spucken.

„Am 25. November kamen wir in Livorno an, alle haben die Fahrt überlebt …“, schrieb Neri am Abend in seinen Aufzeichnungen. Er wusste nicht mehr, wie er von Bord gekommen war. Und doch würde er nie die tröstlichen Augenblicke vergessen, als er wieder festen Boden unter den Füßen hatte. Als sie eine Unterkunft gefunden hatten und bei frisch gebackenem Brot zusammensaßen, langte Alessa zu den geräucherten Fischen, nahm sich den größten heraus und verkündete: „Dafür habe ich tagelang gefastet!“

„Und ich erst!“, rief Neri und nahm sich den zweitgrößten. Der Teller machte die Runde und jeder wusste einen Satz über seine vergangenen Leiden hinzuzufügen. Sie waren übermütig und lachten schallend, obwohl sie noch gar keinen Wein getrunken hatten.

Katharina sah in die Runde und war einfach nur glücklich. Ihre tapferen, wunderbaren Kinder! Alle hatten die Strapazen gemeistert, ohne zu murren.

„Ich danke euch, ich liebe euch, mehr als eine leibliche Mutter ihre Kinder lieben kann.“ Und zu Alessa, die ihre verlorenen Pfunde wiederhaben wollte, sagte sie: „Ihr seid meine Speise, und wenn ihr mit eurem wachen Geist und dem Gelächter um mich seid – wahrlich ich berausche mich daran wie Fra Bartolomeo am Wein.“

Drei Tage waren sie fröhlicher Dinge, es war, als ob sie sich gegenseitig immer wieder versichern mussten, dass sie noch am Leben waren. Doch dann hielt es Katharina nicht länger in der Hafenstadt. Sie wollte noch so viel tun, und sie hatten durch den langen Aufenthalt in Varazze Zeit verloren. Außerdem hatten sie ihre Esel verkauft, um warme Kleidung zu erwerben. Nun brauchten sie wieder mindestens vier Lasttiere, selbst wenn alle zu Fuß gingen. Da ihr nächstes Ziel das bekannte Pisa war, ließen sich die Mühen des Weges leichter ertragen, denn man konnte sich schon auf den fürstlichen Empfang bei Gambacorti freuen.

Es war, als ob sie nach Hause kämen. Die *famiglia* konnte in Pisa im gleichen Haus wohnen wie bei ihrem ersten Besuch. Katharinas Gedanken flogen wie Vögel von einer Stadt in die andere. Ihre Briefe waren die lebendigen Beweise dafür. Konnte sie nicht mehr beim Papst sein, so erhielt er Post von ihr, die ihn zur Standhaftigkeit und zum Frieden mahnte: *„Ich wünschte Ihr wärt ein Baum an Liebe, eingepflanzt in der ewigen Liebe, im gekreuzigten Christus. Ein Baum, der zur Ehre Gottes und zum Heil der Herde seine Wurzeln tief in die Demut hineinsenkt. Seid Ihr ein solcher Baum der Liebe, so tief verwurzelt, dann werdet Ihr in der Krone dieses Baumes die Frucht der Geduld und des Starkmutes finden und im Geäst der Mitte die Krone der Beharrlichkeit. Ihr werdet in all den Mühen Frieden, Ruhe und Trost finden, wenn Ihr seht, wie Ihr im Leiden Christus, dem Gekreuzigten, gleichförmig werdet. Im Erdulden um des Gekreuzigten willen werdet Ihr in Freude aus all dem Krieg und zum großen Frieden gelangen …"*

Am 17. Januar 1377, als Katharina mit ihrer *famiglia* noch in Pisa war, zog Papst Gregor XI. feierlich in Rom ein und ließ sich im Vatikan nieder. Die Römer feierten den Umstand, nun den Papst wieder in der heiligen Stadt zu haben. Auch wenn er kein Italiener war und die meisten Kardinäle ebenfalls Französisch sprachen, bildete sich ein fester Kreis um ihn, der ihn schützte.

Katharina war im Januar durch die kalte klare Winterluft mit ihrer *famiglia* nach Siena zurückgekehrt. Lisa, die Katharina treu begleitet hatte, konnte ihre Schritte kaum zügeln; die ganze Zeit über war sie von Heimweh geplagt gewesen. Wie würde es in Siena sein? Waren ihre Kinder wohlauf?

Katharina war ebenfalls ungeduldig, denn sie hatte zwei Stunden Fußweg von Siena entfernt die kleine Festung Belcaro geerbt, die ihr ein dankbarer Sünder überließ. Der Papst hatte ihr schon in Avignon erlaubt, dort ein Frauenkloster zu gründen. Die versiegelte Urkunde trug sie wie andere Kostbarkeiten in einem Beutel, der an ihrem Gürtel hing. Gleich nach ihrer Ankunft wollte sie ein Gesuch an die Stadt richten, damit sie mit dem Umbau beginnen konnte.

Es gab genug Frauen, die dort wohnen wollten, und ihr treuer Anhänger und Schüler, Abt von Sant'Antimo, Giovanni di Gano, war bereits als Kommissar für die Neugründung bestimmt. Katharina brauchte nur noch die Erlaubnis der Regierung, überhaupt umbauen zu dürfen, denn zum Schutze der Stadt sollten alle Festungen erhalten bleiben und nicht zweckentfremdet werden. Aber Neri und Katharina hatten sich bereits kundig gemacht und konnten darlegen, das Anwesen sei als Festung ohnehin schlecht geeignet. Die Mauern seien zu niedrig und die Gebäude nicht genug befestigt.

Bereits im Frühjahr wurde das Kloster eingeweiht. Es war das erste, das im Geiste Katharinas geführt werden sollte, und erhielt den Namen „Santa Maria degli Angeli". Die Nonnen wollten sich alle verbindlich an die Regeln halten, und als Mittelpunkt ihrer Verkündigung sollte die Liebe Christi gelebt werden.

„Damit werdet ihr eine große Reform innerhalb der ande-

ren Klöster bewirken", versprach Katharina, als sie sich von den Frauen verabschiedete.
Katharina bemühte sich nach der feierlichen Einführung erst gar nicht mehr, den Fußweg zurück nach Siena zu nehmen. Noch weniger dachte sie daran, im neuen Kloster sesshaft zu werden. Statt dessen zog sie weiter durch die Toskana, besuchte die Kartäuser von Maggiano und ihre liebe heilige Agnes in Montepulciano. Lisa und Alessa begleiteten Katharina, die ergriffen vor dem Sarg der Agnes betete. War es die Begegnung mit der Heiligen, die Katharinas schwachen Körper so sehr stärkte? Sie suchte sich vier Mantelatinnen, drei Predigerbrüder und vier junge Männer aus, um von Mai bis November nach dem Vorbild Jesu von Ort zu Ort zu ziehen und zu missionieren. Raimund, der mit päpstlicher Erlaubnis einen Tragaltar mit sich führen durfte, konnte sich nicht erklären, woher die vielen Menschen kamen.
„Es ist, als ob eine unsichtbare Posaune ein Signal blasen würde", sagte Raimund später. „Die Menschen kommen von den Bergen und Dörfern, um die heilige Bußschwester zu hören. Wir kommen oft nicht einmal zum Essen, weil so viele ihr Leben ändern wollen."
So sehr Katharina die Predigerbrüder brauchte, damit sie die Beichten abnehmen und Vergebung zusprechen konnten, so wichtig war es ihr nun, dass immer ein Schreiber bereitstand, denn sie spürte mit großer Klarheit, dass ihre Seele mit Gott in einen Dialog treten konnte. Und sie wollte, dass dieses Gespräch von ihren Sekretären aufgezeichnet würde, damit ein Buch daraus würde.
Sie begann das Gespräch mit vier Bitten, die sie an Gott richtete. Deshalb wies sie Neri an, der als erster die Aufzeichnungen begann: „Lege die Blätter so zusammen, dass zwischen den vier Kapiteln immer leere Seiten liegen."

Neri hatte sich bei einem Archivar zwei lederbezogene Bretter machen lassen, in die er feinstes Papier gelegt hatte. Er freute sich über den Auftrag umso mehr, da er Bücher liebte. Er hatte angeordnet, dass die Schreiber es ihm immer wieder aushändigen sollten, damit er nach dem Rechten sehen konnte.

„Also, Neri, so schreibe über das erste Kapitel: *‚Was kann man tun, um das Heil in der Welt zu verwirklichen?‘ Über das zweite: ‚Erbarme dich der Welt, denn es scheint, sie ist am Ende mit ihrer Kraft.‘ Über das dritte: ‚Erneuere die Kirche von innen her.‘ Und über das vierte schreibe: ‚Was ist die göttliche Vorsehung, als die sich immer wieder anbietende Liebe Gottes, die durch das antwortende Handeln der Menschen Gestalt annehmen will?‘“*

In den folgenden zwei Jahren schrieben Katharinas Sekretäre ihre Gespräche mit Gott in diesem Buch nieder. Dafür mussten sie Katharina genau beobachten. Wenn sie sich aufrichtete, ihre Hände vor der Brust übereinander legte und danach unbeweglich stand und mit klarer Stimme sprach, schrieben sie auf, was sie hörten. Es war Katharina wichtig, dass die Menschen von Gottes Gedanken erfuhren.

Trotz der ausgefüllten Tage, in denen die *famiglia* oft über ihre Belastbarkeit hinaus arbeitete, verlor Katharina die politische Situation nicht aus den Augen. Sie korrespondierte fortwährend mit dem Papst, und dank ihrer Verhandlungen wurde die Stimmung in Lucca und Pisa zunehmend papstfreundlicher. Es kam sogar ein Friedensschluss mit Bologna zustande. Florenz jedoch blieb immer noch dem Papst gegenüber feindlich eingestellt. In seiner Verzweiflung bat Papst Gregor XI. sogar seinen Erzfeind, den Regenten von Mailand, zu vermitteln. Ebenso hieß er Raimund nach Rom kommen, und er bat Katharina, wieder nach Florenz zu gehen.

Katharina reiste mit einer großen Gruppe nach Florenz. Einer ihrer Anhänger hatte in der Stadt ein Haus für Katharina bauen lassen. Katharina dankte zwar herzlich, aber was sie ansonsten zu sehen bekam, erregte ihren Unmut. Das päpstliche Interdikt wurde nicht eingehalten. Obwohl das Verbot, geistliche Handlungen vorzunehmen, allen bekannt war und fromme Menschen trotz des Wunsches nach heiligen Handlungen das Verbot einhielten, wurden die Geistlichen gezwungen, Gottesdienste abzuhalten und die Glocken zu läuten. Gleich in den ersten Tagen hatte Katharina mehrere Unterredungen mit dem Magistrat der Stadt. Katharina war so überzeugend, dass sie wenigstens erreichen konnte, dass das Interdikt befolgt wurde. Doch die Verletzungen, welche die Stadt bereits durch die Kirche erfahren hatte, saßen tief.

Eine wirkliche Chance bedeuteten die Verhandlungen in Sarzana: Drei Kardinäle, der Herrscher Mailands und die Abgesandten von Florenz hatten sich zu Friedensverhandlungen getroffen. Als man im März 1378 einem Friedensschluss nahe war, kam die Nachricht, der Papst sei gestorben. Die Florentiner ließen daraufhin alle weiteren Verhandlungen platzen, da sie nur einen Wunsch hatten: Sie wollten schnellstmöglich nach Florenz zurückkehren, um diese frohe Nachricht selbst zu überbringen.

Die Florentiner veranstalteten ein Freudenfest auf den Tod Gregors XI. Katharina sah von ihrem Haus aus den Trubel in den Straßen. Ihre Mission war noch lange nicht erfüllt!

Nun war sie mit ihrer *famiglia* selbst in Gefahr, doch sie ließ sich nicht abschrecken. Die Liebe und die Tugenden mit Leidenschaft zu leben – das war ihr Anliegen. Und gerade in diesen Zeiten chaotischer Umstände diktierte sie voller Überzeugung für ihr Buch: *„Segensbringende Geduld! Du fin-*

dest Frieden mitten im Kriege, die Milde inmitten der Bitternis, Harmonie in der Wirrnis, die Ruhe inmitten der Stürme, die die Barbarei der menschlichen Seele auf wogenden Wassern hin und her werfen.“

Katharina rechnete so fest mit Gottes Hilfe, dass die Menschen zu ihr strömten, denn sie schenkte ihnen Hoffnung. Florenz, die mit dem Interdikt belegte Stadt, hatte eine Frau, die von der „inneren Kammer“ sprach, einem Ort, in dem Christus selbst wohnen wollte. Sie riss die Menschen aus ihrer Gottesferne und begeisterte viele für ein radikales Christenleben. Darin hatte sie selbst die Erfüllung gefunden. Selbst wenn sie von Entbehrungen und Enthaltsamkeit sprach, war sie fröhlich. Mit leuchtenden Augen diktierte sie für ihr Buch verwegene Gedanken über die Keuschheit:

„Die Mäßigkeit trägt die Fesseln mit Mut, die Jungfräulichkeit jedoch bricht sie mit kräftiger Hand. Die Mäßigkeit hat Genüge an der Freiheit, die Jungfräulichkeit jedoch will die absolute Beherrschung und die oberste Gewalt. Die Mäßigkeit herrscht über den Körper, die Jungfräulichkeit jedoch trennt sich von ihm. Sie ist eine schaffende Tugend, die niemals befriedigt ist, bevor das Höchste erreicht ist. Sie nimmt Sitz in der Seele, aber sie strahlt in den Körper hinein und macht aus ihm ein Heiligtum. Denn die Ruhe des Herzens drückt sich im Gesicht aus. Die spirituelle innerliche Jungfräulichkeit färbt sich am Körper ab wie die Sonne an den Wolken, und durch diese keusche Malerei wird das sterbliche Fleisch verzehrt …“

Während Katharina treu zu ihrem Auftrag stand und in Florenz ausharrte, mehrte sich ihre Anhängerschar. Raimund erlebte in jenen Tagen in Rom hautnah eine Epoche der Kirchengeschichte, die die Kirche in eine schwere Krise warf.

Nach Papst Gregors Tod begannen große Unruhen. Die Italiener sahen ihre Stunde gekommen, endlich einen Italiener zum Papst zu machen. Zu lange hatte die französische Übermacht gedauert.
Die französischen Kardinäle suchten einen Ausweg und wählten den Bischof von Bari, Bartolomeo Prignano, Untertan der Königin von Neapel, der teilweise französischer Abstammung war, zum Papst. Als Urban VI. sollte er der Kirche vorstehen.
Das römische Volk hatte sich während der Wahl jedoch bewaffnet vor den Türen zusammengerottet. „Der heilige Geist will einen Römer!“, schrien sie unablässig.
Die Kardinäle befürchteten, nicht mehr lebendig den Raum verlassen zu können. In ihrer Not warfen sie dem alten Kardinal San Pietro die päpstlichen Gewänder über und zwangen ihn, die Rolle des Gewählten zu spielen. Die Musik ertönte, und das Volk wurde eingelassen. Die Menschen wollten nicht aufhören, die von der Gicht verformten Hände und Füße des Papstes zu küssen.
„Aber ich bin es doch nicht!“, rief er immer wieder. „Der Bischof von Bari ist doch gewählt!“
Am nächsten Morgen, als sich die Kardinäle in Sicherheit gebracht hatten, wurde dem Volk die Wahrheit mitgeteilt. Der wirkliche Papst sei der ehemalige Bischof von Bari, er sei der neue Papst, Urban VI. Von ihm erhofften die französischen Kardinäle, dass er nach Avignon zurückginge.
Urban VI. hatte sich vorgenommen die Kirche zu reformieren. Der Vorsatz, der ein Vorsatz blieb, war das einzige Friedensverheißende an diesem Mann. Ansonsten verdarb seine schroffe und rücksichtslose Art jede Zusammenarbeit, die er benötigt hätte. Er beleidigte die Kardinäle und verbot ihnen, ausländische Jahresgehälter anzunehmen. Von

seinem Verhalten abgestoßen, verließen dreizehn Kardinäle Rom. Zuvor hatte er neunundzwanzig Kardinäle ernannt, darunter nur drei Franzosen, wodurch der französische Einfluss gebrochen war. Die Franzosen hatten ihn jedoch nur gewählt, um begünstigt zu werden; nun hatte er sie im Stich gelassen.
Als die heiße Jahreszeit anbrach, gingen die französischen Kardinäle nach Anagni und die italienischen mit dem Papst nach Tivoli. Die Franzosen versprachen heimlich jedem italienischen Kardinal, ihn zum Papst zu wählen, wenn er von Urban VI. abfallen würde. Doch die italienischen Kardinäle ließen sich darauf nicht ein, obwohl auch sie unter dem neuen Papst litten, da er kein guter geistlicher Führer war.
Ehe der Sommer zu Ende war, erklärten die Franzosen, die Wahl Urbans sei als ungültig anzusehen. Damit begann eine der größten Krisen der Kirchengeschichte: das Schisma – die Kirchenspaltung. Anstatt die Völker und Gläubigen wie bisher unter einem Papst zu vereinen, wurde ein zweiter gewählt.
Als ersten von sechs Gegenpäpsten wählten die Franzosen den als „Henker von Cesena“ bekannten sechsunddreißigjährigen Kardinal Robert von Genf, der im Frühjahr das Blutbad in der papsttreuen Stadt angerichtet hatte, wovon Katharina seinerzeit geträumt hatte. Als Klemens VII. regierte er nun prachtliebend in Avignon und trieb hohe Steuern ein. Mit ihm hatte der französische König Karl V. wieder einen Verwandten als Papst.
Da Urban VI. durch seine krankhafte, grausame Art das Vertrauen der Politiker und Würdenträger verlor, wandten sich immer mehr von ihm ab. Katharina jedoch hielt an ihm fest und ermahnte ihn, sich zu ändern; sie schrieb auch an abtrünnige Kardinäle, Städte, Fürsten, Prälaten und Klöster,

an die Königin von Neapel, den König von Ungarn, die Prinzen von Durazzo. Ihre Briefe baten, drohten, flehten, mahnten und zürnten. Die Einheit der Kirche ging ihr über alles. Katharina hatte ein anderes Verständnis davon, was es bedeutete ein Amt innezuhaben. Wer berufen sei, frage nicht danach, was es ihm nütze. Berufen sei man, weil man wolle. Wollen und Wirken seien die Lebensluft im Handeln. Den spanischen Kardinal, der an der Seite Urbans VI. stand, bat sie eindringlich: *„Ich bitte Sie, flüstern Sie dem Christus auf Erden (dem Papst) fortwährend die Wahrheit in die Ohren, dass er in dieser Wahrheit die Kirche reformieren möge! Möge er doch Italien befrieden."*

Nachdem die päpstliche Macht geschwächt schien, brach in Florenz ein Volksaufstand aus. Die Einwohner der Stadt fühlten sich auch von Katharina hintergangen, weil sie nichts erreicht hatte. Im Juni erreichte der Aufstand seinen Höhepunkt: Die Häuser der Guelfen wurden geplündert und angezündet. Die Meute drang auch in Katharinas Haus ein, während ihre Anhänger teilweise geflüchtet waren.
Katharina war gerade im Garten und betete. Sie rechnete damit, dass sie in dieser wilden Zeit wohl nicht verschont bleiben würde. Als sie das Geschrei im Haus vernahm, ging sie den Angreifern entgegen. Bei ihr waren auch Alessa und Stefano, die sie nicht im Stich lassen wollten. Katharina ging ruhig auf die Gruppe zu und rief: „Hier bin ich. Hier ist die, die ihr sucht und nach deren Leben ihr trachtet. Wahrlich, ich habe es nicht vermocht, Frieden zu bringen. Aber ich bitte euch um eines: Durchbohrt und tötet mich, aber tut meinen Freunden nichts zuleide!"
Die Gruppe der Aufständischen war durch Katharinas Verhalten vollkommen verstört. Als die fromme Frau auch

noch auf die Knie sank und den Mantel über ihrer Brust aufhielt, um den Todesstoß zu empfangen, waren sie vollends durcheinander. Ratlos zogen sie sich zurück. Katharina muss ebenso verwirrt gewesen sein. Hatte sie doch geglaubt, endlich als Märtyrerin sterben zu können.
Am Abend diktierte sie einen Brief an Raimund und klagte darin: „*So habe ich also meine Sünden weiter zu beweinen, die mich des Glücks beraubt haben, mein Blut hinzugeben … Es hatte den Anschein, als wären die Hände dessen, der mich erschlagen wollte, gebunden gewesen. Ich sagte noch zu ihm: „Hier bin ich, stoße zu, aber die andern lass ihren Weg gehen“, aber meine Worte schienen eher sein Herz zu durchbohren … Oh wie glücklich wäre ich gewesen, hätte ich mein Blut lassen können aus Liebe zum Blut und zum Heil der Seelen.*“
Zu ihrem Schutz zog sich die famiglia einige Zeit in das Kloster Vallambrosa zurück, um vor Übergriffen sicher zu sein. Doch am 28. Juli konnte endlich ein Friedensvertrag zwischen dem Papst und Florenz unterzeichnet werden. Die Stadt befand sich im Freudentaumel: Das Interdikt war aufgehoben, der Handel konnte wieder stattfinden. Katharina jubelte mit, denn damit war auch ihre Aufgabe erfüllt. Von Florenz aus kehrten sie endlich wieder in ihre Heimatstadt Siena zurück.

„So könnte es jahrelang weitergehen“, dachte Alessa. Katharina diktierte ihr Buch zu Ende. Sie wanderten an guten Tagen zum neu gegründeten Kloster, und Alessa musste immer weniger Schreibarbeiten erledigen, weil sich bereits mehrere Sekretäre für Katharina gefunden hatten.
„Packt eure Sachen, macht euch bereit zum Abschied“, begann Katharina ihre kurze Rede, nachdem sie einen weiteren Brief des Papstes erhalten hatte. Auch einige andere

Ordensbrüder und bekannte Eremiten hatten eine Einladung nach Rom bekommen. „Der Heilige Vater ruft uns nach Rom."
Es entstand ein Durcheinander an Fragen und Gesprächen. Die *famiglia* wusste nicht, was es zu bedeuten hatte. Katharina beendete die Ungewissheit, indem sie klar sagte: „In zwei Tagen brechen wir auf, nehmt mit, was ihr braucht, denn ich weiß nicht, wie lange wir dem heiligen Vater dienen sollen."
Auch Lappa packte ihre Sachen; trotz ihres Alters war es für sie selbstverständlich mitzureisen. Sie nahm sogar ihren eigenen Esel mit und schnürte allerlei Töpfe und Decken an dem Tier fest, denn bald würde es Winter werden, und die andern waren nicht wie ihre Tochter, die sich weder zudeckte noch einen wärmeren Mantel überzog.
Katharina konnte sich auf ihre *famiglia* verlassen. Alles Notwendige würden sie besorgen. Nun, da sie in die heilige Stadt reisen würden, waren alle besonders aufgeregt. Die zwei Tage vergingen so geschäftig wie in einem Bienenschwarm.
Katharina wollte, dass einige in Siena blieben und dort ihr Amt weiter versahen. Viele ihrer Begleiter waren noch nie in Rom gewesen, und auch für sie selbst war alles neu. Doch ihre Gedanken waren nicht nur in Rom und beim neuen Papst; sie fragte sich auch immer wieder: Ob ich Raimund noch sehen werde? Ob wir uns endlich wieder in die Arme schließen können? Denn während sie in Rom vermitteln sollte, war Raimund aufgefordert, nach Frankreich zu gehen, um dort mit König Karl V. zu verhandeln. Ach, sie hatten sich schon so lange nicht mehr gesehen.
Katharina machte sich bittere Vorwürfe, weil er ihr mangelnde Liebe vorgeworfen hatte. Sie hätte ja dahin reisen können, wo er hingesandt worden war, oder ihn abhalten

können, solch gefährliche Reisen anzutreten ... Sie hatte zuvor geklagt, dass er „die heilige Sache nur halb verfolge". Dabei hatte er gewiss eine schwere Zeit, und sie sollte sich vielmehr eins mit ihm fühlen und ohne Bitterkeit für ihn beten. Aber das war so leicht gedacht! Sie wollte sich noch heute in einem Brief bei ihm entschuldigen. Er war doch ihr Halt, ihre Sonne! Wenn er bei ihr war, konnten sich alle ihre Gedanken in ihm widerspiegeln. Durch seine genauen Fragen und die liebevolle Aufmerksamkeit war er ihr so nah gekommen. Wie sehr liebte sie ihn! Sie konnte ihn wie ein Kind in ihrem Leib fühlen und wurde dadurch gewärmt. Wie klein musste ihre Liebe geworden sein, wenn sie der Glaube an die allumfassende Liebe verließ!
Und so schrieb Katharina an ihn: *„Ich liebe zu wenig! Meine Furcht zeigt mir, wie lau ich geworden bin, wie untreu ich meinem Schöpfer bin, und wie brüchig ist mein Vertrauen zu mir selbst! Helft mir, Raimund. Betet für mich, dass ich mich täglich für die Kirche hingeben kann. Betet, dass wir beide stark werden in der Liebe und im Vertrauen zu Gott und im Wirken für seine Gnade. Diese besondere Liebe, die wir beide verstehen, habe ich gehütet wie ein nacktes Kind. Verzeiht mir, dass ich Euch vorwarf, Ihr wärt untreu gewesen. Dabei banget Ihr mehr um unseren Schatz als ich ihn erkenne ...“*

Am 28. November 1378, dem 1. Adventssonntag, kam Katharina mit mehr als vierzig Begleitern in Rom an. Als sie durch die Stadt gingen, breitete sich in der Gruppe ein großer Friede aus. Die Frauen und Männer verband das Wissen, dass in dieser Stadt Gott gegenwärtig war. Eine Ahnung, die sie mit in ihre Quartiere nahmen und trotz aller Widersprüche in ihrem Herzen behielten.

Ich sterbe für die Kirche

1379-1380

Die Mitglieder der *famiglia* organisierten den Haushalt, empfingen Boten und wunderten sich über die widersprüchlichen Nachrichten. Katharina besprach sich mit den Mitschwestern und Mitbrüdern, um ihren Aufenthalt zu planen. Raimund, den sie noch in Rom zu treffen hoffte, hatte im Haus für alles gesorgt. Sauberes Leinen war über die Betten gebreitet, und im Keller lagerten Wein und Öl.
Als er erfuhr, dass die *famiglia* angekommen sei, lieh er sich ein Pferd und ritt trotz seines Mönchsgewandes so schnell er konnte zu seinen Freunden. Katharina hörte vom Garten her seine aufgeregte Stimme, die sich mit Neris Stimme vermischte – und dann gab es ein allgemeines Durcheinander. Katharina sah vor ihrem geistigen Auge die Szenen wie aufgemalt: Die Freude bei Lisa und Alessa und wie ihre Mutter sich demütig vor ihm hinkniete. Sie hatte es ihr nie ausreden können. „Mutter, in der *famiglia* knien wir nicht voreinander nieder!", hatte sie ihr des öfteren erklärt. „Spar es dir auf, bis der Papst oder ein Kardinal vor dir auftaucht."
Es wurde stiller im Garten, und da wusste sie, dass Raimund nun fragte: „Wo ist sie?"
„Hier bin ich", dachte Katharina. „Immer noch am selben Fleck, wie zur Zeit deiner Ankunft. Nur dass ich mich nicht rühren konnte und wie meine Mutter auf dem Boden liege … und dass mir die Tränen zwischen den Fingern hängen."

Sie hörte, wie er die Treppe hochlief, dann verschluckte der dicke Teppich seine Schritte.
„*Mama dolce, Mama dolce*", rief er und strich mit seinen Händen über ihren groben Schleier. Dann beugte er sich nieder, fasste nach ihren Händen und zog sie von ihrem Gesicht hin zu seinen Lippen. Sie fühlte es erst verwundert, doch dann sah sie, dass auch seine Augen voll Tränen waren, die über ihre Hände liefen.
„Ich habe mich so um dich gesorgt … Ich habe mich nach dir verzehrt …" Wer hatte sie zuerst gesagt? Worte, die Raimund und Katharina mehrmals wiederholten.

Alessa, die zuständig war, das Brot für die *famiglia* zu backen, kam verstört zu Katharina gelaufen: „Das Mehl ist fade und bitter geworden. Es taugt gerade noch für die Schweine!"
„Backe trotzdem damit!", wies Katharina ihre Freundin an. Wer die kleine Szene mitbekommen hatte, wunderte sich später, warum das Brot so herrlich duftete und nichts von dem verdorbenen Mehl mehr zu spüren war.
„Es ist ein Wunder, wie so vieles, das Katharina tut."
„Ja", sagte ein Schreiber und notierte auch diese Episode.

Urban VI. bereitete Katharina einen großen Empfang, auf dem er sie den treu gebliebenen Kardinälen vorstellte.
Katharina hatte lange auf eine solche Gelegenheit gewartet, und als sie im Konsistorium den Mächtigen der Kirche gegenüberstand, konnte sie sich nicht zurückhalten. Sie hielt eine feurige Ansprache über die Rechte und Pflichten der Kirche. Eindringlich appellierte sie an die Gaben, die Gott seinen Dienern schenkt, und die Pflichten, die ihnen dadurch auferlegt sind.

Als Katharina geendet hatte und sich demütig niederkniete, rief der Papst in die Menge: *„Seht ihr, wie die ‚kleine Frau' uns verwirrt. Es ist nicht aus Verachtung, dass wir sie so nennen, sondern auf Grund ihres Geschlechts, das wir naturgemäß als das schwache bezeichnen, und sie belehrt uns jetzt. Sie hätte zweifeln müssen, während wir überzeugt hätten sein müssen. Im Gegenteil, sie ist es, die uns ermutigt und uns Sicherheit gibt gegen unsere Zweifel!"*

Der Empfang, der Katharina bereitet wurde, war schmeichelhaft. Doch im Weiteren erlebte sie in Rom Leid und Enttäuschung. Das Martyrium, das Katharina sich immer wünschte, da sie für die heilige Kirche sterben wollte, fand nicht durch eine fremde Hand statt, sondern in ihrem Innern.

Ihre große Not war es, dass sich fast alle Kardinäle von Papst Urban VI. abgewandt hatten, ohne jede Hoffnung, seiner Regentschaft noch eine gute Wendung zu geben. Voller Enttäuschung schrieb Katharina den drei italienischen Kardinälen, die Urban erst gewählt hatten und dann von ihm abgefallen waren:

„Nun habt Ihr die Schultern gewendet, als niedrige und erbärmliche Ritter; Euer Schatten jagt Euch Furcht ein … Was ist Schuld daran? Das Gift der Eigenliebe, welche die Welt vergiftet hat. Durch sie seid Ihr, die Ihr Säulen der Kirche seid, schwächer geworden als Strohhalme. Keine Blumen seid Ihr, die Düfte ausströmen, sondern Gestank; denn die ganze Welt habt Ihr verpestet. Keine Lichter in Leuchter gesteckt, um den Glauben zu verbreiten, sondern das Licht hat sich unter dem Scheffel der Hoffart versteckt. Nicht als Verbreiter, sondern als Schandfleck des Glaubens ergießt Ihr Finsternis über Euch und über die andern … Wie groß ist Eure Tollheit! Ihr sagt, aus Furcht hättet Ihr Urban erwählt: dies ist nicht wahr! Und wer es sagt (ich spreche unehrerbietig mit Euch, denn Ihr habt

Euch der Ehrfurcht beraubt), der lügt auf seinen Kopf ... O Ihr Toren, tausend Tode wert! So verblendet, dass Ihr Euch selbst zu Lügnern und Heiden macht! ... Von welcher Seite ich auch die Sache betrachte, ich sehe nur Lügen ..."

Urban VI. reformierte die Kirche nicht. Er hatte auch nicht vor, um die Gunst der Abtrünnigen zu betteln. Als seine Truppen die drei italienischen Kardinäle ausfindig machten, rächte er sich, indem er die Männer öffentlich ertränken ließ.

Die *famiglia* hatte sich in der Zwischenzeit gut organisiert. Wie bei anderen Aufenthalten wechselten sich die Frauen in der Haushaltsführung wöchentlich ab. Sie lebten von Spenden und Almosen. Wenn etwas übrig war, gaben sie es an Bedürftige weiter.

Katharina, die nun nicht mehr in großem Umfang in der Nächstenliebe tätig war oder erfolgreich predigte, stand einer unlösbaren Aufgabe gegenüber. Aus ihren lauteren Absichten heraus versuchte sie ihre Vorstellungen den Machthabern von Kirche und Staat aufzuzwingen. Da sie selbst radikal für ihre Überzeugungen lebte und sich nicht schonte, sondern ihre Erfüllung gerade in der Hingabe erlebte, war sie den Herrschenden ein Dorn im Auge.

Während Urban VI. gegen seine eigenen Kardinäle stritt, kam noch eine neue Gefahr hinzu: Der Gegenpapst, Klemens VII., sandte von Avignon aus Söldnerheere nach Rom. Diese sollten den Papstsitz einnehmen und Urban VI. töten. Für Urban kam der Angriff nicht überraschend. Es kam zu blutigen Kämpfen, bei denen sich Urban VI. jedoch vom Papstsitz zurückziehen musste. Die Engelsburg wurde von den Heeren Klemens VII. besetzt. Rom befand sich im Kriegszustand.

Katharina musste mit ihrer *famiglia* ebenfalls ihr Haus verlassen und in eine sicherere Unterkunft umziehen. Erst nachdem Urban VI. die Schlacht bei Marino für sich entscheiden konnte, übergaben die französischen Befehlshaber die Engelsburg wieder an Urban VI.
Katharina war erschüttert, wie viel Blut bei diesem Kampf von beiden Seiten vergossen wurde. Eindringlich bat sie den Papst, den Heiligen Stuhl nicht in einer Siegespose wieder einzunehmen. *„Kommt demütig! Kommt nicht auf der Höhe eines Rosses! Zeigt Eure Dankbarkeit und Gottergebenheit. Macht eine Prozession, bei der Ihr demütig barfuß vorangehen und Euch der Klerus und das Volk nachfolgen wird!"*
Dieser Bitte kam Urban VI. tatsächlich nach: Am 29. April 1379 zog er in einer großen Prozession barfuß zur Engelsburg. Für Katharina muss dieser Augenblick ein Höhepunkt gewesen sein. Eine heilige Prozession mit einem demütigen Papst, der sich gottgefällig verhielt. Noch Wochen später lobte sie ihn und schrieb: *„Ich freue mich von Herzen, heiligster Vater, dass meine Augen die Erfüllung des göttlichen Willens in Euch sehen durften ..."*

Der Papst erwog, die Tochter der heiligen Birgitta, Katharina von Schweden, zusammen mit Katharina von Siena nach Neapel zu senden, um die dortige Herrscherin Königin Johanna für sich zu gewinnen. Raimund unterbreitete dieses Anliegen Katharina von Schweden, aber diese scheute die lange, mühevolle Reise und lehnte rundweg ab. Als er den Papst von ihrer Absage unterrichtete, äußerte Raimund Verständnis für diese Entscheidung. Er selbst halte diese Reise für zu gefährlich.
Als Katharina erfuhr, dass nun auch der Papst von der Reise abrate, wurde sie zornig und schrie Raimund an: „Wenn die heilige Agnes und alle anderen Jungfrauen genauso feige ge-

wesen wären wie ihr, dann wären sie niemals Blutzeuginnen geworden!"
Katharina zürnte Raimund noch lange wegen dieser Halbherzigkeit. Sie, die sich für eine Sache immer ganz einsetzte, wurde in einen lauen widerlichen Mantel gezwängt ... Sie legte nun ihre ganze Kraft und Leidenschaft in die Briefe, die sie schrieb. Und es war ihr ein Wink des Himmels, als endlich die wankelmütige Königin Johanna ihr mitteilte: *„Ich versichere Euch, dass für mich die Worte einer Heiligen nicht in den Wind gestreut sind und ich jetzt klar erkenne, dass Papst Urban VI. der wahre Hirte der Herde ist."*
Dieser Brief war eine gewonnene Schlacht. Um den Sieg zu festigen, sollten ein Geistlicher und eine Person mit Verhandlungsgeschick nach Neapel fahren. Wer kam da eher in Frage als die engsten Freunde Katharinas? Katharina betrachtete es als schwerwiegendes Geschenk an die Königin, als sie vom Abt Lisolo und ihrem Freund Neri Abschied nahm. Die beiden traten die Reise an – nur um am Ziel zu erfahren, dass die Königin es sich wieder anders überlegt hatte und wieder den Gegenpapst unterstützte.
Lisolo und Neri waren nicht die einzigen, die zu Vermittlungen gesandt wurden. Wenige Tage später begleitete Katharina Raimund zum Hafen nach Ostia, von wo aus er mit dem päpstlichen Hofmarschall nach Frankreich reisen sollte, um den französischen König für sich zu gewinnen.
Katharina und Raimund hatten die Nacht zuvor keinen Augenblick Schlaf gefunden. Zu kostbar war die Zeit, um sie mit Schlafen oder Träumen zu verbringen. Geradezu Unmögliches wurde von den beiden Männern erwartet.
„Ich gebe dir mein Herz, das so gerne für Gott in den Tod gehen möchte", beschwor Katharina Raimund. „Nimm mein Herz mit, nimm es, wie dir meine Liebe gehört!"

Und er bat sie: „Vergiss mich nicht! Und hör nicht auf, für mich zu beten, denn dann bist du bei mir, und ich spüre die ewige Liebe."
„Nur die Dummköpfe meinen, sich an der Liebe sättigen zu können, um sie dann zu vergessen! Ich schließe dich ein in die Seite des Gekreuzigten, denn nur so ist der Schmerz über unsere Trennung überhaupt zu ertragen", versicherte Katharina dem von Zweifeln Geplagten.
In seinen Aufzeichnungen schrieb Raimund später: *„Wohl um mir ein letztes Lebewohl zu sagen, begleitete sie mich bis an den Hafen, wo die Galeere vor Anker lag, die ich besteigen musste. Als sich diese zur Abfahrt klarmachte, kniete Katharina auf dem Boden nieder. Sie betete und zeichnete mit ihrer Hand ein Kreuzzeichen über das Schiff; ihre Augen waren voller Tränen."*
Was Raimund nicht wissen konnte: Katharina blieb noch lange dort am Strand liegen. Das Schiff war längst schon allen Blicken entschwunden und es begann zu dämmern, als Alessa und Tommaso ihre *mama dolce* fanden. Sie fassten Katharina an den Armen und verließen mit ihr den Hafen.

Katharina hatte schon vor Raimunds Abreise mit dem Papst gesprochen, dass er sich ein geistliches Zentrum in Rom schaffen solle. Er solle Einsiedler und Mystiker nach Rom rufen, um geistliche Ratgeber zu haben. Der Papst erließ dazu eine Bulle, die Katharina ihren Briefen an ausgewählte Freunde beifügte. Es kam jedoch nur ein einziger Mystiker, während viele Ordensleute der Einladung folgten. Katharina nahm alle in ihr Haus auf. So füllten sich nicht nur die leeren Betten wieder, sondern es mussten sogar noch weitere aufgestellt werden.

Und dann kamen Nachrichten von Raimund, die in der großen Runde verlesen wurden. Alle lauschten aufmerksam, um zu erfahren, wie es Raimund ergangen war.
Raimund war mit dem päpstlichen Hofmarschall in Genua eingetroffen. Sie hatten ihre Reise über Land fortgesetzt und waren bis nach Ventimiglia gekommen. Von dort aus war Raimund wieder umgekehrt, denn je näher sie ihrem Ziel kamen, um so lauter wurden die Stimmen, die warnten, sie gingen in den sicheren Tod. Der Hofmarschall hingegen hatte seinen Weg fortgesetzt. (Er wurde jedoch bald darauf vom Bruder des Gegenpapstes festgenommen und so lange eingesperrt, bis er zur Gegenseite wechselte.) Raimund schrieb also, er sei nach Genua zurückgekehrt und hoffe auf ruhigere Zeiten. Der Papst habe ihm befohlen, erst einmal dort zu bleiben und gegen das Schisma zu wirken.
Über diese Nachricht war Katharina empört. Die arme Cecca musste sich umgehend hinsetzen und einen achtseitigen Brief an Raimund schreiben, den Katharina schnell diktierte. Kein Wort davon, dass sie erleichtert sei, ihn unversehrt zu wissen. In wilder Enttäuschung warf sie ihm immer wieder sein Versagen vor, um sich danach zu entschuldigen:
„Gott wollte Euch Eure Unvollkommenheit erkennen lassen, indem Er Euch zeigt, dass Ihr noch ein Säugling seid, der an Mutters Brust Milch trinkt, und kein standhafter Mann, der sich vom Brot ernährt und kauen kann … Ihr wart noch nicht würdig, auf dem Kampfplatz zu stehen … Wie glücklich wäre Eure und meine Seele gewesen, wenn Ihr mit Eurem Blut einen Stein in der heiligen Kirche errichtet hättet!
Die Aufgabe scheint für Euch zu hoch gewesen zu sein, denn ich messe mit meinem Maß. Zweifelt nicht weiter, ob ich Euch wegen des Versagens weniger liebe. Ich liebe Euch, wie ich mich liebe. Aber wenn Ihr treu gewesen wäret! … Wenn Ihr gegangen wäret und

hättet das getan, was Ihr hättet tun können. Wenn Ihr nicht hättet aufrecht gehen können, wärt Ihr eben auf allen Vieren gekrochen. Und wenn Ihr nicht als Ordensmann hättet reisen können, wäret Ihr als Pilger gegangen. Wenn Ihr kein Geld gehabt hättet, wäret Ihr betteln gegangen. Dieser treue Gehorsam hätte vor Gott und in den Herzen der Menschen mehr bewirkt, als alle menschliche Vorsicht tun konnte …"
Cecca schrieb und schrieb. Katharina schien sich mit jedem Vorwurf, den sie Raimund machte, ins eigene Fleisch zu schneiden. Und sie beendete den Brief: *„Verzeiht mir, verzeiht mir mein Verlangen, meine Worte. Verzeiht mir in dem Wissen, dass es einzig die große Liebe ist, die mich dazu treibt."*

Mit dem Jahreswechsel vollzog sich eine Wandlung: Katharina wurde traurig und verlor ihre Kraft. Sie arbeitete zwar weiter wie zuvor, aber früher war sie voller Energie gewesen, auch wenn sie gefastet hatte. Niemals hatte sie den Mut verloren. Nun magerte sie zusehends ab. Die Knochen zeichneten sich unter der Haut ab, und Katharina sah eher aus wie ein Gespenst. Sie konnte nichts essen und nicht einmal kleine Schlucke Wasser trinken. Ihr Körper schmerzte, und es war, als ob ein feuriges Fieber in ihr brannte.
Katharina war nicht mehr in der Lage, längere Strecken zu gehen. Trotzdem schleppte sie sich täglich zum Petersdom, um dort zu beten. Sie betete oft vor dem Mosaik von Giotto, „La Navicella", das die Kirche als Schiff darstellt. Katharina betete, dass sie doch so gern für die Kirche sterben wolle, und sie bat, dass ihre Bitte erhört werde. Da erlebte sie eine Vision:
Das Schiff war nicht nur ein Mosaik, sondern entwickelte sich zur vollen Größe. Dann wurde es – wie von einer unsichtbaren Hand – in die Höhe gehoben und Katharina auf die Schultern geladen.

Das Schiff war schwerer als Burgen und Kathedralen. Unter dem Gewicht brach Katharina zusammen, und ihr Körper wurde zermalmt.

Katharinas Freunde sahen, dass sie zusammengebrochen war und schreckliche Schmerzen litt. Sie stützten ihre schwache Mutter und brachten sie vorsichtig nach Hause zurück. Als sie auf ihrem Bett lag, schwanden ihr die Sinne.

Als Katharina Stunden später zu sich kam, wusste sie, was auch die Beichtväter spürten: Ihre letzten Tage waren gekommen.

Wie anders war für Lappa nun der Verlust ihrer jüngsten Tochter im Vergleich zu den anderen Toten ihrer Familie, von denen sie Abschied nehmen musste. Ihre Tochter fand im Tod die Vollendung. Lappa wich Katharina nicht mehr von der Seite. Die Kräfteverhältnisse hatten sich verändert. Die weit über Siebzigjährige pflegte ihre dreiunddreißigjährige Tochter, so gut es ging. Katharina gab jedem Anweisung, was nach ihrem Tod zu tun sei.

Da es die Zeit der Fastentage und Kasteiungen war, bemühte sich Katharina immer noch, jeden Morgen zum Petersdom zu gelangen und dort zu beten. Anschließend war sie immer so erschöpft, dass sie nur noch auf ihrem Bett liegen konnte. Eines Tages brach Katharina im Dom zusammen – und als sie zurückgebracht wurde, konnte sie nicht einmal mehr den Kopf heben. Vom Bauch abwärts war sie gelähmt.

In den kurzen Augenblicken, in denen Katharina klar denken konnte, diktierte sie Briefe. So schrieb sie an den Papst: „*... Nicht durch das Leiden unserer Körper wird der Satan aufs Haupt geschlagen, sondern durch die Kraft göttlicher Liebe.*“

An Raimund schrieb sie, Christus habe ihre Bitte erhört. Bei ihrem letzten Besuch im Petersdom hatte sie wie so oft darum gebeten, dass sie ihr Herz für die Kirche geben wollte, *und so wurde es ihr unter Schmerzen aus der Brust gerissen und eine Hand zerdrückte es über der heiligen Kirche, so dass ich mein Leben für sie geben konnte.*

Sie teilte ihm auch mit, es komme ihr so vor, als ob in ihrem Innern nun die zerstrittenen Dämonen wüteten, die sich in der Kirche ausgebreitet hatten. Dabei fühlte sie so viel Ohnmacht, dass sie nicht mehr froh sein konnte.

Katharina bestimmte Alessa zu ihrer Nachfolgerin. Raimund setzte sie zum Leiter, Schützer und Vater für ihre *famiglia* ein, bat ihn um Verzeihung für das, was sie falsch gemacht habe, und flehte: *„Setzt Euch rastlos für die Kirche ein, denn sie hat es so nötig wie noch nie!"*

Als Katharinas Leben nur noch ein Hauch war, erhielt sie die letzten heiligen Sakramente. Danach bat sie ihre Mutter um den Segen.

Lappa hatte nie mit einer solchen Bitte gerechnet. Sie hatte sich stets im Hintergrund gehalten, und da sie schon tagelang geweint hatte, war ihr Gesicht verschwollen und fleckig. Nun traten die andern zur Seite und warteten darauf, dass Lappa ihre Tochter segnen solle. Lappa stellte sich an das Bett ihrer Tochter. Sie war es nicht gewohnt, laut zu beten, und sah unsicher zu den andern und dann wieder zu Katharina. Die Augen ihrer Tochter leuchteten.

„Sie freut sich auf den Segen", dachte Lappa erstaunt. Und dann streckte sie beide Hände aus und legte sie auf Katharinas Kopf. Sie grub ihre Finger in die Haare, dass sie die Wärme ihrer Haut spüren konnte. Und als sie die Augen schloss, war sie mit ihrer Tochter allein und sprach: „Was soll ich nur sagen wenn ich meine geliebte Tochter zum letzten Mal in die Arme nehmen kann? Womit soll ich mich trösten, wenn ich nicht nur meine Tochter verliere, sondern meine geistliche Führerin? Meine Tochter, deren

Leben ich so bitter machte. Mein Kind, das mir alles vergab und mich in ihre *famiglia* aufnahm. Was soll ich denn bitten, jetzt, da ihre letzte Stunde kommt?"

Lappa schluchzte laut auf. Doch dann richtete sie sich auf und betete mit lauter Stimme weiter: „Es soll nicht vergeblich sein, was du für die Kirche getan hast. Wir werden treu deinen Namen ehren und an deiner Kraft und Liebe festhalten. So sei dein Leben für die Kirche geopfert und dein Platz unter den Heiligen im Himmel. Ja, die Heiligen warten auf dich. So folge dem Ruf deines Bräutigams. Er erwartet dich. Amen."

Katharina dankte ihrer Mutter und ermahnte noch einmal ihre *famiglia*: „Liebt euch gegenseitig, liebt euch, daran werden andere erkennen, dass ihr Christi Kinder seid und ich eure Mutter bin." Und sie fügte zum Trost für ihre Freunde hinzu: „Glaubt mir: Wenn ich meinen Körper verlasse, habe ich mich hingegeben für die Kirche. Das ist ein großes Vorrecht. Seid nicht traurig, freut euch vielmehr, dass ich den Ort der Leiden verlasse, um im ewigen Gott, wie in einem Ozean des Friedens, zu ruhen."

Katharina lag einige Tage ohne Bewusstsein, aber die Anwesenden spürten, dass ihre Seele in Bedrängnis war. Endlich – als sei sie einem reißenden Wasserstrom entkommen – seufzte sie erleichtert, und ihre Gesichtszüge wurden wieder heiter. Da schob Alessa ihren Arm unter Katharinas Rücken, damit sie sich ein wenig aufrichten konnte. Sie sagte: *„Vengo non per li meriti miei, ma per tua sola misericordia in virtu del sangue tuo – sangue – sangue.* Ich komme nicht aufgrund meiner Verdienste, sondern wegen deiner Barmherzigkeit, der Gabe deines Blutes – Blutes – Blutes."

Und so starb Katharina am 29. April 1380 in Alessas Armen.

Katharinas Freunde befürchteten, die wundergläubige Bevölkerung Roms würde Katharinas Leichnam beschädigen, wenn sie von ihrem Tod erführe. Und so verheimlichten sie ihr Ableben, bis Katharina in der Dominikanerkirche „S. Maria sopra Minerva“ in Rom sicher hinter schweren Eisengittern aufgebahrt lag. Die Menschen hatten dann zehn Tage Zeit, um von ihr Abschied zu nehmen. Danach erst wurde Katharina in einen Sarg gelegt.
Die Einwohner Sienas waren unglücklich darüber, dass „ihre“ Heilige in Rom begraben war. Sie verlangten deshalb, Katharinas Leichnam solle nach Siena überführt werden. Fünf Jahre später öffnete Raimund, der zum Ordensmeister der Dominikaner gewählt worden war, den Sarg und trennte Katharinas Haupt ab. Während der Körper in einem reich verzierten Steinsarkophag unter dem Hauptaltar beigesetzt wurde, brachte man Katharinas Kopf in einer großen Prozession nach Siena. Mit dabei war ihre ganze *famiglia*, allen voran ging die greise Lappa, die ihre Tochter in großen Ehren an ihren Geburtsort begleitete.
In Siena wurde dieser Tag mit einem großen Fest begangen. Die Fenster waren mit Blumen bekränzt, die Wege mit Blütenblättern bestreut. Frauen schmückten sich mit weißen Lilien, und von allen Türmen läuteten feierlich die Glocken.

*

Bis heute können Gläubige und Besucher in der Basilika San Domenico, einen Steinwurf von Katharinas Geburtshaus entfernt, die Reliquie besuchen. Unterhalb der Basilika wurde zu ihrem Andenken eine Kirche errichtet. Viele Gebäude, die Fontebrandaquelle und andere bedeutende Orte sind heute noch in Siena erhalten.

Durch Katharinas Inspiration gründeten sich nach ihrem Tod viele Orden und Bewegungen, die heute noch aktiv sind. Die Bedeutung ihres Lebenswerks für die Kirche ist unbestritten und wird in den folgenden Würdigungen deutlich:
1461 sprach Pius II. Katharina heilig.
1866 erklärte Pius IX. Katharina zur Mitpatronin Roms.
1939 ernannte Pius XII. Katharina zur Mitpatronin Italiens.
1970 erhob Paul VI. Katharina zur Kirchenlehrerin.
1999 erklärte Johannes Paul II. Katharina zur Schutzpatronin Europas.

Nachwort der Autorin

Unter vielen Biografien, in die ich hineinblätterte, war es immer wieder Katharina von Siena, die mich verblüffte und deren Leben bis in die heutige Zeit hinein viele Menschen berührt. Katharina folgte bereits im Kindesalter ihrer Intuition und widersetzte sich hartnäckig einer anders denkenden Erwachsenenwelt und Gesellschaftsform. Sie wählte einzig die Gottesliebe zu ihrem Maßstab; deshalb konnte sie darin eine wahre Meisterin und Mittlerin werden.
Natürlich war Katharina ein Kind ihrer Zeit und der damaligen Kirche. Auch sie irrte und fehlte, doch stets auf dem Weg zu ihrem Ziel hin, und möglichst ohne zu verletzen. Ihre menschliche Art, ihr Verständnis für die menschliche Seele, ihr Humor und Übermut, ihr absoluter christlicher Anspruch und ihre bildreiche Sprache öffneten die Herzen der Menschen und verliehen ihr eine große Autorität.
Katharina von Siena war eine Frau, die mit ihrer Zivilcourage und ihrer Gotteserkenntnis ihre Zeit nachhaltig prägte. Sie zögerte nicht, ihre Meinung klar zu sagen – ob sie nun Mächtige kritisierte oder aber versuchte, die Liebe Gottes zu beschreiben. Sie sprach als eine der ersten von der Notwendigkeit, sich zu bekehren (zu verändern) und engagierte sich nicht nur sozial, sondern auch politisch. Ihre Verehrung sollte daher nicht nur innerhalb der römisch-katholischen Kirche einen Platz haben.
Fast alle Quellen über Katharina von Siena sind – vor dem Hintergrund ihrer beabsichtigten Heiligsprechung – in sehr frommen Worten verfasst. Viel Persönliches in ihren Brie-

fen wurde mit der Zeit entfernt. Es war für mich daher nicht einfach, diese erste Romanbiografie zu schreiben. Um der besseren Lesbarkeit willen musste ich einiges weglassen, anderes dazu erfinden, chronologisch einordnen – und vor allen Dingen musste ich versuchen, eine Heilige Alltagssprache sprechen zu lassen! Wie sollte ich mit den Umständen des Herzenstausches oder der Stigmata umgehen? Wie mit der Tatsache, dass aus der Einheit von Kirche und Staat grausame Kriege resultierten? Wie einordnen, dass Katharina während ihrer letzten Lebensjahre fast nichts mehr gegessen hat?

Ich machte es wie Katharina: Ich folgte meiner Intuition; denn mein einziger Wunsch ist es, dazu beizutragen, dass ihr Leben von möglichst vielen heutigen Lesern wahrgenommen wird – von Lesern jeden Alters und aller Konfessionen.

Das Mädchen von Fontebranda nimmt uns hinein in ein wunderbares Leben zwischen Himmel und Erde. Da Katharina dieses außergewöhnliche Leben wagte, kann uns heute noch der Flügel des Wunders streifen …

Eleonore Dehnerdt